“十三五”江苏省高等学校重点教材(编号：2018-1-140)

高等学校教师教育专业教材

教师专业发展

(第二版)

主　　编　陆道坤
副 主 编　廖军和　曹慧英　郑晓梅
参编人员(以拼音为序)
黄晓赟　李晓波　李普华
齐晓东　石明兰　许红敏
杨钦芬　严奕峰

南京大学出版社

图书在版编目(CIP)数据

教师专业发展 / 陆道坤主编. — 2版. — 南京：南京大学出版社，2021.7(2024.7重印)

ISBN 978-7-305-24784-2

Ⅰ. ①教… Ⅱ. ①陆… Ⅲ. ①师资培养 Ⅳ. ①G451.2

中国版本图书馆CIP数据核字(2021)第146264号

出版发行　南京大学出版社
社　　址　南京市汉口路22号　　　　邮　编　210093

书　　名　教师专业发展
JIAOSHI ZHUANYE FAZHAN
主　　编　陆道坤
责任编辑　钱梦菊　　　　　　编辑热线　025-83592146

照　　排　南京南琳图文制作有限公司
印　　刷　南京人民印刷厂有限责任公司
开　　本　787×1092　1/16　印张16　字数350千
版　　次　2021年7月第2版　2024年7月第4次印刷
ISBN 978-7-305-24784-2
定　　价　45.00元

网址：http://www.njupco.com
官方微博：http://weibo.com/njupco
微信服务号：njuyuexue
销售咨询热线：(025) 83594756

修订说明

《教师专业发展》一书，于2016年出版，现已经使用5年了。时代在发展，教师教育也应不断适应时代变化，纳入新的元素，势在必行。

本次修订旨在深入贯彻落实习近平总书记关于教育的重要论述和全国教育大会精神，贯彻落实中共中央办公厅、国务院办公厅《关于深化新时代学校思想政治理论课改革创新的若干意见》，发挥好课程的育人作用，推动课程思政的高效落地，进而与思政课程形成"同向同行"作用。依据《高等学校课程思政建设指导纲要》，通过对《教师专业发展》各章节、知识点所蕴含思政元素的深入挖掘、系统梳理，并基于对同步开展的思政课程的关照、对课程容量的综合考量，结合本课程教学试用、反思、修整，研制成当下的《教师专业发展》课程思政体系。修订中，贯彻和体现了习近平总书记"四有"好老师以及师德师风的重要论述，吸收了教育部自2016年以来与教师发展相关文件精神和要求，充分体现了对《深化新时代教育评价改革总体方案》的具体关照。

需要说明的是，原主编李晓波由于临近退休，他征得南京大学出版社同意，推荐我（陆道坤）担任本书主编，全面负责本书修订。修订中，他时常指导，提出了很多宝贵意见，在此表示感谢。修订过程中，淮南师范学院教育学院院长廖军和教授不仅通读了全稿，还负责了第四章、第十章的修订工作，为本书的完善做出了巨大贡献。南京晓庄学院曹慧英教授也在修订过程中付出了大量的精力，提出了很多宝贵意见。

本书修订过程中，南京大学出版社钱梦菊老师付出了极大心力。2020年秋，她结合教材使用的反馈情况提出了修订建议，并提出了修订的具体指向，在修订过程中提供了很多技术支持并提出了很多宝贵建议，同时还就其中的课程思政问题与修订团队多次沟通，对于教材的可读、可教性以及整体质量的提升方面，起到了关键作用。

陆道坤

2021年6月

目　录
CONTENTS

微信扫码

配套数字资源

第一章 绪　论

※ 学习目标

1. 了解教师职业的产生过程和古代的教育名师；
2. 熟悉教师专业化思潮以及实践的产生和发展；
3. 认识教师专业发展的内涵以及教师专业化和教师专业发展的关系；
4. 掌握当前国内外关于教师专业标准的相关知识。

导入语

教育作为一种社会现象，伴随着人类社会的形成而产生；教师作为一种普通职业，伴随着人类社会的发展而设立；教师作为一种专门职业，伴随着人类社会的进步而强化。人类社会正是由于通过教师传承文明、培育人才、创新知识、发展科技，才有了今天这样日新月异的面貌。当今世界，人们普遍形成了这样的共识：百年大计，教育为本；教育大计，教师为本。强国必先强教，强教必先强师。教师是提高教育质量、发展教育事业的关键。推动教育事业科学发展，办好人民满意的教育，关键在教师。教师专业发展是教师提高业务水平和综合素质的必由之路。

习近平总书记指出：百年大计，教育为本。教师是立教之本、兴教之源，承担着让每个孩子健康成长、办好人民满意教育的重任。教师之所以重要，就在于教师的工作是塑造灵魂、塑造生命、塑造人的工作。一个人遇到好老师是人生的幸运，一个学校拥有好老师是学校的光荣，一个民族源源不断涌现出一批又一批好老师则是民族的希望。全党全社会要弘扬尊师重教的社会风尚，“让教师成为让人羡慕的职业”，全国广大教师要争做“有理想信念、有道德情操、有扎实知识、有仁爱之心的好老师”，“做学生锤炼品格的引路人，做学生学习知识的引路人，做学生创新思维的引路人，做学生奉献祖国的引路人”。

第一节 教师职业的产生

想一想

作为一种职业，教师职业是如何产生的？

教师职业可以说是人类社会中古老而又永恒的职业。教师作为一种社会职业，经历了由兼职到专职的发展过程。从世界范围来看，大多数地区在古代就已完成了这一转变。

一、无形的教育和兼职的教师

人类进化产生后，经历了有据可查的200多万年漫长的原始社会时期。现有研究表明，当时人类的教育蕴含于"养老与育幼相结合""长师合一"的状态。在这一时期，人类为了生存，在和复杂的自然界斗争的过程中，必须学会寻找食物，解决生存的问题；必须学会制造工具，提高自身的能力。具有"学会"的需要，必然存在教学的供给。为了提高采摘果实或围捕动物的效率，人类逐步学会、掌握、积累了制造工具的知识和技术。用以制造工具的材料多种多样，如树枝、动物骨角、贝壳等，但最容易获取、质地更坚硬、劳动效果相对较好的原料则是石头。早期的石器制作粗陋，多是人类在地上拣取的比较适合的石块，或用其他石块稍加敲打后制成的带有尖状或刃状的工具，如石刀、石斧。在制作石器的过程中，人类逐渐积累、掌握了如何制作石器的方法，并将方法代代相传。从打制石器到磨制石器，其中凝聚了教师的辛勤劳动，体现了教学的重要作用，印证了教育的丰功伟绩。人类社会从此由旧石器时代进入新石器时代，社会经济也逐渐进入以农牧业生产为主的阶段。

在新石器时代，虽然人类在长期的农牧业生产实践中积累了很多经验方法，如石器的加工、人工取火、捕鱼、打猎、驯养家畜、栽培植物、建造房屋桥梁、制陶、纺织印染、冶炼金属等经验方法，但由于人类认识的局限性，对上述经验和方法往往是只知其然而不知其所以然。然而与早期的采集和渔猎相比，种植业和畜牧业要求人类有更丰富的关于自然界的知识。为了对动物、植物的生长情况有所了解，人类必须进行长期的观察与积累，才能掌握其中的一些规律。为了对动物、植物的品种有一定的认识，人们必须不断地总结和概括，有时甚至还需要做一些最简单的试验。为了使庄稼茁壮成长，粮食取得丰收；为了使家禽、家畜繁育兴旺，人类需要掌握季节变化规律，以不误农时，必须对与之相关的气候、土壤和水利知识进行观察，从而积累一些原始的气候、生物、土壤和水利方面的知识，使农牧业生产适应气候的变化和土壤干湿的条件。于是，天文学、气象学、生物学、土壤学和水利学产生了。

我国是开展天文研究最早的国家之一。在新石器时代的中期，我们的祖先已开始注意观测天象，用以定方位、定时间、定季节，根据天象和物候现象来掌握农牧业的时节。方位的确定，对于人们的生产、生活有着重要的意义。半坡及其他许多古代文明遗址中，房屋都有一定方向。在氏族的基地上，墓穴和人骨架的头部也都朝着一定的方向，或朝南或向西北。方位的确定大多以日出处为东，日没处为西；日正午时所在为南。时节的确定，对农牧业生产是非常重要的。数学和其他自然科学知识的萌芽与原始天文学、气象学、土壤学和水利学一样，也和劳动生产密切相关。随着知识的日益丰富，教育和教师的作用显得越来越重要。虽然这一时期东西方的教育还处于无形的状态，“官师合一”“僧师合一”，教师只是兼职而已，但是无形的教育和兼职的教师都有力地促进了人类思维能力的发展，推动了人类文明的进步。

二、有形的教育和专职的教师

随着人类知识的日益增多，历来形成的师徒相授、口口相传的知识传承方式已显得越来越难以胜任。于是，人类由结绳记事逐渐发明了各种各样的文字，有形的教育也逐渐产生。

有形教育产生后的相当一段时间里，对教师的要求还是很低的。如果做一名儿童的教师，只要认识并会使用一点文字就可以了，基本上每一个受过一点文字教育的人都可以胜任。因此，在早期的欧洲教育机构中，有一点断文识字能力的家庭主妇、社会闲散人员或者退伍军人都可以担任教师。

在同一时期的西方，由于学校主办者的多样化，办学条件不同，教师的来源也不同。有的受教会控制的学校由教会雇用平民担任教师工作，有的学校由地方政府聘请教师，一些无其他途径谋生的人往往倾向于选择教师这一岗位，依靠教学维持生活，但很少有人以教学为专职。而且，在当时教什么、何时教、怎么教都由教师说了算，质量也取决于教师的水平。因此从整个社会来看，教育活动还处于弥散的状态。人们对教育的需求并不强烈，学校和教师的工作都没有什么统一标准，把教学作为自己专门职业甚至终身职业的更是凤毛麟角。由于教学内容比较简单，使得“教学方法”的问题并不突出，教师对教育内容的把握无须借助附加的外在力量，而现实生活化的模仿与实践基本能够满足需要，于是就不可能对这个行业的从业人员进行专门的培养。也就是说，教师没有专门培养的必要。相对于教育儿童的教师而言，中世纪欧洲的大学教师倒有了最早的比较严格的遴选程序，强调“学术水平”是未来教师的必要条件。

由于就读儿童的不断增加，对教师数量上的需求也逐渐增大。一开始，教师任职人员限于在成人中挑选和任命，并对他们的工作加以规定，给他们提供必要的生活保障，同时开始禁止从教人员再从事妨碍学校教学工作的职业，使教师专职化。由于这时对教育的期望仍然很低，对教师资格的要求仅限于行为举止和宗教信仰，因此教师多在手艺人中挑选。但对从事教师工作的人来说，这已经是一份专职化的工作。

由于农业、手工业和商业文明的发达，距今5200多年前，阿拉伯半岛底格里斯河与幼发拉底河流域南端的波斯湾口一带（今科威特及邻近地区）的苏美尔人发明了楔形文字，这是已知的人类历史上最早的文字。楔形文字用削成尖头的芦苇秆刻写在泥板上。

楔形文字属于象形文字，最初由图形符号组成。当时，掌握楔形文字的人被称为书吏，具有较高的社会地位，因为宫廷和国家机关需要这些人来处理与其他国家或管辖地区的文牍往来、发布国家文告、征税等事务。开展楔形文字教学的场所被称为“泥板屋”(tablet house)。培养能写楔形文字、具有一定知识的书吏，时间上往往要从少年持续到青年甚至中年时期才能结束。

从已有的研究成果来看，根据不同的年龄阶段和学习内容，两河流域的书吏教育可分为“基础教育”和“高等教育”两个阶段。在“基础教育”阶段，学生主要是在泥板屋中通过在泥版上临摹、抄写古文或互译两种不同的语言等方法，掌握楔形文字的书写和表达。由于抄写的内容涉及有关会计、几何、音律、法律、文法、历史和宫廷礼仪等方面的知识，加上教师有意识地进行讲解，在“基础教育”阶段，学生们就接受了多方面的基础知识教育。在“高等教育”阶段，主要是将经过选拔的少数学生送到寺庙或宫廷，依照他们将来准备从事的职业，采取师徒制或实习制的形式，进行较高层次的职业训练。研究表明，当时寺庙和宫廷的书吏教育中，数学、文学、神学、天文学、建筑学是主要传授的科目。另外，还有法学、医学等方面的教学内容。[①] 当时两河流域地区几乎所有的中心城市都有泥版屋存在，除了乌鲁克，还有乌尔、苏鲁帕克、伊欣、拉尔萨、尼普尔、巴比伦等城市国家。根据位于乌鲁克的伊安娜(Eanna)寺庙发掘出的文献记载，除了泥板屋外，寺庙在培养僧侣的同时，也开展了有组织的培养书吏的正规教育活动。[②]

可以想见，在泥板屋中传授楔形文字书写和其他知识的人，应该是全职的教师了。古希腊和我国古代的专门教育机构，据史记载也有大量以传授知识为生的教师，其中也有很多世界教育史上的名师。

公元前5世纪和前4世纪，希腊各地都建立了一些专门学校，以提供某一特定学科的高级训练。其中有毕达哥拉斯(Pythagoras，约公元前580—前500年)的“兄弟会”，与埃皮达鲁斯(Epidaurus)的阿斯克勒庇俄斯(Asclepius)神庙有联系的学校和医院，还有著名医生希波克拉底(Hippocrates，公元前469—前399年)创办的希波克拉底医学校。这一时期最伟大的数学家欧多克索斯(Eudoxus of Cnidus，约公元前400—前350年)也开办了自己的学校，并于公元前368年将学校迁到雅典。公元前5世纪出现的智者的教育活动是教人学会从事政治活动的本领，即训练公民和政治家，开了集体教学的先河。

我国公元前11世纪到公元前771年的西周时期，就有了“小学”和“大学”这样的专门教育机构。“小学”是“小学者所学之宫”(《大戴礼记·保傅篇》)，以学习文字为主。“大学”即大人之学，分为三种，即天子设立的辟雍、畤学，诸侯国建立的泮宫。这“三类

---

① David Thenuwara Gamage. Evaluation of Universities and Changing Patterns of Governance and Administration. Karunaratne and Sons Ltd. Srilanka, 1996: 13.

② Christopher J. Lucas. American Higher Education: A History. St. Martin's Press, New York, 2006: 5.

大学中,辟雍的层次最高,历史文献记录也较多,对后世的高等教育影响也最大"①。能进入辟雍学习的,限于王太子、王子、诸侯、大夫们的嫡长子,以及经过一定程序选拔出的统治族群中平民阶层的优秀男童。辟雍的教学科目为:礼、乐、射、御、书、数六门,后人称之为"六艺"。礼即周礼,包括三个方面:一是奴隶制社会的宗法、等级、世袭、分封等典章制度,二是以孝悌为核心的道德观念,三是体现典章制度和道德规范的礼仪以及礼器乐器等。乐即音乐、歌唱、舞蹈和演奏乐器。唱歌的歌词就是诗,有风、雅、颂之分。风是地方音乐,雅是宫廷音乐,颂是宗庙音乐。射即射箭,有一系列关于射箭技术的指标规定。御即驾驭战车,也有一系列关于驾驭技术的指标规定。书,包括朗读、书写和阅览政治、历史文献的能力。数即记数和计算能力。六艺以礼乐为核心,囊括了奴隶社会的全部文明。

三、古代名师概览

随着全职教师的出现,名师也相继诞生。如普罗泰哥拉、高尔吉亚、毕达哥拉斯、苏格拉底、伊索克拉底、柏拉图等,都是古代希腊、罗马时期教育活动中的著名教师。

毕达哥拉斯建立的半僧院式的"兄弟会"实际上是一个社团,但也可以看作一个具有高等教育性质的机构。黑格尔十分推崇毕达哥拉斯社团的教育作用,认为应把毕达哥拉斯"看成是第一个公共教师"②。丹麦学者佩德森在谈到毕达哥拉斯学派的教育影响时说:"毕达哥拉斯学派为希腊的教育理想增加了新的成分。虽然他们也像埃及人和巴比伦人一样,把教育限定在小圈子里,但他们的教育似乎并没有形成具有特殊经济特权的社会阶层,而是形成了一个学者圈。"③

加入"兄弟会"的人要通过文化方面的测验,并且要接受服从的训练。会员分为外围成员和核心成员两部分,所受的教育不尽相同。外围成员要经过五年的修炼,在这学习时期,平时需要保持沉默。核心成员被授以更高层次的知识,由于"兄弟会"对政治比较关心,所以他们也进行政治活动训练。严密的组织使毕达哥拉斯社团逐渐形成了学派。其特点是重视数学,把数学及其分支学科作为教学的核心内容,相信通过数学学习,同时通过能体现数学原理的音乐教育,可以慰藉成员心灵的创伤,解除烦忧,息怒抑欲。"兄弟会"成员每天起床后,首先在寂静的僧院外边散步边思索,接着聚集在僧院内学习,然后是稍稍娱乐和活动。中餐是简单的面包和蜂蜜,之后是继续学习。傍晚,再次三三两两地外出散步。晚餐后,由最年长的门徒指导,最年轻的弟子为大家读书。最后,随着安抚烦恼、净化心灵的音乐,大家进入梦乡。④

从公元前 4 世纪起,由柏拉图创办的学园、伊索克拉底创办的修辞学校、亚里士多

---

① 郑登云. 中国高等教育史[M]. 上海:华东师范大学出版社,1994:1.

② [德]黑格尔. 哲学史讲演录(第一卷)[M]. 贺麟,等译. 北京:商务印书馆,1959:212.

③ Olaf Pedersen. *The First Universities*. Cambridge University Press, 1998: 9.

④ M. L. Clarke. *Higher education in the ancient world*. Boutledge & Kegan Paul London, 1971: 55.

德创办的吕克昂、伊壁鸠鲁和芝诺创办的哲学学校，一直是古代西方世界传授哲学和修辞学的教育机构，被总称为“雅典大学”。

柏拉图既是苏格拉底的学生，同时也受到毕达哥拉斯学派的影响。公元前 399 年苏格拉底为正义赴死后，柏拉图到了西西里和埃及等地，并与毕达哥拉斯学派的数学家阿契塔结为挚友。公元前 393 年，柏拉图回到雅典，他的朋友们为他买了一座靠近体育馆的花园和小屋，在那里柏拉图开办了学园，并在学园里从事教学活动长达 40 年之久。柏拉图学园是雅典传统教育和毕达哥拉斯学派教育经验的结合，其创办具有划时代的意义。

在我国古代，如果说西周时代是“学在官府”，那么到了春秋战国时代，我国则出现了在教育史上具有重要地位的私学。私学最早出现在齐国和鲁国，时间约为春秋中期。它与西周官学的区别在于：第一，私学是与官府分离的，它是独立的专门的学术和教育团体。第二，私学不是传递官府规定的教学科目，而以本学派的政治和学术主张教授弟子，并希望弟子们学成入仕，辅助国君、大夫，将本学派的政治理想付诸实现。所以私学弟子们的参政意识很浓，甚至认为“不仕无义”（《论语·微子》）。第三，受教育对象扩大，突破了王族、奴隶主贵族的族类限制，基本上都本着“有教无类”的原则，吸收平民入学。第四，私学大师与王官分离，不享有世官世禄的特权，属于士的行列。

春秋战国时期的私学在我国教育史上写下了光辉灿烂的篇章。孔丘、墨翟、老聃、庄周等分别创办了自己的私学。稷下学宫虽由齐国国君设立，但并不像西周的辟雍，也不像后来汉唐的太学那样纯属官办，实质上是各家私学荟萃之地。孟轲经常去讲学，相当于现在的客座教授；荀况曾经三次担任过稷下学宫的“祭酒”，即学宫之长，相当于现在的校长。私学的繁荣促进了各学派的建立，他们纷纷提出各种哲学、政治和社会学说，创造了多种文学流派，形成了“百家争鸣、百花齐放”的壮观局面，奠定了我国古代教育的理论基础，培育了大批杰出人才。同时他们自身也成了名师。其中建树最多的是儒家学派的孔丘、孟轲、荀况，后人尊称他们为孔子、孟子、荀子，是我国饮誉世界的古代教育大家。①

课程思政

习近平总书记在同北京师范大学师生代表座谈时的讲话中指出，全国广大教师要做“有理想信念、有道德情操、有扎实知识、有仁爱之心”的好老师，为发展具有中国特色、世界水平的现代教育，培养社会主义事业建设者和接班人做出更大贡献。② 请结合这一伟大论断，对我国古代名师进行分析，找出他们的闪光点及局限，并结合自己对教师职业的认识，谈谈您对“四有”好老师的理解。

---

① 郑登云. 中国高等教育史[M]. 上海：华东师范大学出版社，1994：4.

② 姜萍. 习近平与北师大师生座谈 提出“四有”好教师标准[EB/OL]. http://china.cnr.cn/yaowen/201409/t20140910_516407286.shtml.

第二节 教师专业化思潮的兴起和发展

在漫长的教育史中，教师不仅是知识的传播者，更被看成是某种神圣价值观念或社会主流思想的传播者。教师有如圣贤，是理想人格和道德的化身；教师有如牧师，是上帝规劝的发布者；教师有如辅佐，是统治者的代言人。由于教师职业的重要性不断增强，关于教师地位和作用的观念也逐渐生长起来，形成了教师专业化思潮并推动了教师专业化的实践。

一、教师专业化观念的萌芽

我国素有尊师重教的传统，几千年的文明史，也是一部尊师重教的历史。在众多尊师重教的论述中，透露出了教师专业化的观念。这些观念无疑是教师专业化观念的萌芽。

我国古代就有“学高为师”之说，强调有学问、学问高的人才可以做教师。孔子所言“温故而知新，可以为师矣”(《论语·为政》)，意思便是：温习旧的知识，进而懂得新的知识，这样的人可以做老师。《礼记》是我国古代一部重要的典章制度书籍，其中的《学记》就有“能博喻然后能为师，能为师然后能为长，能为长然后能为君。古师也者，所以学为君也”的话语。《学记》中还写道：“凡学之道，严师为难。师严然后道尊，道尊然后民知敬学。是故君之所不臣于其臣者二：当其为尸，则弗臣也；当其为师，则弗臣也。大学之礼，虽诏于天子无北面，所以尊师也。”这段话的意思是：对于学习来说，尊重教师是最难的。教师受到尊重，真理才会受到尊重；真理受到尊重，民众才会懂得敬重学习。所以国君不以对待下属的态度来对待臣民的情形有两种：一种是在祭祀中臣民担任祭主时，另一种是臣民当君主的老师时。在成人学习的礼仪中，做老师的人虽然接受国君的召见，也不必按君臣之礼面向北方，这是为了表示尊敬老师。

课程思政

1999 年，习近平给他的初中语文老师陈秋影的回信中这样写道：“尊师敬教是中华民族的传统美德，正如毛主席对徐特立老人所说的那样：您过去是我的老师，现在仍然是我的老师，将来还是我的老师。老师的恩情我是永远不会忘记的。”习近平从自身做起，树立了尊师爱师的典范。2014 年 5 月 30 日，习近平在北京市海淀区民族小学与教师代表等座谈时，专门请来了陈秋影老师。习近平对她说：“我还记得读初中一年级时，您教我们语文，把课文解释得非常好。”对自己的老师满怀感激，除了在那段师生情之中，更在对知识的探求过程里。2014 年 9 月 9 日，习近平同北京师范大学师生代表座谈时回忆：“教过我的老师很多，至今我都能记得他们的样子，他们教给我知识、教给我做人的道理，让我受益无穷。”请结合习近平总书记的讲话，谈谈我国尊师重道的优秀传统，如何在全社会范围内大力弘扬尊师重教的良好风尚？

荀子对教师重要性的认识至今仍为人们津津乐道:“国将兴,必贵师而重傅;贵师而重傅,则法度存。国将衰,必贱师而轻傅;贱师而轻傅,则人有快,人有快则法度坏。”(《荀子·大略篇》)他认为,教师关系到国家的兴衰、法度的存废、人心的背向。这话对于当代中国人来说真需要年年讲、月月讲、天天讲。“文化大革命”时期,教师和其他知识分子被贬为“臭老九”,“读书无用”“知识越多越反动”几乎成为社会主流意识和实际现状,造成了中华文明史上的一场浩劫,使得国民经济处于崩溃的边缘。

西汉的杨雄认为:“师者,人之模范也。”(《法言·学行》)教师不仅要传授知识,更要为人师表。唐代韩愈也曾写过“古之学者必有师”的名言,认为自古以来学有所成的人必定有老师教导。他还有更有名的观点:“师者,所以传道授业解惑也。”(《韩昌黎集·师说》)“传道”,就是要求教师首先要注重培养学生的人格品质。教师不仅是言传,更要身教,促进学生健康成长。在平时交往中,教师要用自己的良好品质和精神气质去吸引、感化同学,在情感、态度、世界观上对学生进行鼓舞、激励,培养学生的独立人格,树立正确的人生观、价值观。“授业”,就是要求教师要向学生传授基础知识和基本技能。教师要有相应的知识储备,并能够选择恰当的方法将知识传授给学生,使学生能够充分地接受、消化、吸收与利用。即使是相对枯燥的教学内容,也要采取灵活、有趣的教学方法,调动学生的积极性,使教学顺利开展。“解惑”,就是要求教师采用适当的方法鼓励学生主动学习,让学生通过主动学习提出疑惑;教师还要有效地消解学生的疑惑,进而培养学生勇于探索、质疑的精神;对学生生活中的问题,教师也要注意观察,必要的时候提出自己的建议,使学生及时走出困惑。教师在帮助学生解惑的同时也要认识到,解惑的最终目的是培养学生独立的人格并使他们自己提高解决问题的能力,在帮助的时候要留有余地,让学生自己去探索、去发现。

我国北宋学者、教育家胡瑗认为:“致天下之治者在人才,成天下之才者在教化,职教化之任者在师儒”(《宋史·胡瑗传》)。用现代汉语来说便是:促使社会大治,重在人才;造就社会人才,重在教育;担当教育任务,重在教师。胡瑗不仅重视人才、重视教育、重视教师,在江苏泰州、苏州,浙江湖州担任教职时还致力于教育创新,要求对学生德、智、体、乐全面观察,实施分科教学,推广普及教育,建立寄宿制度,严格校规,言传身教,注重学生的社会实践。他的教育理论和实践,推动了教师的专业化发展。

在西方,教师职业随着普及义务教育的推广而兴盛。在16世纪欧洲宗教改革运动中,为使人们都有学习《圣经》的能力,新教国家推行宗教教育,提倡广设教育学校。德国宗教领袖马丁·路德提倡并颁布了义务教育法规,成为“义务教育”这一概念的首倡者。1619年,德意志魏玛邦公布的学校法令规定,父母应送其6～12岁子女入学,否则政府将强迫其履行义务。此举被视为实施义务教育的开端。

推行义务教育需要扩大教育规模。早在欧洲宗教改革时期,耶稣会派和路德派等教派学校在教学实践中已经实行分班、分级教学制度,并且按年、月、周规定教学进度,以扩大教育教学规模,提高教学质量和效率。1632年,捷克教育家夸美纽斯出版了《大教学论》,系统阐述了班级授课制理论。他以“太阳的光亮和温暖给予万物”而“不单独对付任何单个事物、动物或树木”为依据,论证了班级授课制的必要性和可行性。他认为班级授课制是对教师产生激励作用，提高教学效率的有力手段。

在普及义务教育过程中产生和发展起来的初等学校里，大批教师虽然具备一定的知识，但缺乏教育教学的技能和学生管理的才干。在实践中人们认识到，一个有知识的人虽然可以做教师，但如果没有或缺乏职业训练，就会直接影响教育的质量和效果，这样的人也难以成为好的教师。因此，必须对教师进行必要的训练。

为应对社会要求对教师进行专门培训的呼声，许多国家在大量设置初等学校、国民学校、初级中学的同时，也开始设置师范教育机构，对教师进行专门的职业培训。开始，许多国家在较好的初等学校或高一级的学校附设教师培训机构，培养专职的中小学教师。随着对培训机构要求的提高，一些国家开始单独建立专门的师范学校来培养和培训社会所需数量和规格的教师。

从世界范围看，师范教育最早于 17 世纪末出现在法国。1681 年，法国“基督教兄弟会”神甫拉萨尔在兰斯建立了世界上第一所师资培训学校，成为教师专业化的保障。随后，奥地利和德国也开始出现短期师资培训机构。“这些早期的师资培训机构培训时间很短，主要采用‘学徒制’的方法，使学生获得一些感性的认识和教学的经验，教育理论知识尚未进入正式的课堂，教师的培训也仅被视为一种职业训练而非专业训练。”①

随着社会对教育和教师要求的不断提高，特别在实施班级授课制的过程中，把众多的儿童集中起来进行授课使教师难以应对，人们对教师的教学状况日益不满。1763 年，普鲁士政府颁布《全国学校规程》，开篇就这样写道：“有鉴于我国学校工作和青少年教育受到严重忽视，青少年一代在许多不称职的教堂司事和学校教师指导下，生长在愚昧无知之中这一令人不快的现状，我们以为我国各行省应将教育置于更为重要的地位，并加以更为妥善的组织。”②人们已经认识到，教师能够胜任教职，是因为不仅具有知识，而且了解教育规律，掌握教学方法，否则就会直接影响教学效果和教育质量。

18 世纪中下叶，英国工业革命加速了社会文明的进程。随着普及初等义务教育为发达国家所普遍接受并以政府的名义要求实施，再加上教育理论界和教育实践界所推进的教育科学化运动，现代教学方法渐成体系，教育理论有了长足的进步，教师专业化理论已见轮廓，为教师从事职业训练提供了理论上的指导和实践中的依据。这意味着教学开始作为一门专业从其他行业中分化出来，形成自己独立的特征。在这个基础上，欧美各国相继出现了师范学校并颁布了师范教育的法规，包括中等师范学校的设置、师资的训练、教师的选定、教师资格证书的规定以及教师的地位、工资福利待遇等，师范教育开始出现系统化、制度化的特征。这些专门的师范教育机构在注重学科教学内容的同时也开始注重教学方法、技能的培训；除了对学员进行文化知识教育外，还开设教育学、心理学等方面的课程，开展教学实习，对教师进行专门的教育训练，并把专门的教育训练看成是提高教育质量的重要手段。师范教育是培养师资的专业教育，它的诞生与

---

① 教育部师范教育司．教师专业化的理论与实践[M]．北京：人民教育出版社，2003：21.

② E. P. 克伯雷选编，华中师范大学等四院校教育系译．外国教育史料[M]．武汉：华中师范大学出版社，1991：513.

变革，标志着教师职业经验化、随意化的终结，标志着教师专业化的发轫。

二、教师专业化思潮的产生

人类社会的各种“职业是随着社会分工而出现的，并随着社会分工的稳定发展而构成人们赖以生存的不同生活方式”①。各种职业基本成型、相对稳定后，各种职业之间的高低贵贱之别就成为人类社会中的一种现象。“专业”是指需要专门知识和技能的职业，其特点是对社会进步具有较大贡献，地位较高，具有不可替代性。“对从业人员的要求标准是：经过一定时期的专业培训；具有专门的知识与技能；具有服务重于报酬的意识；具有相当的专业自主权；有自己的专业团体；拥有不断进修的机会。”②“专业化”的“化”即变化，指事物由一种性质、状态向另一种性质、状态变化发展的过程。

17世纪的欧洲，部分职业群体从众多职业中分离出来成为行业。由于这些行业一方面对社会有不可或缺的功能，社会赋予从业人员极大的责任并提出了很高的要求；另一方面，从业人员在掌握专业知识和技能、履行社会职责过程中要花费更多的社会必要劳动时间，同时这些行业拥有更多的社会资源和较高的社会地位，如权力、工资、晋升机会、发展前途、工作条件、职业声望等。换言之，专业是在社会分工、职业分化中形成的某类特殊的职业，“是指一群人在从事一种必须经过专门教育或训练，具有较高深和独特的专门知识和技术，按照一定的专业标准进行的活动，通过这种活动将解决人生和社会问题，促进社会进步并获得相应的报酬待遇和社会地位”③。专业是衡量职业发展水平的尺度。“职业专业化是现代发达社会的重要特征之一。”④

教师专业化思潮的形成是一个漫长的奋争历程。1948年美国教育协会（NEA）提出了专业的八项标准：“含有基本的心智活动；拥有一套专门化的知识体系；需要长时间的专门训练；需要持续的在职成长；提供终身从事的职业生涯和永久的成员资格；建立自身的专业标准；置服务于个人利益之上；拥有强大的、严密的专业团体。”⑤由此可见，一种职业被认可为专业，应该具备这样五个方面的基本特征：① 具有不可或缺的社会功能；② 具有完善的专业理论和成熟的专业技能；③ 有服务的理念和典型的伦理规范；④ 具有高度的专业自主权和权威性的专业组织；⑤ 需要经过长期的培养和训练，并不断地继续学习与发展。

专业化是一个社会学概念，其含义是“职业专门化”，指一个普通职业群体在一定时期内，逐渐建立、形成一定的专业标准，成为专门职业并获得相应的专业地位的过程。专业化包含两个维度：地位的改善与实践的改进。美国学者霍尔（Hall）提出了专业化过程的14个特点：清楚地定义专业的功能；掌握理论知识；解决问题的能力；实际知识

---

① 中国大百科全书（社会学）[M]. 北京：中国大百科全书出版社，1991：475－476.

② 陈永明. 教师教育研究[M]. 上海：华东师范大学出版社，2003：208.

③ 教育部师范教育司. 教师专业化的理论与实践[M]. 北京：人民教育出版社，2003：9.

④ 刘捷. 专业化：挑战21世纪的教师[M]. 北京：教育科学出版社，2002：7.

⑤ National Education Association. *Division of Field Service*: *The Yardstick of a Profession*, *Institutes on Professional and Public Relations*. Washington, D.C.: The Association, 1948: 8.

的运用；为维护前途而进行超越专业的自我提高；在基本知识和技术方面的正规教育；对能胜任实践工作的人授予证书或其他称号；专业亚文化群的创建；用法律手段强化专业特权；公众承认的独特作用；处理道德问题的道德实践和程序；对不符合标准的行为的惩处；与其他职业的关系；对用户的服务关系。① 由此可见，专业化是一个科学的、不断完善的过程，需要有明确的规则和依据可循。

1956 年，美国教育家利伯曼出版著作《教育专业化》(*Education as a Profession*)，其中关于专业的定义被国际教育界广泛运用：所谓专业，应当具备这样八个基本特征：① 范围明确，垄断地从事于社会不可缺少的工作；② 运用高度的理智性技术；③ 需要长期的专业训练；④ 从事者无论个人、集体均具有广泛的自律性；⑤ 在专业的自律性范围内，直接负有做出判断、采取行为的责任；⑥ 非营利，以服务为动机；⑦ 形成了综合性的自治组织；⑧ 拥有应用方式具体化了的伦理纲领。② 以上 8 个方面强调了教师教育作为科学的体制化和作为实践的规范化要求。

1963 年世界教育年鉴以“教育与教师培训”(Education and Training of Teachers)为主题，表明了对教育质量的关切。20 世纪 70 年代，全美教学与美国未来委员会相继发表了《什么最重要：为美国未来而教》和《做什么最重要：投资于优质教学》两份报告书，勾画了美国 21 世纪新型的“卓越教师”的形象，强调“重新设计教师的专业发展”，“重建学校使之成为学生和教师的真正的学习型组织”③。

20 世纪 80 年代开始，美国对教师专业化探讨达到了空前的高度，围绕教师专业化的改革掀起了两大高潮，极大地影响了世界各国教师专业化的探索。第一次浪潮是 1983 年，美国高质量教育委员会提出了《国家处在危险之中，教育改革势在必行》的报告。报告提出了追求教育的“卓越性”，实施教师“职能测验”，视学生的成绩支付相应的工资，由教育行政部门实施职务升迁制度等措施。第二次浪潮是 1986 年，美国卡内基教育和经济论坛的“教师作为一门专业之工作小组” 发表了一份《准备就绪的国家：21 世纪的教师》的报告。两次浪潮使教师专业化成为美国及世界各国上下关注的焦点，使越来越多的人意识到，教育改革成败的关键在教师，教师是决定教育质量的关键。教师专业化成为世界性的潮流。

教师专业化是职业专业化的一种类型，是指教师“个人成为教学专业的成员并且在教学中越来越成熟的这样一个转变过程”。从社会学的角度来看，教师专业化属于成人阶段的职业社会化，又称教师专业社会化。它包括两个方面的内容：其一指教师个体专业水平提高的过程，为教师个体专业化；其二指教师群体为争取教师职业的专业地位而进行努力的过程，为教师职业专业化。教育社会学者霍伊尔(E. Hoyle)提出，职业专业化“是指一个职业(群体)经过一段时间后成功地满足某一专业职业标准的过程”；“它涉

---

① National Education Association. Division of Field Service: The Yardstick of a Profession, Institutes on Professional and Public Relations. Washington, D. C.: The Association, 1948: 10.

② M. Liebeman. Education as a Profession. Prentice Hall, 1956: 2 - 6.

③ [日]永井圣二. 教师专业职论再考[A]. 教育社会学研究，第 43 集，1988:54.

及两个一般是同时进行并可独立变化的过程，就是作为地位改善的专业化和作为专业发展、专业知识提高以及专业实践中技术改进的专业化。”①

1996年，联合国教科文召开的以“加强在变化着的世界中的教师的作用之教育”为主题的第45届国际教育大会，强调了教师在社会变革中的作用，明确指出“在提高教师地位的整体政策中，专业化是最有前途的中长期策略”。并建议从四个方面予以实施：一是通过给予教师更多的自主权和责任提高教师的专业地位；二是在教师的专业实践中运用新的信息和通信技术；三是通过鉴定个人素质和在职培训提高其专业性；四是保证教师参与教育变革以及与社会各界保持合作关系。

三、教师专业化实践的展开

伴随着教育普及化、教育理论与实践的丰富与发展，教师职业逐渐成为一种专门的、受人尊敬的职业，并且显示、强化了教师的专业特征。一个职业的专业化过程是个持久的探索过程，它既包括一定的理论积累，也需要一套稳定的标准、一定的保障机制，同时不断地改进，以适应社会变化的要求。教师专业化思潮产生后，在整个社会职业专业化浪潮的推动下，也开始了自身的实践历程。

20世纪60年代，世界各国均面临着教师极为短缺的局面，因而都采取了各种应急措施以应付教师“量”的需求，对于教师“质”的问题则有所忽视。为了迅速提高新任教师的教学能力，美国斯坦福大学教育学院的一些教育心理学家尝试利用心理学研究中简化了的教学情境，让师范生学习教学技巧，并给予及时反馈，这一创新称为微型教学，受到了教师教育举办者的欢迎。其主要观点是：① 可观察的教学行为是教学系统中的重要因素；② 教师行为可以被分析为分立的教学技巧：③ 存在普遍应用于各学科领域、各年级及其他情境的教学技巧；④ 有一套关于有效教学的知识体系，足够开发微型教学的课程；⑤ 教学的表现能够用技巧训练的模式加以改进；⑥ 教学表现的增进可以用量化的方法确定；⑦ 可以推广与执行研究开发的模式所研制的教师训练方案来引导教育进步。这种微型教学模式确实解决了教育对师资需求数量增加的问题，但也给教师专业发展留下了隐患。在让师范生单纯操练技术的过程中，“只要掌握各种技术，就能有效工作”的假设也传递给了他们，使他们渐渐失去了批判地分析、思考复杂的教学背景和过程的愿望与能力，放弃了根据自己的思考而决定自己的行动的责任感，这样的教师教育不可能造就有效从事教学工作的教育者。

20世纪60年代中期，教师职业又面临了三方面的压力：首先，世界各国均出现生育率下降的情况，对教师的需求量逐渐减少；其次，政府需要削减公共支出，往往是教师教育机构首当其冲；再次，学校教育没有能使公众满意，公众对教育质量的信心下降。对教育质量不满的讨论自然引发了对教师素质的关注。许多国家已由对教师“量”的急需逐渐转变为对教师“质”的要求，对教师素质的关注达到了前所未有的高度。为了大幅度提高教师的专业水平，世界许多国家兴起了教师专业化的运动。

---

① 邓金. 培格曼最新国际教师百科全书[M]. 北京：学苑出版社，1989：553.

1966 年,联合国教科文组织和国际劳工组织颁布了《关于教师地位的建议》,明确宣告教师职业是一种专业:"教师工作应被视为一种专门职业。它要求具备经过严格而持续不断的研究才能获得并维持专业知识与专门技能的公共业务;它要求对所辖学生的教育与福利拥有个人的及共同的责任感。"①这意味着教师将成为一种专门化程度较高的行业。

如果说美国教师专业化从理念到制度的确立经历了整整一个世纪的话,那么,日本也同样经历了艰难的转型过程。从"二战"前绝对效忠天皇的"圣职论",到战后维护教师权益的"劳动者论",再到 20 世纪 70 年代以来得到教育界公认的"专业职责论",日本教师专业化也经历了一个多世纪。其中,从教师专业化理念的确立到制度的落实,又经历了 20 个年头。

1997 年日本教员养成审议会的审议报告可被看作教师专业化理念在教育制度上的体现。这个文件突出了作为现代教师的使命感:保障学生的学习权。教师作为学生学习的指导者与建议者,只有立足于保障拥有人权的学生的学习权与发展权的视点才具有价值。也就是说,教师专业发展的基础在于学生的权利发展,学生不是教师专业属性的附属物。该文件还突出了造就现代"教师能力"的若干要点:作为教育者的使命感;深刻理解学生的成长、发展;对于儿童的教育、爱;关于学科的专业知识;广泛丰富的教养;以及基于上述的教学能力——顺应种种教学方式的能力,适应个性差异的能力,从实践中学会教学的能力。这个思路值得学习借鉴。

在国际教师专业化潮流的影响下,我国也开始了教师专业化理论与实践的探索,并在制度上建立保障。随着计划生育工作成效的逐步显现,"全国少生 4 亿多人口,创造了人口抚养率比较低、劳动年龄人口充裕、储蓄率较高的'人口红利期'"②,我国小学学龄人口逐步呈明显下降趋势,初中学龄人口也开始下降,中小学教师的供求关系发生了重大变化,也由对教师"量"的急需逐渐转变为对教师"质"的要求,通过提升教师专业化水平来实施素质教育,提高教育质量已成为教师教育改革的主要目标。

1998 年,"面向 21 世纪师范教育国际研讨会"在北京召开,会议提出,"当前师范教育改革的核心是教师专业化问题"。2001 年,教育部颁布了《基础教育课程改革纲要(试行)》,改革的重心集中在以学生为本;强调基础性;强调对青少年学生的人文和道德的教育;强调综合性、个性化和多样化;重视信息技术功能的发挥等方面。新的课程体系在课程的功能、结构、内容、实施、评价和管理等方面都较原来的课程有所创新和突破,对教师的要求发生了根本性的变化,迫切需要教师树立科学的教育理念,适应综合性教学、研究性教学、实践性教学的新要求,提高将知识转化为智慧、将理论转化为方法的能力;明确自己是学习的引导者、合作者、促进者和真诚的对话者,不断地进行教学实践并在实践中不断反思,从而提升自己的专业知识、专业意识、专业能力和专业精神。

---

① 筑波大学教育学研究会编.现代教育学基础[M].钟启泉,译.上海:上海教育出版社,1986:443.

② 张维庆.统筹解决中国人口问题的思考[N].学习时报,2006-04-07.

从制度层面上看,我国有关法律已经为推进教师专业化提供了基本的制度保证。1994年1月1日开始实施的《中华人民共和国教师法》规定:“教师是履行教育教学职责的专业人员”,第一次从法律角度确认了教师的专业地位。1995年9月1日实施的《中华人民共和国教育法》规定:“国家实行教师资格、职务、聘任制度,通过考核、奖励、培养和培训,提高教师素质,加强教师队伍建设。”1995年12月2日颁布实施的《教师资格条例》表明,作为专业人员的教师,仅有学科知识是不够的,还需要经过教育专业的训练,有专门的教师从业资格证书并符合专门的职业规范要求。1999年5月,我国颁布第一部对职业进行科学分类的权威性文件《中华人民共和国职业分类大典》,首次将我国职业归并为八大类,教师属于“专业技术人员”一类。2000年9月23日,教育部颁布《教师资格条例实施办法》,教师资格制度在全国开始全面实施。2001年4月1日起,国家全面实施教师资格认定工作。

进入21世纪以来,加快教师专业化进程、提高教师专业水平成为我国教师教育的发展方向和主要任务。教师职业的专业化既是一个认识过程,更是一个努力方向;既是一种职业资格的认定,更是一个终身学习、不断更新的专业要求;教师专业化要求教师教育制度科学化。目前,我国关于教师专业化理论形成了两种流派:

一种是技能熟练流派,主张教师职业同其他专业职务一样,把专业属性置于专业领域的科学知识与技术的成熟度;认为教师的专业能力是受学科内容的专业知识、教育学、心理学的科学原理与技术所制约的。这种流派将教学实践视为学科内容知识与教育学、心理学原理与技术的合理运用。教师的专业程度就是凭借这些专业知识、原理技术的熟练程度来保障的。这样,教师进修的课程开发就是确定并组织有关教师职业的理论、原理、技术的知识基础。现行的教师教育的制度、内容、方法,可以说就是以这种教师专业化理论为基础的。

另一种流派是反思性实践模式,认为教学实践是一种囊括了政治、经济、伦理、文化、社会的实践活动。这种流派认为,教师的专业化程度是凭借实践性知识来加以保障的。所谓实践性知识,有五个特点:其一,它是依存于有限情境的经验性知识,比起理论知识来说缺乏严密性和普遍性,却是一种鲜活的知识、功能灵活的知识;其二,它是作为一种案例知识而积累并传承的;其三,它是以实践性问题的解决为中心的综合多学科的知识;其四,它是作为一种隐性知识发挥作用的;其五,它是一种拥有个性性格的个体性知识,这些知识是通过日常教育实践的创造与反思过程才得以形成的。

上述两种流派具有各自不同的优势,可以进行整合,使教师专业发展能从不同的方面得到提高。

第三节 教师专业发展及标准

推进教师专业化进程,提高教师专业化水平,是教育事业发展的需要。教师专业发展理论形成并在实践中深深扎根,是教师专业化思潮和运动进一步强化的结果。

一、教师专业发展的内涵及趋势

教师专业发展是指教师作为专业人员，在职业道德、专业思想、专业知识、专业能力、专业品质等方面由不成熟到成熟的发展过程，即由一名新任教师发展成为专家型、教育家型教师的成长过程。获得教师资格证书只是具备了担任教师的基本条件，并不表示已经成为一名合格教师。有的人当了一辈子教师，专业发展也不一定充分。教师专业发展固然与时间有关，但又不仅仅是时间的累积，更是教师专业素养的不断提升、专业理想的日渐明晰、专业能力的逐步提高、专业自我的最终形成的过程。

1980 年，世界教育年鉴以“教师专业发展”(Professional Development of Teachers)为主题，表明了对教师专业发展的关注。此后又有多次专门以教师专业发展为主题的国际会议，对深刻理解教师专业发展概念、在实践中促进教师专业发展起到了积极的推动作用。从此，教师专业发展成为人们关注的焦点和当代教育改革的中心主题之一。1980 年 6 月 16 日，美国《时代周刊》一篇题为《救命！教师不会教》的文章，引起了公众对教师质量的担忧，拉开了以提高教师素质、促进教师专业发展为核心的教育改革的序幕。随后，由“高质量教育委员会”1983 年发表的《国家在危急中：教育改革势在必行》、霍姆斯小组 1986 年发表的《明天的教师》、卡内基工作小组 1986 年发表的《国家为培养 21 世纪的教师作准备》、复兴小组 1989 年发表的《新世界的教师》、霍姆斯小组 1990 年发表的《明日之学校》、霍姆斯小组 1995 年发表的《明日之教育学院》等一系列报告引起了学校和教育行政机构的极大关注。

在上述众多文件中，霍姆斯小组的系列报告影响最大。在《明天的教师》报告中，提出了以教师的专业发展作为教师教育的改革方向，努力提高教师的专业化水平。报告认为，要提高教学质量，一要确立教学工作的专业性地位，二要建立起与这一专业性职业相应的衡量标准。教师教育的责任就在于培养出训练有素的、达到专业化标准的教师，以教师的专业发展来实现教学的专业化，以确保未来学校对师资的需求，也可使教师以较高的专业化水平赢得较高的社会地位。报告还建议，教师培养要从本科阶段过渡到研究生教育阶段。在《明日之学校》报告中，提出了专业发展学校的设计原则。在《明日之教育学院》报告中，则明确提出要重新设计教师教育课程，充分考虑年轻教师的学习需要和教师整个专业生活过程中的专业发展需要；创设专业发展学校，改变过去教师培养主要是在大学校园、很少到中小学的局面，大学和中小学相互合作共同提高教师专业学习的质量。教师专业发展很快在美国形成一场势力强大的改革运动，此后的许多研究和改革都是围绕如何促使教师获得最大限度的专业发展而展开的。

为了更有效地提高教师教育的质量，各国政府在提高教师社会地位和经济地位的同时，更加着力于提升教师素质，并将注意力转向对教师专业发展过程规律性的探索，主要集中在两个方面：一是教师实际经历的专业发展的变化过程，即专业发展阶段的研究以及教师专业发展的具体内容；二是教师专业发展的促进方式，即外部保障措施。

从研究的内容来看，现有的研究几乎涉及教师各个方面的发展变化过程，如专业知识、能力、情感、意志、态度、动机、道德和伦理等；从研究方法来看也颇为丰富，有对教师特定方面发展变化过程的描述性研究，有考察某些特定因素改变对教师专业发展影响作用的实验研究，也有探讨教师专业发展特点与教学成效之间关系的相关研究，还有不同条件下的教师专业发展的比较研究，等等。

许多学者对教师专业发展的内涵做过阐述。利伯曼(Lieberman)认为，教师对自身专业发展的内在要求意味着教师有强烈的自我意识和自我发展意识，把自身的发展当作自己认识的对象和自觉实践的对象，自觉地采取相应的促使自我发展的手段和措施，从而实现不断超越自我、提升自我价值、获得专业满足感。① 教师要成为一个成熟的专业人员，需要通过不断的学习与探究来拓展其专业内涵，提高专业水平，从而达到专业成熟的境界。教师专业发展是教师在自我专业发展意识的驱动下，为提升专业水平，经自我抉择后所进行的学习与各项活动，以期促进专业成长的过程。从本质上说，教师专业发展是教师的个体专业不断发展的历程，是教师教育理念、教学态度、知识涵养和教学技能等方面不断成长的过程。

从总的发展趋势看，教师专业发展及其研究经历了由被忽视到逐渐关注；由关注教师专业群体的专业化到关注教师个体的专业性发展；由关注专业发展的外部环境——社会对教师职业专业性的认可到关注内部素质——教师专业发展的过程。叶澜教授等认为，对教师专业发展的研究，未来将向以下三个方面转向：

第一，对于教师职业由强调其工具价值转向内在价值。教师职业的工具化和将其劳动性质定位于传递性是制约教师发展的最主要障碍之一，而“创造”是教师从工作中获得“外在”和“内在”相统一的尊严和欢乐的源泉。因此，教师的职业使命与作为人的真实生活及生命质量要有机地结合在一起，教师不再是没有职业自我意识的政治工具或为他人做嫁衣的“殉道者”，而应成为积极发展的创造者。这是对教师职业丰富性的深入开掘，教师的职业形象从而由单薄变为丰满。

第二，对于教师发展由强调外部动力转向重视内部动机。长期以来，社会对教师职业的社会功能的强调以及总是以外部力量来约束、引导教师的发展，而忽视了教师作为独立个体的主观能动性，从而使得教师的发展迟缓而沉重。其实，教育者应该先受教育，这是学生发展的前提和基础。自我发展不仅是教师的义务，而且也是教师的权利，是丰富教师生命内涵的重要途径。每位教师都具有自我发展的能力，自我专业发展意识是教师发展的最主要动力。

第三，对教师工作由关注结果转向关注过程。人们通常认为学生的成长是教师最大的幸福，但常常忽视甚至感受不到教师日常工作中所蕴含的快乐。同样，以往的研究者也将教师发展的重要阶段定位于特定场所的集中学习或培训，忽视了日常工作过程对教师发展的重要意义。而教师的工作是充满创造的过程，教育过程中对知识的活化、

① Liberman, A. Teacher development: commitment and challenge. In Peter, P. Grimmett & Johnathon Neufeld (Eds.), Teacher development and the struggle for authenticity: Professional growth and restructuring in the context of change. New York & London : Teachers college press, 1994: 15 - 16.

对学生心理变化的敏锐感知、对教育时机的准确把握、对教育矛盾和冲突的巧妙化解，都是教师创造力的表现，教师也可以而且也应该在这个过程中体会到职业内在的尊严和快乐。因此，教师在工作过程中的体悟重于他们对工作结果的关注。教师发展研究应深入学校的日常教育教学生活中，使教师在自己所熟悉的领域中慢慢体验自己的成长与发展。

二、教师专业化和教师专业发展

一般认为，教师专业化和教师专业发展这两个概念是相通的，均指加强教师专业性及提升教师专业性的过程。在一些相关文章和专著中甚至常常互用。然而作为一门学科基础的概念，应该是具有唯一性的。概念的互用往往会导致理解时产生歧义，交流时发生误会，思考时形成偏差，实施时出现矛盾。教师专业化和教师专业发展这两个概念之所以直到目前还在并用甚至互用，主要是两者既存在一定的差别，又存在一定的联系。

教师专业化是指教师职业由普通职业向专门职业转化的过程。教师专业发展则是指教师个体由不熟练、不成熟逐渐成长为成熟的专家型教师的过程。前者是教师职业的专业化，后者是教师个体的专业发展。

教师专业化包含了教师职业专业化和教师个体专业化：

对教师职业而言，是指教师职业具有自己独特的职业要求和职业条件，有专门的培养制度和管理制度，有以下四层基本含义：一是教师专业既包括学科专业性，也包括教育专业性，国家对教师任职既有规定的学历标准，也有必要的教育知识、教育能力和职业道德的要求；二是国家有教师教育的专门机构、专门教育内容和措施；三是国家有对教师资格和教师教育机构的认定制度和管理制度；四是教师专业发展是一个持续不断的过程，教师专业化也是一个发展的概念，既是一种状态，又是一个不断深化的过程。

对教师个体而言，是指教师在整个专业生涯中，依托专业组织，通过终身专业训练，习得教育专业知识技能，实现专业自主，形成专业道德，逐步提高自身从教素质，成为一个良好的教育专业工作者的专业成长过程，也即一个人从“普通人”变成“教育者”的专业发展过程。

教师专业化既是一个过程，即教师职业逐步向着业经证实的专业标准所要求的专业水平发展的过程；又是一个结果，即教师职业已达到业经证实的专业标准所要求的专业水平。① 教师专业发展侧重于教师个人在专业生活中的成长，包括信心的增强、技能的提高、对所教学科知识的不断更新拓宽和深化以及对自己在课堂上为什么这样做的原因意识的强化。“就其最积极意义上来讲，教师专业发展包含着更多的内容，它意味着教师已经成长为一个超出技能范围而有艺术化表现的人，成为一个把工作提升为专

① 周洪宇. 教师教育论[M]. 北京：北京师范大学出版社，2010.

业的人，把专业知能转化为权威的人。”①

教师专业化更多是从社会学角度加以考虑的，主要强调教师群体的、外在的专业性提升。教师专业化的目标是争取专业的地位与权力及力求集体向上流动。教师专业发展更多是从教育学的维度加以界定的，主要强调教师个体的、内在的专业化提高。其目标是发展教师的教育教学的知识和技能，提高教育教学的水平。

教师专业化是教师专业发展的必然结果，它从根本上影响着教师个体专业化的进程和水平。反过来，教师个体在接受专业训练和提高自身业务水平的过程中，在教师个体专业化的发展过程中，不断接受新知识，增长专业能力，不断地推进和发展了教师专业所需要的知识技能、专业组织、专业道德和专业自主，促进了教师职业专业化的发展。可以说，教师个体专业化是教师职业专业化的基础和源泉，是教师专业化的根本方面。教师职业专业化和教师个体专业化是教师专业化不可分割、密切联系的两个组成部分。教师专业化有力推动了教师的专业发展。教师的专业发展为教师专业化提供了可能。教师专业发展依赖于教师个体对专业性发展的追求，最终体现于个体的专业发展，也是教师在专业生活过程中其内在专业结构不断丰富和完善的过程。

三、教师专业标准

教师专业发展被普遍认可和自觉强化，是教师专业化推动的结果。20 世纪 80 年代以来，教师专业发展成了教师专业化的方向和主题。人们认识到，只有不断提高教师的专业水平，才能使教学工作成为受人尊敬的一种专业，成为具有较高社会地位的一种专业。为此，通过明确教师专业标准来突显教师职业的专业性、推进教师专业发展，成为世界许多先进国家提高教师质量的共同战略。许多国家纷纷制定教师专业标准，以制度保障教师专业发展。

（一）教师专业标准的内涵

教师是指受一定社会的委托，以培养人的专门教育工作者，是“学校中传播人类科学文化知识和技能，进行思想品德教育，把受教育者培养成一定社会需要的人才的专业人员”。“科学技术迅速发展，知识迅猛增加，社会经济发生巨大变化，对人的科学文化、思想品德和身体素质等均提出更高要求，教师的社会功能随之变化和扩大。不仅要传授知识，还要培养和发展受教育者的智力和能力，对他们的学习和全面成长进行指导；同时对社会团体、学生家庭成员有联络、辅导、咨询和服务的责任，成为促进社会民主化、平等化和教育社会化的积极力量，受到国家的承认和社会的尊重。”②教师专业标准是国家对教师专业素质的基本要求，是教师实施教育教学行为的基本规范，是引领教师

① Perry, P. Professional development: the inspectorate in England and Wales. In Eric Hoyle & Jacquetta Megany (Eds.), World yearbook of education 1980: Professional Development of teachers. London: Kogan, 1980: 143.

② 顾明远. 教育大辞典[M]. 上海：上海教育出版社，1998：700.

专业发展的基本准则，是教师培养、准入、培训、考核等工作的重要依据。教师专业标准是规范和指导教师专业发展的尺度，能为教师专业发展提供参照性指导，从而更好地帮助教师在职业生涯中实现自我发展价值。

教师专业标准对提高教师整体素质和教育质量具有十分重要的意义：

首先，教师专业标准是提高教师队伍整体素质的重要保障。教师是为人的身心发展服务的职业，是一种专门职业。这种专业有自身的严格要求，并不是任何人都能够胜任教师职业的。那么这些要求是什么？具备什么样素质的人才能从事教师职业？必须制定教师专业标准来规范和要求。只有达到教师专业标准的人才能进入教师队伍的行列，才能从事教师职业。教师专业地位的体现，一方面需要外在条件的支持与保障，另一方面更需要依赖教师队伍的自身建设。只有制定教师专业标准，在教师的招聘、任用过程中才可以严把入口关，选拔符合专业标准的人员进入教师队伍行列。这对于加强教师队伍的管理、提高教师队伍的整体素质、保障教育事业科学发展具有重要意义。

其次，教师专业标准是促进教育公平的有效手段。教育肩负着重要的社会使命，不但要启迪人的心智、锻炼人的品格、完善人的心性，还应在消除社会上的不平等、倡导与践行公平公正、创造宽松和谐的社会中发挥重要作用。教师专业标准为各级各类教师培训提供了基础性的要求，有利于举办教师教育的高等学校完善教师培养方案、科学设置教师教育课程，降低教师职前培养的盲目性和随意性，提升教师的培养质量，切实促进教师教育科学化；有利于引导立志成为从教者的人和在职教师自觉加强修养，推进教师持续的专业发展。同时，教师专业标准为教师的准入、考核及退出提供了相对统一、客观的依据，有利于有关部门公正地把好教师入口关，确定教师管理制度，保证和维持教师的质量。

再次，教师专业标准是教师教育教学有效性的重要指导。教育教学活动既是科学又是艺术，既有规律又无定法。尽管教育教学理论早已提出了一系列基本原则、方法和策略，但从教育教学的角度，或者对于每位教师来说，在教育教学活动中应该具备什么样的观念、行为和态度，还需要具体的规范。教师专业标准对教师的观念、知识、行为等提出明确的要求，教师只有按照这些要求实施教育教学，才能保证教育教学活动的科学性和有效性。同时，教师专业标准对教师教育教学活动的评价也给出了具体的标准，对提高教育教学质量、保障教育教学的规范性、更好地促进学生的发展具有重大意义。

（二）发达国家的教师专业标准举例

21 世纪国际教育委员会认为，“教学质量和教师素质的重要性无论怎样强调都不过分”，因此，“提高教师的素质和动力，应该是所有国家优先考虑的问题”。在教师专业标准的制定上，美、英、日等国相对强调教师专业的自主性标准，欧洲大陆国家相对强调教师专业的学历知识标准。当然，从世界各国对于教师专业标准的讨论来看，不同国家在对教师专业标准的认识上存在一致之处，即都强调教师专业知识能力、教师专业训练、教师专业道德和教师专业组织与自主性。

1. 美国的教师专业标准

“二战”结束后，美国为提高教师质量付出了很大努力，建立了一些全国范围内的教师考核、认证机构，如州际新教师评估与支持联合会(INTASC)、国家教师教育认证委员会(NCATE)、国家专业教学标准委员会(NBPTS)等。各州开始根据中小学教育的需要，着手制定各州的教师专业标准。由于各州在教育理念与政策上差异明显，其中中小学教育改革对教师的要求也各不相同，因此美国州一级的教师专业标准在不同州之间，其设计理念、内容和具体要求都有显著不同。

1985年，美国教师联合会(AFT)主席阿尔伯特·申克(Albert Shanker)率先倡议建立一个全国性的教师标准与评价委员会。他建议类似的组织应做好这样的工作：切实地花些时间研究一个教师在获得教师资格证书前应该知道什么，找到测试教师所知状况的最好的办法。

美国卡内基财团组织的“全美教师专业标准委员会”倡导《教师专业化基准大纲》①，这是一份迄今为止最为明确地界定了教师专业化标准的文件，它明示了如下制定专业化量表的基本准则：“① 教师接受社会的委托负责教育学生，照料他们的学习——认识学生的个别差异并做出相应的措施；理解学生的发展与学习的方法；公平对待学生；教师的使命不停留于学生认知能力的发展。② 教师了解学科内容与学科的教学方法——理解学科的知识是如何创造、如何组织、如何同其他领域的知识整合的；能够运用专业知识把学科内容传递给学生；形成达于知识的多种途径。③ 教师负有管理学生的学习并做出建议的责任——探讨适于目标的多种方法；注意集体化情境中的个别化学习；鼓励学生的学习作业；定期评价学生的进步；重视第一义目标。④ 教师系统地反思自身的实践并从自身的经验中学到知识——验证自身的判断，不断做出困难的选择；征求他人的建议以改进自身的实践；参与教育研究，丰富学识。⑤ 教师是学习共同体的成员——同其他专家合作提高学校的教育效果；同家长合作推进教育工作；运用社区的资源与人才。”②

2000年，全国教师教育认定委员会又颁布了《美国国家专业教学标准》，进一步细化了教师专业发展的指标体系，得到美国社会的广泛认可。为了确保其得到有效的推广，委员会对于所认定合格的教师颁发专门证书，这些教师被称为“全国委员会资格教师”，简称“NBCT”。它针对不同教师制定30套标准，这些标准同时也是初任教师资格认证标准。申请者通过真实反映教师教学情况的档案袋评价及教学现场评价，达到标准即取得教师的资格。但资格并不终身受用，初任教师资格有效期为10年，之后要进行教师资格再认证；再认证标准类别与初任标准相似，而内容与程序有所不同。

2. 英国的教师专业标准

英国1992年成立“教育标准局”(Office for Standards in Education，OSE)，代表英

---

① 裴跃进. 美国《教师专业化基准大纲》的解读与启示[J]. 外国中小学教育，2009(11)：32－36.
② [日]佐藤学. 教师：两难问题[M]. 东京：世织书房，1997：66－67.

国对教育机构实施制度化管理。1994 年，英国政府又建立了教师培训署（Teacher Training Agency，TTA），取代原来的教师教育审定委员会（Council for Approval of Teacher Education，CATE），负责英国教师培训的各个方面，包括入职教师的入门训练和就业以及在职教师的专业进修。教师培训署是英国历史上第一个把教师入职训练、就业以及在职进修，视为一个相互关联的、不断发展的、专业化的途径的一部分来看待的组织。2002 年，英国教育标准局与英国教师培训署专门颁发了入职教师标准与在职教师训练标准，以提升教师专业标准，保证教师质量。2007 年 9 月，由教师培训署发展而成的师资培训与发展署（Training and Development Agency for Schools，TDAS）颁布了新修订的《英格兰教师专业标准》，共有合格教师资格（Qualified Teacher Status，QTS）标准、入职阶段晚期的核心（Core）教师资格标准、入职后教师资格（Post Threshold）标准、优秀教师（Excellent Teacher）标准和高级能力教师（Advanced Skills Teacher）标准五个标准。其中，作为对 2002 年标准的修订，合格教师资格标准将专业品质（Professional Attributes）、专业知识与理解（Professional Knowledge and Understanding）、专业技能（Professional Skills）作为标准框架的三个基本维度，它们各自有相应的指标与要求。

3. 日本的教师专业标准

长期以来，日本社会对于教师专业化的认识仅仅局限于"对于自己的专业热爱和自豪，并且集知识和技能于一体"的狭隘范畴。"二战"结束后，伴随着教育民主化进程，教育公平成为日本教育改革的重要内容。学生的个体差异及个人学习需求在教育过程中得到重视。在欧美国家教师专业标准的研究基础上，日本教育界也开始探究本国的教师专业标准。初期，日本教育界对教师专业标准没有建构具体的体系，只是从宏观上对教师专业标准进行了探究并试图给予抽象的界定，为后来教师专业标准规模化、系统化的研究和开发奠定了基础。

市川昭午可以说是日本战后教师专业标准发展探究的代表人物之一。他于 1969 年指出，既然教师与医生、律师一样具有专业性，其行为过程的评价就应该有相应的专业标准。1986 年日本学者小山悦司将教师专业标准主要划分为三个维度：推进教学实践活动的能力；进行培训实践活动的能力；管理学校、年级和班级的能力。其中，教学实践能力作为后者的前提和基础，包含教学技能和理解技能，具体如图 1－1 所示①：

① 熊淳. 日本的教师专业标准研究[J]. 外国中小学教育，2009(5)：9－14.

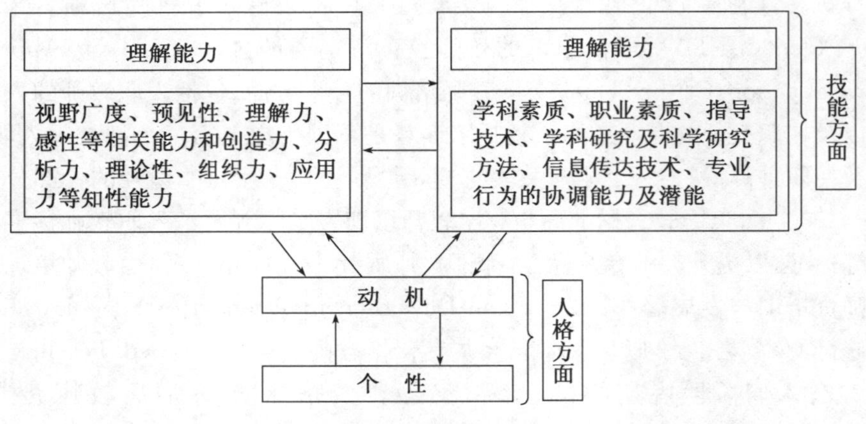

图 1－1 教师专业标准模式图

20 世纪 80 年代后期,以水内敏行为中心的教育实践研究小组深入学校进行教育实践研究。小组成员木原俊行将这种学校实地研究的手法用于教师专业发展的相关研究,在日本教育界获得了积极反响,日本教师专业化发展也日趋成熟化。

20 世纪 90 年代中期,在日本社会日趋国际化、信息化,环境问题日益严峻的背景下,教养审对教师专业标准重新定位,提出了“今后的教师在这个急剧变幻的时代,应该着眼于培养孩子独立学习、独立思考、具有丰富人性的生存力,并以此为目标实施教学”。

总体而言,战后日本教育实践家一直致力于教师专业标准的研发,其研究成果对教师专业化发展的贡献价值是不可否认的,教师专业标准的发展也日趋成熟化。但日本教师专业标准规模化、系统化的研发仅仅局限于个人或小范围团体小组之中,日本信州大学就是其中的一个典型代表。日本信州大学参照美国 INTASC(the Interstate New Teacher Assessment and Support Consortium)的教师专业标准,根据专业的不同层面划分,独自开发出一套教师专业标准,在日本教育界引起了很大的反响,被视为日本教师专业标准日趋成熟化的标志。①

(三) 我国的教师专业标准

虽然我国的教师专业标准制定相对滞后,但在法律或规范方面,如《中华人民共和国教师法》《中小学教师职业道德规范》等也规定了教师的从业标准。改革开放以来,尤其是进入 21 世纪以来,我国高等教育规模迅速扩大,为教师专业发展提供了必要的基础条件,为办好人民满意的教育提供了坚强的师资保障。2004 年,教育部开始着手研究建立教师专业标准,委托北京师范大学、华东师范大学等 9 所师范大学和中国教育科学研究院开始研究。

2010 年 2 月颁发的《国家中长期教育改革和发展规划纲要(2010—2020 年)》提出,

① 熊淳.日本的教师专业标准研究[J].外国中小学教育,2009(5):9－14.

要“努力造就一支师德高尚、业务精湛、结构合理、充满活力的高素质专业化教师队伍”①。“在新的历史起点上，建设高素质专业化教师队伍，关系亿万青少年的健康成长，关系教育改革发展的全局，关系国家的前途和民族的未来。”②根据教育规划纲要关于教师队伍建设的要求，教育部于2012年2月10日印发了《幼儿园教师专业标准(试行)》《小学教师专业标准(试行)》和《中学教师专业标准(试行)》(以下简称“三个标准”)，初步建立了相关合格教师专业素质的基本要求，规范了教师实施教育教学的基本行为，提供了教师专业发展的基本准则，在我国的现代教育史上无疑具有里程碑的意义。

“三个标准”由基本理念、基本内容与实施建议三大部分构成。① 基本理念提出教师要以学生为本，师德为先，能力为重，终身学习，这是教师作为专业人员在专业实践和专业发展中应当秉持的价值导向。“学生为本”“师德为先”“能力为重”的理念既体现了对中国教师群体长期坚持的基本追求，也体现了现代教育发展对教师素质的新要求，是传统与变革的有机结合；“终身学习”的理念更多的包含了信息社会背景下对教师专业发展所提出的新要求。② 基本内容由维度、领域和基本要求组成，分别对幼儿园、小学、中学教师的专业理念与师德、专业知识和专业能力提出60余条具体要求。③ 实施建议分别对教育行政部门、教师教育机构和幼儿园、中小学及教师提出了相关要求。

“三个标准”具有四个特点：一是突出师德要求，要求教师履行职业道德规范，增强教书育人的责任感和使命感，践行社会主义核心价值体系。二是强调学生主体地位，要求教师尊重学生，关爱学生，充分发挥学生的主动性，为学生提供适宜的教育，促进每个学生主动、生动活泼地发展。三是强调实践能力，要求教师把学科知识、教育理论与教育实践相结合，不断研究，改善教育教学工作，提升专业能力。四是体现时代特点，要求教师主动适应经济社会和教育发展的要求，不断优化知识结构，不断提高文化修养，做终身学习的典范。

教师专业标准颁布后，教育部在实施方面提出如下要求：一是各级教育行政部门要将教师专业标准作为幼儿园和中小学教师队伍建设的基本依据，根据教育改革发展的需要，充分发挥教师专业标准引领和导向作用，深化教师教育改革，建立教师教育质量保障体系，不断提高幼儿园和中小学教师培养培训质量；二是开展教师教育的院校要将教师专业标准作为幼儿园和中小学教师培养培训的主要依据，完善中学教师培养培训方案，科学设置教师教育课程，改革教育教学方式，加强教育实践，提高教师培养培训质量；三是幼儿园和中小学校要将教师专业标准作为教师管理的重要依据，制定教师专业发展规划，完善教师岗位职责和考核评价制度，健全教师绩效管理机制；四是幼儿园和中小学教师要将教师专业标准作为自身专业发展的基本依据，制定自我专业发展规划，增强专业发展自觉性，主动参加教师培训和自主研修，逐步提升专业发展水平。③

---

① 国家中长期教育改革和发展规划纲要(2010—2020年)[N]. 光明日报，2010-07-30(5-7).

② 刘华蓉. 制定教师专业标准 建设高素质教师队伍[N]. 中国教育报，2011-12-12(1-2).

③ 刘华蓉. 制定教师专业标准 建设高素质教师队伍[N]. 中国教育报，2011-12-12 (1-2).

兴国必兴教，兴教必重师。党的十八大报告把教育放在改善民生和加强社会建设之首，强调要“加强教师队伍建设，提高师德水平和业务能力，增强教师教书育人的荣誉感和责任感”。2013 年 9 月 9 日，正在乌兹别克斯坦进行国事访问的习近平总书记专门给全国广大教师致慰问信。他指出：“百年大计，教育为本。教师是立教之本、兴教之源，承担着让每个孩子健康成长、办好人民满意教育的重任。”“希望全国广大教师牢固树立中国特色社会主义理想信念，带头践行社会主义核心价值观，自觉增强立德树人、教书育人的荣誉感和责任感，学为人师，行为世范，做学生健康成长的指导者和引路人；牢固树立终身学习理念，加强学习，拓宽视野，更新知识，不断提高业务能力和教育教学质量，努力成为业务精湛、学生喜爱的高素质教师；牢固树立改革创新意识，踊跃投身教育创新实践，为发展具有中国特色、世界水平的现代教育做出贡献。”[①]这些都充分体现了党和国家对教育工作特别是教师工作的高度重视。每一位教师都应该珍惜今天来之不易的有利局面，增强主动发展的意识和不断反思、践行发展规划的能力，成为受到学生爱戴、得到家长满意、获得社会欢迎的好老师。

课程思政

2021 年 4 月，教育部印发《中学教育专业师范生教师职业能力标准(试行)》等五个文件，分别明确了中学教育、小学教育、学前教育、中等职业教育和特殊教育专业师范生教师职业基本能力。这五个文件均有“挖掘课程思想政治教育资源”或“有机融入社会主义核心价值观”的明确要求。请您谈谈，如何在职前教育阶段培养这种能力？

本章小结

教师作为一种普通职业，伴随着人类社会的发展而设立。随着教师职业的重要性不断增强，关于教师地位和作用的观念也逐渐生发，形成了教师专业化思潮并推动了教师专业化的实践。教师专业发展理论的形成和在实践中深深扎根，是教师专业化思潮和运动进一步强化的结果。当今世界，人们普遍形成了这样的共识：强国必先强教，强教必先强师。推动教育事业科学发展，办好人民满意的教育，关键在教师。教师专业发展是教师提高业务水平和综合素质的必由之路。我国 2012 年试行的教师专业标准，建立了教师专业发展的基本准则，在我国的现代教育史上无疑具有里程碑的意义。

关键词：教师；专业化；专业发展；专业标准

① 习近平向全国广大教师致慰问信[N]. 中国教育报，2013-09-10(1).

思考训练

1. 简述教师职业的产生过程。
2. 简述教师专业化思潮产生的背景。
3. 教师专业化和教师专业发展是怎样一种关系？
4. 我国 2012 年试行的教师专业标准由哪几个具体部分构成？

推荐阅读

1. 陈永明. 教师教育学[M]. 北京：北京大学出版社，2012.
2. 刘问岫. 中国师范教育简史[M]. 北京：人民教育出版社，1984.
3. 崔运武. 中国师范教育史[M]. 太原：山西教育出版社，2006.
4. 教育部办公厅关于印发《中学教育专业师范生教师职业能力标准（试行）》等五个文件的通知 http://www.moe.gov.cn/srcsite/A10/s6991/202104/t20210412_525943.html.

微信扫码

配套数字资源

第二章 教师专业情感

※学习目标

1. 了解情感的定义、功能；
2. 掌握教师专业情感的内涵和作用；
3. 掌握教师专业情感的培养方法。

导入语

著名的文学家托尔斯泰认为：如果教师只爱事业，那他会成为一个好教师。如果教师只像父母那样爱学生，那他会比那种通晓书本，但既不爱事业，又不爱学生的教师好。如果教师既爱事业又爱学生，那他是一个完美的教师。

“师者，传道、授业、解惑也”。教师对教育的爱和对学生的爱，关系到“传道授业解惑”的效果，关系到教育的未来。著名的教师霍懋征指出“没有爱就没有教育”，此语道出了教师情感对于教育的重要性，也从侧面反映出了教师情感在教师职业发展中的地位。

那么，在教师专业发展中，“爱”有什么要求，如何围绕“爱”来构建和发展教师的专业情感世界？

“没有爱，就没有教育”，对教育之爱、对学生之爱，就是师爱。对于教师来说，只有牢记初心，才能师爱长驻。那么教师的初心是什么？教师的使命是什么？回答好这个问题我们首先要会回答培养什么人、怎样培养人、为谁培养人的重大问题。习近平总书记在全国教育工作大会上发表的重要讲话为我们回答这一问题指明了方向，即培养一代又一代拥护中国共产党领导和我国社会主义制度、立志为中国特色社会主义奋斗终身的有用人才。请您结合教师的工作、生活来谈谈，如何培育师爱，如何在教育教学中表达师爱？

第一节 情感理论概述

想一想

情感是所有这样的感觉：它们改变着人们，影响着人们的判断，并且还伴随着愉快和痛苦的感觉。——亚里士多德

什么是情感？情感对于教师来说具有什么样的作用和意义呢？

生活，因为情绪和情感的存在而显得丰富多彩；人生，因为有着多种多样的情绪和情感而显得充满回忆和期盼；职业，因为有着种种的情绪体验和情感，才显得有魅力。情绪和情感，伴随着人的一生，无时不在，无处不有。

一、情绪与情感的内涵

情绪和情感是紧密相联的两个概念，甚至很多研究成果将二者视为同一概念，因此有必要对二者进行区分，并在此基础上弄清情感的内涵和特征。

（一）情绪的内涵

情绪由以下三方面构成：主观体验、生理唤醒和外在行为。情绪的主观体验是大脑的一种感受状态，一般所谓“情绪感受”指情绪的主观体验。任何一种情绪都伴随着一定程度的生理唤醒。例如，当我们害怕时，会产生许多身体上的变化：心跳和呼吸加快，脉搏加快，四肢发抖，肌肉紧张等。情绪的第三个成分是外在行为。情绪总是伴随着相应的面部表情和身体姿势，当我们体会快乐的情绪时便会有笑的表情，甚至手舞足蹈；当我们害怕时便会睁大眼睛和嘴巴，喊出声音，以至做出逃跑的动作。

主观体验、生理唤醒和外在行为作为情绪的三个组成部分，在评定情绪时缺一不可，只有三者同时活动，同时存在，才能构成一个完整的情绪体验过程，只有其中一种成分或两种成分时，不会产生一个真正的情绪过程。例如，当一个人佯装愤怒时，他只有愤怒的外在行为，却没有真正的内在主观体验和生理唤醒，因而也就称不上有真正的情绪过程。①

因此，所谓情绪是一种由内在激活、外在客观刺激与个体的需要相互作用而产生的认知活动、心理体验、生理激活和外部表现的整合性心理过程②。

（二）情感的内涵

情感是人对客观与现实的态度的体验，是人类心理活动的重要组成部分。现代研

① 付建中. 普通心理学[M]. 北京：清华大学出版社，2012：251 - 252.

② 许远理，熊承清. 情绪心理学的理论与应用[M]. 北京：中国科学技术出版社，2011：8.

究表明，情感是人的心理生活的重要组成部分，其对人的影响是多维度、全方位的。但要指出的是，情感的影响具有两重性：在一定条件下起着积极的促进作用，而在另外情况下，起着消极的破坏作用。因此，我们要认识情感现象，把握情感规律，以充分发挥其积极的作用。①

情感是与个体的社会性需要相联系的主观体验。人类高级的社会性情感主要有道德感、理智感和美感。道德感是根据一定的道德标准，在评价自己或他人的思想、意图或言行时所产生的情感体验。如对弱者进行帮助，个体就会产生满意、自豪、欣慰等肯定的情感体验；没有对需要帮助的人伸出援手，就会产生不安、自责、内疚等否定的情感体验。理智感是个体在智力活动中，认识和评价事物所产生的情感体验。例如解决问题过程中出现的惊奇、怀疑；问题解决后的自豪、快慰、确信；对真理的追求、对科学的热爱等，都属于理智感。理智感是智力活动的重要动力，是完成学习和工作的重要条件。美感是个体根据一定的审美标准，评价事物时所产生的情感体验。②

二、情感的功能

（一）动力功能

情感对人的行为活动具有增力或减力的效能。现代心理学研究表明，情感不只是人类实践活动中所产生的一种态度体验，而且对人类行为动力会产生直接的影响。在同样的有目的、有动机的行为活动中，个体情绪的高涨与否会影响其活动的积极性：在高涨情绪下，个体会全力以赴，努力奋进，克服困难，力达预定目标；在低落情绪下，个体则缺乏冲力和拼劲，稍遇阻力，便畏缩不前，半途而废。

（二）调节功能

情感对一个人的认知操作活动具有组织或瓦解的效能。这是随着现代情感心理学家把注意力越来越多地集中于情感和认知的相互关系以后所揭示出来的一个最为引人瞩目的功能。人们过去对情感的偏见，也主要集中在情感对认知活动的干扰或破坏方面。然而，大量研究表明，适当的情感对人的认知过程具有积极的组织效能，而不适当的情感会产生消极的瓦解作用。这一情感功能的揭示，不仅更新了在历史上把情感作为理智的对立面来认识的观念，而且打开了非智力因素直接影响智力因素的一条重要通道，对于人类的实践活动，尤其是教学活动，具有不可估量的价值。

（三）信号功能

情感能通过表情外显而具有信息传递的效能。确切地说，一个人不仅能凭借表情传递情感信息，而且也能凭借表情传递自己的某种思想和愿望。研究表明，情感的信号

① 卢家楣．心理学与教育：理论与实践[M]．上海：上海教育出版社，2011：228．

② 郑红．心理学原理与应用[M]．北京：清华大学出版社，2011：166－167．

功能在传递信息方面具有一系列独特的作用——加强言语的表达力、提高言语的生动性、替代言语、超越言语。

（四）感染功能

情感具有对他人情感施加影响的功能。当一个人发生情绪时，不仅自身能感受到并产生相应的主观体验，而且还能通过表情外显，为他人所觉察，并引起他人相应的情绪反应。例如，你走过大街，看见有人被车撞伤，在路边痛苦地呻吟，你自己也会感到难过。西方心理学把这种现象称为"移情"。这就为教师凭借表情将教材中蕴涵的情感表现出来影响学生，使之获得相应的情感体验提供了依据。[①]

三、情感的类型

道德感、理智感、美感被认为是高级的社会性情感，这些情感包含着人类独有的社会意义，反映着人的个性生活和社会生活的一致性及人的精神面貌，调节着人的社会行为。

（一）道德感

道德感是人根据社会的道德行为准则，对自己和他人的言行进行评价时产生的情感体验。例如，对符合道德准则的行为感到敬佩、赞赏或自豪，对不道德的行为感到厌恶、愤恨或内疚等；对祖国的自豪感和尊严感；对社会劳动和公共事务的义务感、责任感、集体感、荣誉感、正义感、是非感、善恶感等，都属于道德感范围。

（二）理智感

理智感是与人的求知欲、认识兴趣、对解决问题的需要、对真理的追求相联系的情感体验。它体现着人对自己认知活动过程中出现的新现象、新成果而产生的欣喜感等。在认知活动中产生的理智感，对认知也是一种新的动力。[②]

（三）美感

美感是人根据一定的审美标准对客观事物、行为及艺术作品予以评价时产生的情感体验。美感包括自然美感、艺术美感和社会美感。美感来源于现实，是人对客观现实美的反映。美感既具有共同性，又有差异性。不同的时期、不同的地区、不同的民族甚至不同的职业，有着不同的审美标准；对同一事物也有着不同的美的体验。

---

① 卢家楣. 心理学与教育：理论与实践[M]. 上海：上海教育出版社，2011：228.

② 王有智，欧阳仑. 心理学基础：原理与应用[M]. 4 版. 北京：首都经济贸易大学出版社，2012：152－153.

第二节　教师专业情感

想一想

新华网　兰州9月9日电(记者赵锋、郭威)甘肃省兰州市皋兰县高家庄小学是一所“袖珍”小学,学校里只有杨言芳一名教师和12名学生。日复一日,从教31年的杨言芳用知识“浇灌”着这12棵“幼苗”。1977年,杨言芳高中毕业,作为高家庄唯一的高中生进入高家庄小学任民办教师。在这所小学,她当了整整20年的民办教师,1997年才转为公办教师。高家庄小学原来有四个年级,5名教师,学生最多时有七八十个。2006年,由于一些农村学校生源减少,皋兰县合并了部分学校。高家庄小学就只剩下了杨言芳一名教师和12个学生。由于要同时教两个年级,杨言芳每天穿梭于教室两头,给一年级学生讲完数学课后,紧接着就给二年级学生讲语文课,像接力赛跑,整个白天几乎离不开教室。现在高家庄小学12名学生中,有6名学生是独生子女。杨言芳对这些学生,既当老师,又当妈妈。孩子们犯错误了,她都舍不得批评几句,通过耐心地讲道理,让他们自己主动改正错误。高家庄几位学生家长告诉记者,杨老师曾是他们的老师,工作认真负责,把孩子交给杨老师他们很放心。皋兰县西岔镇学区校长王克宽说,杨言芳老师从教31年了,几十年如一日,兢兢业业,在教师队伍和学生家长中口碑很好,她教学水平高,是一位优秀教师。几十年来,农村学校虽然条件很艰苦,但杨言芳没有向组织提出过任何要求。从她进入高家庄小学那天起,就再也没有离开过,把她的青春年华都献给了高家庄小学的教育事业 。

那么,是什么力量让杨言芳坚持了这么多年呢？有人认为,这是一种情感,对教育的情感。那么,什么是教师的情感呢？

作为一种专业职业,教师有符合自身职业和专业特征的专业情感。教师专业情感是一个内涵丰富的体系,包含了多个层次的内容。教师专业情感的形成是一个长期的、持续的过程,跨越职前教育阶段、入职阶段和在职教育阶段。专业情感的养成,关键在教师自身,即内因。当然,环境涵养、制度激励和约束等方面是不可忽视的重要外因。

一、专业情感的定义

教师专业情感是教师专业化的产物,是一个内涵丰富的有机体,包含着丰富的内容。只有全面掌握和理解专业情感的内容,才有可能建立科学的专业情感体系。

专业情感是教师职业自我的一部分,也是教师专业生活中的心理体验和专业发展的内在力量。美国学者凯尔克特曼认为:“在教师的情感与认知、自我与环境、道德判断和有目的的活动之间存在着非常复杂的互动和关联,只有立足于这种复杂性,教师的职业活动才可以被更全面、更深刻地理解。”从专业情感对教师生活不同性质的影响,我们可以将之分为正向情感和负向情感，或可称之为积极情感和消极情感。正向情感包括使命感、幸福感、成就感等，负向情感包括倦怠感、厌恶感、边缘感等。教师的专业情感是一种与教师职业行为的本质密切相关的职业经验，这种经验依托于教师所处的职业环境，来自教师个体与环境的互动，根植于教师认知，并能够体现出教师的职业行为模式特征以及职业环境中对教师个体影响最大的各类因素。

从情感所涉及的具体领域以及场所来看，教师专业情感的具体内容包括：教师的角色情感、教师的教育职业情感、教师的学生情感、教师的教育探索情感、教师的自我评价等方面。

（一）教师的角色情感

教师的角色情感是教师专业情感的基础，角色情感的形成是教师专业情感形成的首要步骤。以作为一名教师而感到自豪，以成为一名“教育人”而信心满怀，同时又深刻理解“教师”这个角色所应该承担的责任，以及应该为之而做出的努力及奉献，这就是角色情感的主要内容。角色情感的形成是以“爱”职业为标志的，这种“爱”是教师抵御外界诱惑的重要武器。角色情感一旦形成，除非在重大变故下或者遭遇不公正对待时，否则很难发生改变。教师角色主要指教师所具有的与其社会地位、社会身份相联系的被期望行为。它包括三方面内容：一是教师的实际行为，如有时是学科专家，有时是成绩评定者等；二是教师的角色期望，这又包括社会期望、学生期望和教师自身期望三个方面；三是悦纳自身角色的心态。

《教学勇气》一书中指出：“当与学生面对面交流时，唯一能供我们立即利用的资源是：我的自身认同，我的自我的个性，还有身为人师的‘我’的意识——如果我没有这种意识，我就意识不到学习者‘你’的地位。”现实中，“反思是教师专业发展的有效途径”常常遭遇尴尬。反思的方法层出不穷：叙事、案例、日志、教后记、网络博客，等等，可教师反思之后却收效甚微。于是理论工作者认为是教师的反思能力和水平影响了反思的实际效果。反思的技巧虽然重要，可是当教师把反思当作一种负担来应付时，再专业的反思技巧也无济于事。而教师为什么会把反思当作一种负担呢？因为教师反思的目的不是为了自我反观，而是为了自我维护。教师在扮演传道、授业、解惑者角色的同时却少有对自己生存意义的感悟。如此循环下去，教师何来的教学勇气？帕尔默认为：“好教师有一个共同的特质是肯定的，那就是一种把他们个人的自身认同融入工作中的强烈意识。”与角色相比，认同是更稳固的意义来源，由自我认同组织起来的对教学“意义”的理解远比因角色组织起来的对教学“功能”的理解更深刻，也更能激发教师的教学勇气。①

（二）教师的教育职业情感

对角色的“爱”和对教育职业的“爱”并不是一回事。教育行业尤其有着特殊性和特殊要求，教育职业也有着自身特殊的环境和要求。作为一名“职业人”，绝非热情以及干劲

① 田莉审．审视教师“自我认同”的力量[N]．中国教育报，2008-12-05(05)．

就能够成事，而是需要以“职业”的思维时刻为之准备。因此，职业情感包含了以下内容：对职业的理性思考和清醒认识、对职业的热情与激情，以及敬业乐业感、责任感和价值感。

对教师职业的理性认识是教师职业情感的基础和前提，只有具备了清醒的认识并形成了对专业的高度认同，才能坚定全身心投入教育工作的决心和信心。反之，则不可能产生对教师职业的热爱以及为之奉献的决心。在职业认同的同时，教师的职业价值观也逐渐完善，即明白教师职业的价值所在，以及如何实现价值等。只有形成了高度的职业认同和正确的职业价值观，教师才能够产生职业热情，产生为教育工作而努力的欲望和动力。敬业乐业是教师自我发展的前提和职业生涯的动力源，更是教师队伍稳定发展的基础，它要求教师要做到：教书育人、尽职尽责；学而不厌、诲人不倦；勤奋钻研、勇于创新；爱生爱校、甘于奉献。

“不想让乡亲的梦，跌落于山崖。门巴的女儿执意要回到家乡，坚守在雪山、河流之间。她用一颗心，脉动一群人的心，用一点光，点亮山间更多的灯火。”这是2013年感动中国的乡村教师格桑德吉的颁奖词。

为了让雅鲁藏布江边、喜马拉雅山脚下的门巴族孩子有学上，格桑德吉毫不犹豫地放弃了拉萨的工作，主动申请到山乡小学。她的教育梦想就是让门巴族孩子都能上学。格桑德吉老师所在的帮辛乡小学是墨脱最后一个通公路的乡，因常年泥石流、山体滑坡，从未有过完整的路。为了劝学，12年来格桑德吉老师天黑走悬崖，在满是泥石流、山体滑坡的道路上频繁往返；为了孩子们不停课，别村缺老师时她不顾六个月身孕、背起糌粑上路；为了把学生平安送到家，每年道路艰险、大雪封山时，作为校长的格桑德吉跟男老师一样，过冰河、溜铁索、走悬崖峭壁，把四个月才能回一次家的学生们平安送到父母的身边。在格桑德吉老师十二年如一日的努力下，门巴族孩子从最初失学率30%，变成今天入学率95%。12年来，她教的孩子有6名考上大学、20多名考上大专、中专，而她自己的孩子却留在了拉萨，一年才能见一次。村民们亲切地称她为门巴族的“护梦人”。

课程思政

怀念儿童教育家李吉林：一生献给儿童①

“一切为了儿童”，这是李吉林教育理念的核心，也成为她理论研究的基石。绵延半个多世纪，在与儿童教育相伴的一生里，儿童在她的心中始终有着特殊的意义——不仅仅是教育对象、研究对象，更是智慧的源泉、心灵的寄托。在她看来，整日和人世间最稚气的儿童生活在一起，是最大的幸福。在生命的最后一刻，李吉林首先想到的，还是牵挂一生的儿童。

如何看待李吉林老师对教育、对儿童的这份情感？教育爱、学生爱对教师专业发展有何作用？

① 孙其华．李吉林：一生献给儿童[N]．中国教育报，2019-07-20(04)．

（三）教师的学生情感

师生之间的情感是师生之间具有社会性、普遍性和稳定性的特征，它是以教师对学生的全面了解和认识为基础的，其最高境界就是教师对学生的爱：稳定的爱、普遍的爱和无私的爱。师生之间良好的情感关系可以产生积极的教育作用，调控学生和教师自身的行为，调动学生学习的积极性，提高学习的效率。教师的积极情感，能够赋予教师的教导以特殊的魅力，使学生乐于受教，有利于教育目标的顺利完成。

从积极的角度来看，教师对学生的情感，可用师爱来指代。所谓师爱，指老师对学生的真挚、纯洁、普遍而持久的关心爱护，是教师的一种高尚而积极的情感。师爱主要包括以下几个方面的内容：对学生深刻了解；关注学生个体的成长并给予支持；因材施教；不歧视学生；真诚而平等地对待每一个学生。即通过对不同学生个体的生活背景（家庭状况）、个性特征、兴趣爱好、优缺点等方面的深入了解，有针对性地制订和实施帮助方案，绝不因为个人喜好而歧视或者偏爱某个学生。

师爱不是“私己的爱”，而是一种“公爱”。作为公爱的师爱是一种“神圣的爱”，它所凸显的是作为社会代表者的教师的爱的责任。师爱也不是“失衡的爱”。“失衡的爱”有两种情况：一种是因爱之心切而忽视严格要求，结果变成宠爱、溺爱；或者过于苛求，结果变成扭曲的爱、畸形的爱；另一种是爱的情感与行为只指向爱的对象的某一方面或某些方面，而不是其所有方面。师爱摆脱了“失衡”的状态，它是一种“全爱”，即全面、整体的爱。一方面，真正的师爱是对学生既有关心，也有要求；既有援助，也有督促；既有保护，也有鞭策。打一个不一定很贴切的比方，师爱应当是慈母与严父的有机结合。另一方面，师爱指向的是学生的全面成长与发展，包括学生的健康与强壮、活泼与开朗、勇敢与坚强、创新与想象、朴实与善良等，是由所有这一切构成的学生的整个人。

师爱不是“偏袒的爱”，是一种“博爱”，即爱每一个学生；不是“有偿的爱”，是一种“纯爱”，及纯净、纯真、纯粹的爱。爱就爱了，爱就不图什么回报。它没有算计的成分，没有交换的色彩。①

（四）教师的教育探索情感

敬业、乐业的基本要求是愿意为之付出最大的努力，这种努力最大的特点是勇于探索和创新。建立在对教育的爱、对学生的爱的基础上的教育实践，应该蕴含着极大的探索热情和孜孜不倦的创新精神。教师的创新和探索，应专注于帮助学生“成才”和“成人”等方面，而不应该专注于帮助学生提高考试成绩等方面。仅仅能够帮助学生考出好成绩的教师，虽然备受社会推崇，但仅凭这一点，绝不能认定其就一定是“好”教师。我们应该清醒地认识到教师所应该承担的责任，以及评定教师的真正标准。因此，基于合二为一的“成人”和“成才”目标，对教育理念、教育方法、教育内容等方面的探索和创新应该是教育专业探索的重要内容。它包括了教师对新知识、新理念的关注和追求，对教

① 吴康宁. 师爱不是什么[N]. 中国教育报，2011－01－25(04).

育技能的研究和创新，对教学艺术的追求，对教育管理能力的提升以及持续的教育感悟等方面。

二、教师专业情感的层次

立足于主体自身的需要和认识层次角度的考察，从浅入深，专业情感可以分为四个层次：职业认知和自我认知、教师角色定位、教师职业发展定位、教育之爱。

（一）职业认知和自我认知

职业认知和自我认知是专业情感的基础。职业认知是投身教育行业的前提，而职业认同则是从事教师职业的基础。只有对教师职业的特征、待遇、要求以及前景等方面有了全面的认知，并对其产生基本的认同，教师对教育的情感才能够建立起来，也才具备了从事教师专业的心理基础。职业认知和认同，必须与教师的自我认知结合起来，即个体作为教师，具备哪些条件，尚存在哪些不足，需要做哪方面的努力？作为教师的自我认知，是指在成为教师前或者进入教师队伍初期，基于对教师专业和教育工作的全方面了解和理解，结合对自身因素、条件的深入分析，形成的综合性认识。通过科学的职业认知和自我分析，教师个体能够形成对职业的稳定的情感以及为之做出努力的职业理想。

（二）教师角色定位

在自我分析的基础上，形成从业基本意向，并为之准备，这是成为“专业”人的前提。但完成这一步，不代表在“角色”情感上已经成为教师。“角色”情感上真正成为教师的关键在于“角色定位”，即形成教师角色认同：真正在内心世界中把自己当作一名教师，理解和遵守作为教师的各项要求，时刻对自己的身份和从事的工作有着清醒的认识。同时，要求教师能够随着教育改革的推进，新思想、新方法的出现，学生特征的变化等，不断调整自己的角色内容，以适应教育的发展趋势。

（三）教师职业发展定位

所谓职业发展定位，主要指教师能够形成自己的职业理想、职业发展规划、职业发展路线等。对于一位教师来说，建立在对教师职业的高度认同和自身角色的清晰认知基础上的职业理想，应该是伟大且可实现的。一位对教师职业有明确认知和认同的教师，必然有着科学的职业发展规划（职业生涯规划），以及为之奋斗的方法和决心。

（四）教育之爱

对教师职业的热爱和对教育事业的热爱，是教师情感的最高境界。这种爱对教师来说，是一种愉悦而积极的情感体验。首先，教师能够从教育工作中体验到成就感。无论是学生的成长还是自身的发展，甚至是学校的发展和社会的进步，都能够让教师感受到教育的力量，感受到一己之力对于人的改造和社会进步的作用。其次，教师能够从教育活动中感受到幸福。幸福是教师工作的重要动力和追求，教师能够从其所获得回报以及认可中，感受到自身的价值所在，感受到来自方方面面的尊重，从而体验到幸福。再次，拥有教育激情，能创造性地开展教学工作。教育之爱的最重要的体现就是落实到行动中，即通过持续而有激情的创造，不断改进教学方法、模式，提升教书育人的效果，帮助学生更好地发展。

从教育之爱的具体层次来看，可以分为对教育工作的爱、对学生的爱、对学校的爱，三者相互关联、相互影响。其中，对教育工作的爱是教育之爱的根本基础，有了它才有对学生的爱以及对学校的爱。反过来，有了对学生的爱和对学校的爱，教师对教育工作的爱将更为深入和坚定。

课程思政

张桂梅，云南省丽江华坪女子高级中学党支部书记、校长，华坪县儿童福利院(华坪儿童之家)院长。张桂梅同志把全部身心投入边疆民族地区教育事业和儿童福利事业，创办了全国第一所全免费女子高中，是华坪儿童之家 130 多个孤儿的“妈妈”。她坚持用红色文化引领教育，培养学生不畏艰辛、吃苦耐劳的品格，引导学生铭记党恩、回报社会。她坚持每周开展 1 次理论学习、重温 1 次入党誓词的组织生活，发挥党员在学校各项工作中的先锋模范作用。她常年坚持家访，行程 11 万多公里，覆盖学生 1300 多名，为学校留住了学生，为学生留住了“用知识改变命运”的机会。她吃穿用非常简朴，对自己近乎“抠门”，却把工资、奖金捐出来，用在教学和学生身上。她以坚韧执着的拼搏和无私奉献的大爱，诠释了共产党员的初心使命。①

请结合案例，谈谈张桂梅的教育之爱体现在哪些方面?

三、专业情感对教师专业发展的价值和意义

专业情感主要在专业生活世界中发生作用，同时也往往越过专业生活世界，渗透在教师的整个生活世界里，并影响着教师生活的方方面面。

(一) 影响着教师的价值观的形成

从理论角度来看，专业情感体验的程度往往影响着主体产生对客体的倾向程度，进而推动主体在价值体验中逐渐形成并不断修正其价值标准，指导着主体进行价值判断。教育事业的价值、教学活动的价值以及在教育生活世界中个人自身价值的实现，都是教师价值观的重要组成部分。当然，这只是从“内因”角度而言的。而教师价值观的形成，还与外部因素有着极为重要的关系，甚至外因会通过“专业情感—价值观”的路径，对教师价值观的形成和发展而发生作用。在来自外部的压力以及诱惑下，教师队伍中总会

① 刘少华. 女高校长张桂梅[N]. 人民日报海外版，2021-03-31(05).

产生对专业情感偏离的现象，其中部分人采取“用脚投票”的方式，离开教师队伍。这一现象折射出教师职业的吸引力问题，即难以将最优秀的人吸引到教师队伍中来（当然，近年来大量的优秀人才不断涌入教师职业，说明这一职业的吸引力正在增加）。

换个角度看，那些对教育职业“情感不专”的人退出教师队伍，也未尝不是对教育的一种“净化”。但这并不代表那些对教育缺乏“爱”的教师都会被清除出教师队伍。值得注意的是，当今的教师队伍在整体素质上虽然已经有了大幅度提升，但在教师队伍中，仍然存在大量缺乏专业情感、价值观存在问题的人。不乏有人得过且过，不思进取，把教师职业当作养家糊口的手段，甚至把教师职业和身份当作发财致富的手段（开办课外辅导班等）。我们应该看到，这种现象和这些人的存在，对教育来说无疑是一种巨大的威胁。因此，包含对教师情感监控、援助、激励等在内的教师情感管理制度的建设将是未来教师专业发展制度建设的重要部分；而与教师师德管理机制相结合的情感偏离惩罚制度，也是教师专业情感管理的重要内容。

（二）影响着教师教育态度、教育理念、教育实践

情感体验影响着实践的态度，进而渐进式地对理念产生改造作用。教师的专业情感的习养程度对教师的教学态度起着重要的影响作用：教师能否精研学生、精研教材、认真地准备好和实施教育教学活动，完全取决于教师对教育、学生等方面的情感。很难设想，一个人会对自己厌恶的事尽心尽力，付出积极而高效的劳动（基于责任感的工作投入，往往缺乏主观能动性）。在专业情感影响下的教育态度，往往渗透在教育实践中，并通过教育效果反映出来。专业情感的习养程度，往往影响甚至决定着教育效果的优劣。而教育实践、教育效果，往往在客观上影响着教师的教育理念的发展。因此，专业情感的习养对教师的教育理念、教育实践活动，都会产生重要的影响。

反过来，教师的教育态度、教育理念、教育实践对专业情感的习养，也有一定的反作用。科学的教育态度往往是与和谐、愉悦的教育过程、良好的教育效果相伴随的。在和谐、愉悦的教育过程中，往往会产生良性的师生互动，从而促进良好师生关系的形成，推动教师不断优化学生观，加大对教育的感情投入。同样，良好的师生关系往往有助于教育活动的开展，并在很大程度上提升教育教学活动的效果。在这一发展过程中，教师的专业情感不断加深，并通过教育活动，在与学生的互动中，不断走向科学化。当然，最为理想的状态就是能够形成一个完整的“闭环”。但这不仅要求教师要有宽容的心态和持之以恒的精神，同时还要求教师不断调整对感情投入的期望值，从而为“专业情感”的发展提供保障。详而言之，在感情投入初期以及和谐的师生关系构建期，适当调低效果预期，以应对可能出现的不理想效果；在感情投入中期以及专业情感稳定期，应该适当调高预期值，做到“百尺竿头，更进一步”。

（三）影响着教师的自我提升、职业发展和自我实现

1. 教师自我提升的动力来源于其对教育的“热爱”，即教师的专业情感

教师的专业情感决定着教师是否愿意以及在多大程度上围绕教育教学工作进行自

我投入,影响着投入的效果。很难想象,一个不“爱”教育的教师愿意或者能够全身心进行自我提升,加强包含教育理论素养、教育技能提升等在内的自我修炼。同样,一位对教育教学活动、对学生冷漠的教师,也很难在“自我修炼”中取得良好效果。唯有具有对教育和对学生基本的热爱,教师才能主动积极地全面审视自我,主动弥补不足,并在多个维度寻求提升。同样,也只有基于教育的专业情感,教师才能够在自我提升中持之以恒,并在最大程度上追求提升效果,实现科学、持续的发展。

2. 教师的专业情感也影响着教师的职业生涯规划和职业发展

是否愿意终身从教,将生活世界与教育完全挂起钩来,甚至将教育作为生活、工作等多个方面的奋斗目标,全身心地投入教育发展等,都属于教师的专业情感范畴。唯有对教育工作饱含热情,并做好了终身从教的决定,才能对自己的教育职业生涯做出科学理性的规划,也才能清醒地、有计划地、有步骤地设计自己的教育职业发展路径。一个对教育事业缺乏热情的教师,根本不愿意对未来的教育生涯进行展望,更勿论主动地设计自己的教育生涯。

3. 专业情感有助于教师对自我价值的界定以及实现

“桃李满天下”是教师自身价值体现的重要部分,但不是全部。教师的自我价值界定或赋予的关键在于专业情感和教师自身的价值观,只有有着对教育的热爱才能正确地赋予教师工作的价值(关于教师的自身价值实现,这里不做深入探讨)。教师自身价值的实现,是建立在专业情感基础上的,情感体验往往和价值体验结合在一起。教师的自身价值不仅体现在教育的成果上,同样体现在教育的过程中。因此,作为马斯洛需求理论中个人追求的最高境界,在教育领域中体现为“他化”价值,即育人成果和育人过程。正所谓“燃烧自己照亮别人”,照亮的过程和成果就是价值所在,也是在专业情感支配下,教师甘于奉献、甘为人梯的教育实践和教育效果。

➢扫描本章章首二维码,延伸阅读:中宣部授予张桂梅“时代楷模”称号。

第三节 教师专业情感的培养

想一想

熟悉小学教育的人都了解,母爱教育几乎是斯霞的代名词。她以一颗童心,爱学生之所爱,乐学生之所乐,悲学生之所悲;她爱所有的学生,甚至偏爱差生;她把爱洒向学生成长的各个方面,不仅是德、智,还有体、美、劳。她终生遗憾也是最能体现她对学生的爱的典型事例是她的爱人临终前,医院送来病危通知时,她还在进行家访!她用胜过母爱之爱、胜过亲情之爱来爱学生,使学生从小受到爱的教育,学会被爱与爱人。她对学生的爱源于对小学教师工作的爱,对教育事业的爱源于对教育工作极端重要性的深刻认识。新中国成立之前她许身教育,是为了靠教育以救国;新中国成立之后她初衷不改，是为了靠教育以强国。她清楚地认识到，强国靠人才，人才靠教育，基础在小学。她说过："我们所从事的小学教育是教育这座宝塔的基础、底层。任何一个登上宝塔顶端的人，都不可能逾越这一基础教育阶段。"可见，她对学生的爱，源于对强国、富国的企盼，源于对伟大祖国的爱。这才是斯霞爱的教育的真谛！

斯霞对教育的爱，是如何形成的呢？

专业情感的形成和发展，是一个长期的"自我修炼"过程。那些认为情感培养可以一劳永逸和一蹴而就的观点是站不住脚的。专业情感的养成，是一个长期的、持续的过程，不仅需要一个健康的、积极向上的由制度环境、舆论环境等组成的保障和支持体系，还需要教师自身的"自主、自为、自觉"的发展、提升。环境支撑和自我发展，是教师专业情感发展的"两翼"，缺一不可。前者是外因，后者是内因，内因是教师专业情感发展的"核心"和"原动力"，而环境是激发教师自我发展的重要因素。其中，科学的制度环境可以为教师专业情感发展提供重要的激励、保障；健康的舆论环境可以为教师专业情感发展减少"不和谐音"，保证专业情感的发展沿着科学发展的道路前行。

一、专业情感培养的要求

专业情感贯穿在教师的个人情感中，伴随着教师的一生。因此，专业情感的培养是一个长期的过程。对于教师个人而言，需要坚持长期发展和循序渐进的原则，有计划地、主动积极地培养。随着教育生活画卷的逐渐展开，教师的专业情感世界将越来越丰富，教师个人的情感体验也将越来越多样。在教师的专业情感发展过程中，教师的专业情感将不断地实现升华。同时，专业情感的发展也将对教师专业发展的其他方面起着重要的推动和促进作用。

（一）坚持自觉、主动发展原则

教师的专业情感并非自然而然地形成的，而是需要通过良好的规划和主动的培养形成的。应该承认，很多教师并非一开始就对教育产生喜爱之情的，而是在工作中逐渐喜欢上这个职业并逐渐坚定为之付出的信念和理想的。因此，专业情感的培养需要建立在科学的规划和主动发展的意愿的基础上。所谓科学规划，要求教师个体（包括有意愿成为教师者）应在对教师职业和教育行业充分了解的基础上，通过对自身情况的科学分析，制定情感养成计划和行动方案。

首先，对教师职业详细了解，而不是基于"道听途说"。有人说："在文人眼中，教师是培养祖国花朵的花匠。在不知情的人的眼中，教师是一天到晚都在放假的闲人。在医生的眼中，教师更容易患咽喉癌。在商家眼中，教师是一个吝啬鬼。在妈妈的眼中，女儿当教师，容易找一个好老公。在未婚男人眼中，娶回一个教师，相当于娶回一个保姆，一个家教，和一个文秘。"而事实上的教师职业是否如此呢？这就需要从业者深入其中，用心去体悟，加深对其了解。

其次，在对教育行业及教师职业了解的基础上制定科学的情感培育计划。如从了解教育的工作性质、工作环境以及职业特征，认可教师的专业价值等方面开始，逐渐发展到爱学生、爱教育等方面。

再次，积极主动地实现既定规划。教师本人要主动地用自己的"心"去体验、去感悟，要能够用爱去"倾听"，要善于从每一个细节处培养自己的情感；要向楷模学习如何去发现学生的优点、爱学生，要学会从工作中寻找乐趣，追寻价值。

（二）坚持长期发展和循序渐进原则

专业情感的培养绝非一蹴而就，它是一个长期的过程。专业情感是情感的一种，遵循了由浅入深的规律。从某种意义上来看，专业情感的培养就像人的恋爱婚姻过程：从最初的基于初步了解的初恋，到渐入佳境的热恋，再到全面了解（包括优点和缺点）基础上的婚姻。当然，与其不同的是，专业情感背后的责任因素要更大，即无论爱与不爱，都必须遵守职业的要求，尽力做好自己的分内工作。专业情感的培养，起点是职业理想起步期或者是职业倾向出现初期，具体而言，就是起步于进入师范专业（或者有意愿从事教师工作）那一刻起。鉴于情感发展的长期性，专业情感的培养应该贯穿教师的一生。毋庸置疑，从"准备的教师"到"初任教师""成熟的教师""专业型教师"的路上，每一步都伴随着情感的深化。可见，教师的专业情感发展过程基本上遵循了循序渐进的过程。因此，在科学规划的前提下，教师个体应该坚持循序渐进原则，将专业情感的培养和提升当作一生的大事。

（三）组织应提供支持和帮助

教师专业情感的养成，并非教师个体可以独立实现的，需要借助组织的支持和帮助。首先是智力支持。对于初任教师来说，要为其配备相关的指导教师，帮助和引导教师的专业情感的养成。指导教师要通过经验传授、难题解答以及相关障碍的克服等手段，帮助初任教师实现专业情感的"入门"。对于成熟型以及后续的教师发展阶段的教师来说，教育管理部门，应通过各类典型的交流以及校本研修的方式，帮助他们实现自我反思和体悟，实现情感的升华。其次是舆论支持，即教育管理方应该积极介入包括媒体、网络等舆论传播体系，通过典型的树立等方式，帮助教师提升自我成就感，提升对自身价值的认同度和荣誉感。再次是物质支持，要让那些专业情感取得重要发展的教师获得物质上的认可，以提高其自我发展的积极性。

二、专业情感培养的环境

情感的培养需要在情境中进行，缺乏具体场景和情境的情感是不真实的和缺乏生命力的。教育专业情感的培养需要"接地气"，即只有真正地与教育活动、教育对象、教育学习、教育生活等全面结合起来，才能够形成情感体验和情感经验，进而形成结构完整、科学合理的情感建构。专业情感培养的环境，包括了外部环境和内部环境，即来自舆论的软环境、来自教育这一相对独立的"小环境"等外部环境，以及由"心境"构成的内部环境两个方面。

(一)专业情感培养的制度环境

教师的专业情感的养成,需要以制度来保证和推动。专业情感需要专业的制度,专业的制度不仅能够对专业情感进行明确的规范,同时也能够有效地保证专业情感在相关制度的保障下,排除不必要的干扰,实现健康的发展。具体而言,专业情感培养的制度环境建设应该包含以下几个方面:

1. 教师的职业制度建设

教师作为一门专业职业,其特殊性与医生等类似,因此需要较为严格的专业职业制度来保证其队伍的纯洁性、规范性。通过职业制度建设,提高教师准入门槛,完善退出机制,进一步确定教师队伍的"高素质"特征,提升教师职业社会地位,提升教师自身对教师职业的认同度(及"自豪感")和情感归属度。近几年,以教师资格证为代表的教师准入制度建设正在走向科学、完善,教师队伍的高素质形象正在彰显;与其对应,教师的退出机制也正在建设,这将有力地推动教师队伍内部的优化,保证教师队伍的纯洁性。与此同时,以职称制度为核心的教师职业发展制度也正不断趋于完善中,这一制度的科学化建设旨在帮助教师实现职业生涯的自主规划从而主动地"自我实现",进而形成较为稳定的专业情感归属。值得注意的是,教师的职业规范建设一直是教师职业制度建设的"软肋"。一个职业的职业规范弱化,就类似于军队缺乏纪律的约束,无论外部的整体形象,还是其核心战斗力,都无法得到保证。教师职业更是如此,当前的职业规范无论在科学性上还是时代性上都显得相对不足,因此也在很大程度上影响了教师"形象"的树立和传达。职业规范的建设,将有利于教师"识别度"的提升,一方面有助于教师产生职业的"荣誉感",另一方面也有助于教师的自我约束。

2. 教师的专业标准制度体系建设

教师专业发展标准体系不仅是教师专业情感的重要规范,也是教师专业情感发展的重要保障。首先,教师的专业情感有着丰富而具体的内涵,而这一内涵由教师专业标准做出了规定——教师专业标准对教师情感提出了具体要求,即对教育工作、教育生活、教育教学活动、学生等方面,做了具体的规定。这一规定,指明了专业情感的生长方向、生长的限度("度"),也指明了专业情感的生长方式、检核方式。这些规范的确立,有助于教师主动、积极地规划好专业情感发展,更好地实现教师的"情感管理"。其次,专业标准体系在很大程度上保障了教师专业情感的发展。教师专业标准是一把"尺子",能够借助评价手段对教师专业情感发展做出评估,因而往往能够起到"选优汰劣"的作用。

3. 教师的薪酬绩效制度建设

"民以食为天",公平公正、奖勤罚懒、体现人性关怀的薪酬绩效制度,不仅是教师安全感所系,同时也是教师的积极性、创造性得以发挥的重要基础。教师的待遇,最为根本的就是薪酬。科学的薪酬绩效制度,是建立在对教师的劳动的合理评价的基础上的——这一评价是对教师劳动的"质"和"量"的综合评价。基于这一评价的薪酬,需要充分体现内部公平，即体现出劳动的差别性，能够保证“能成事者有回报”。同时，这一薪酬制度还要体现出外部公平，即相对于可比照对象(职业)，不至于差距过大。但如果薪酬绩效制度不能充分体现出教师的劳动，不能保证教师的内外部公平，其往往使教师产生不平衡感、不安全感甚至导致教师对工作产生抵触情绪。因此，标准科学、结构合理、体现公平的薪酬绩效制度，是教师情感养成的重要制度基础，也是今后教育体制改革的一项重要工作。

课程思政

党中央、国务院高度重视保障教师工资待遇工作。近期召开的全国教育大会上，习近平总书记再次强调，教育投入要更多向教师倾斜，不断提高教师待遇，全党全社会要弘扬尊师重教的社会风尚，努力提高教师政治地位、社会地位、职业地位，让广大教师安心从教、热心从教。中共中央 国务院《关于全面深化新时代教师队伍建设改革的意见》等文件也进一步做了强调。国务院多次召开会议听取有关情况报告，专门研究保障教师特别是义务教育教师工资待遇问题。这些都充分体现了党中央对教师队伍的亲切关怀，对建设教育强国的高度重视。教师待遇的提升，无疑将大大增加教师职业的吸引力，这一举措，对于建设教育强国具有重要意义。[①] 你是如何看待这一问题的?

(二) 专业情感培养的舆论环境

作为社会的人，教师也同样处于舆论之网的“中央”。随着电话、广播、电视、网络等舆论传播手段和载体的发展，“口口相传”的传播模式已经逐渐式微。舆论对人们的精神生活的影响具有全方位、多角度、高渗透等特征，甚至影响着人们的价值判断等。在舆论的“全包围”生活中的教师，必然难以回避这一问题。一个不争的事实是，无论是影响的覆盖面上，还是影响的深度上，舆论环境正在对教师的专业情感形成前所未有的影响。因此，在教师的专业情感培养中，要更加重视舆论环境的塑造。

1. 弘扬尊师重教的社会舆论环境

第一，引导舆论对教育阳光面的宣传，正确认识教育中出现的“不和谐音”，齐心协力、集思广益帮助监督和推进制度建设，引导公众以建设性态度来帮助教育和教师提升。这就要求教育要主动地、透明地和阳光地展示给大众，减少大众对教育和教师工作的猜测和怀疑。第二，引导舆论在树立鲜活的教师典范方面发挥作用。为教师创造一个个可以学习的真实的、鲜活的楷模，是全社会的共同责任。事实上，“园丁”也像园里的花朵，各有其艳丽之处，各有其花开时节。教师榜样和教师典型的树立，绝非仅仅限于舆论宣传的“师德”高尚者可以代表。现实的教育实践中，有的教师善于教学创新、有

---

① 教育部. 全力保障义务教育教师工资待遇不断提高教师职业吸引力[EB/OL]. http://www.moe.gov.cn/s78/A10/moe_601/201811/t20181115_354859.html.

的教师善于校本研修、有的教师善于班级管理……这些都是教师内部活生生的可以学习的典型。因此，舆论宣传要让普通教师觉得这些典型真实、可以学、够得着。第三，重视并弘扬尊师重教的“仪式”建设。长期以来，尊师重教的“仪式”建设力度都相对较小。仪式建设可以让教师身临其境和触景生情，产生愉悦的情感体验，甚至可以让教师感受到职业的神圣感和使命感，从而实现情感的升华。

课程思政

尊师重教是中华民族一项优秀的传统。“教师是立教之本、兴教之源。”2013年教师节前夕，正在乌兹别克斯坦进行国事访问的习近平主席向全国广大教师致慰问信，习主席把“教师”视为中国的立教之本、兴教之源。2014年9月9日，习近平主席到北京师范大学慰问和看望教师，并再次强调“百年大计，教育为本。教育大计，教师为本。”历数习主席多次考察、讲话、批示，他从尊师重教、社会责任、注重人才等多个层面发表论述，表达对中国教育的重视、对中国教师的尊敬。让我们从他的观点中，来探寻“尊师重教”的思想，体会教师这一职业的地位。

2. 宣传乐教爱教的网络舆论环境

当前的网络环境，对于教育的发展有着较大的负面影响。其中较具代表性的是，关于教育的负面新闻甚至是谣言大量在网络传播，关于教师的负面新闻以及谣言充斥着各种论坛，对教育产生负面影响的色情、暴力等新闻以及图片散布于各大网站。污浊不堪的网络环境对教育造成了以下伤害：引发公众对教育、教师的不满和怀疑，使教育失去公众的有力支持；引发学生对教育、教师的怀疑，对教育、教师失去信任，严重影响教育的效能；引发教师对自身以及工作的怀疑，无法全心全意投入教育教学。因此，必须加强对关于教育的谣言生长网络环境和确保教育类以及引领舆论网站的治理；要引导对正面教育行为和教师典范的宣传和深刻解读，当然这并非要求“造神”。众所周知，任何教育行为和教师典范都不是“唯美”的，一味地歌颂式宣传，往往使得新闻失去公信力，难以产生鲜活和久远的影响——教师的形象并非“神”，而是有血有肉的。但对教师的要求要高于普通专业工作者，教师应敢于和愿意接受公众的监督。唯其如此，才能消除公众对于教育的怀疑和对教师的不信任，网络上的谣言也才能不攻自破。

3. 倡导爱生乐学的校园舆论环境

校园舆论环境对于爱生乐学的宣传，是校园文化建设的重中之重。校园舆论环境建设是校园文化建设的重要构成部分，其核心是弘扬积极向上的爱学、乐学、探索、创新的精神，塑造有利于学生全面发展的环境。而其中重要的一环，就是通过舆论的力量，将师生之间围绕“教学”“成长”等关键词建立起和谐的、健康的互动关系。“爱生”是对教师的要求，与之对应的是学生的“爱师”；“乐学”是对学生的要求，与之对应的是教师的“善教”。“爱生、乐学”的舆论环境，不仅要求课堂内外宣扬尊师重道的精神并辅之以典型宣传，同时还要求不断加强网络环境建设，形成积极向上的网络舆论氛围。

（三）专业情感培养的“心境”

若将制度环境、舆论环境、教育环境等建设视为教师专业情感培养的“外因”，那么教师专业情感培养的“心境”则属于“内因”。教师专业情感发展的“心境”主要由科学的职业预期、积极探索的心态和优秀的反思能力，以及良好的心理调适机制等方面组成。这几种能力交织在一起，彼此影响、相互作用，共同推动了教师专业情感的发展。

1. “平常心”的职业预期

建立在对教育工作和教师专业科学认识基础上的职业预期，是教师对所从事的职业产生感情的重要前提，也是教师开展工作的重要原动力。事实证明，很多“主动退出者”均在选择教师职业之初，对教师职业的劳动、待遇、福利等做了过高预估，最终在现实与预期的巨大差距下，选择了离开。当然，过低的预期，也是不健康和不科学的。过低的职业预期，往往会降低教师的“企图心”，无论对教育工作还是自身发展，均会产生消极影响。

2. 积极探索的心态和反思能力

教师应该有积极探索的心态和精益求精的追求，通过对教育理论的研究，提高自身的教育素养，提升对教育工作、对学生的理解；通过对教育教学技能的学习和自身探索，提高教育工作的效能；通过对教学工作的反思和基于校本的研究，提升教育工作的科学性。通过自身教育理论素养、教育技能以及教育研究能力的提升，教师能够科学、有效地将自身的价值实现“他者化”，即通过学生的成人、成才来体现自身的价值。在教师的发展过程中必须不断基于教育教学工作，依托“校本”平台，实施科学的、有计划的反思。基于教育教学工作的反思，要求教师敢于对教育教学的内容、安排、计划以及实施方式进行科学的质疑，并提出自身的创见；勇于对既有的教育体系从宏观、中观、微观等各个层面提出改进方法和建议；敢于将教育工作中的创见付诸实施，并不断总结推广。

3. 良好的心理调适机制

教师的“心境”是一个动态的体系，需要不断通过“自体调适”保证其平稳性和科学性。前述提到的自我激励，是教师心态自我调适的一种方法。

三、专业情感培养的方法

专业情感的培养除了需要以环境建设等“外力”作为支撑，以教师自身的“心境”的习养等“内因”作为动力外，还要根据专业情感的不同时期和程度，通过系统的方法实施加以推进。科学地看，专业情感应该分为以下几个阶段：作为“预备的教师”即“入门的教师”的专业情感萌芽期、作为“成熟教师”的专业情感发展期和作为“准专家”期的教师专业情感高原期，以及作为“专家”的教师情感升华期。以下就前三个阶段的培养方法做一探讨。

1. 方法一：情境体验法

真正让学生实现“角色体验”的是教育实践，其中包括了师范生的教育实习和入门者见习期。当前，很多高校逐渐改变了数十年不变的实习期，采取学期实习制，这样更有利于学生以“长线”体验的方式，感受教育的魅力，体验教师工作。与此对应，很多新教师在进入工作的第一年，也真正实施见习考察。无论是实习还是见习，均在成熟教师或者专家的指导下，开展教育教学活动，其关键在于对教育工作的熟悉和体悟，而非探索和创新。因此，在真实场景中，需要指导者给予实习生和见习生以充分和细致的指导，其中包括向他们揭示教师工作的“快乐”与“烦恼”、“付出”与“收获”——包括教育生活中的点点滴滴。通过指导者的帮助，在真实场景中，作为准备入门以及初入门的“新手”能够真真切切地浸润在教育的多位场景中，得到情感体验。“新手”应充分珍惜和把握这一机会，全面体验教育工作，并用以指导自己的职业选择。而那些愿意从事教育的师范生和见习人员，更应该利用这一机会，推动专业情感的萌芽。

2. 方法二：交流互动法

无论是仿真还是真实的场景，甚至案例，在很大程度上都带有直接经验的烙印，因此很难经由情感体验上升到专业情感体系层面。因此，建立在直接经验基础上的以“头脑风暴”为代表的思想练习，才是专业情感得以形成的重要手段和催化剂。这就要求在专家群体的引导下，通过科学的计划设定和实施，稳妥地推进“新手”、专家、学生之间的不同层次和不同主题的交流互动。其中，从层次上和逻辑顺序上来分，可以分为新手与专家之间、新手与学生之间、新手内部等交流互动；从实施方式和载体上来分，可以分为依托院系或者专业开展的常设性的研讨交流、依托实践基地开展的非常设性的主题交流等。交流互动主要围绕对教育工作的认识、教育工作体悟、自我价值实现等主题，并应该推广“头脑风暴”等方法，推进新手与专家之间的平等互动，以实现新手教育情感的“和谐”生成。

3. 方法三：榜样法

榜样的力量是无穷的，好的榜样往往会营造积极向上的氛围，而坏的榜样往往会导致一个甘于落后、不思进取的环境的形成。对于正在发展中的青年教师来说，其所处的环境中，好的榜样应该得到褒奖，坏的榜样应该受到惩罚——无论是对于教育系统的大环境而言还是对于学校这一相对狭小的小环境而言皆是如此。榜样法的前提是选取榜样，榜样的选取标准在于榜样发挥作用的范围和方式——要使榜样真正能够唤醒和触动青年教师情感深处的“弦”，引发青年教师的情感共鸣。

榜样是属于时代的。教师榜样不仅应该有永恒的职业特质，也要有鲜明的时代特征，这样的榜样才能立得住、行得远。榜样的选取标准如下：

其一，拥有令人折服的专业能力。进入“质量时代”的中国教育，需要大批不仅师德高尚，而且专业素养深厚的教师。过去，我们对道德素养关注比较多，对专业素养却不够重视。在追求教育家办学的背景下，专业引领的重要性更加凸显。比如，教师要有自己的教育思想，因为教育是面对人的工作，没有对教育的深入思考，就不会有真正的教育。这是强调职业的高度自觉。再比如，要能够突破教育难题。康德曾精辟地指出，榜样的作用是论证了某种可能性。而正是这种可能性，特别是对教育难题的突破，对激励他人起了关键作用。当越来越多这样的教师成为榜样时，教育发展也就具有了强大的牵引力。

其二，拥有广泛的教育影响力。榜样显然不是树起来的，而是自己冒出来的。但在某些地方，人造榜样的现象仍不鲜见。先有认同度，再有榜样，而不是先有榜样，再有认同度，这个顺序不能颠倒。对教师来说，认同度集中体现为教育影响力，这是其教育成就最有说服力的表现。有教育思想不一定就能干好教育工作；教育理念不正确，即使再敬业，也不一定能教好书、育好人；有了前两者，如果不讲究方式方法，教育效果也会大打折扣。所以，教师对学生的影响应该成为一条重要的评选标准。事实上，评选出真正有影响力的教师榜样，也是对当前教育功利化、价值扭曲等浮躁之风的有力回击。毕竟，教育影响力不同于其他影响力，是要经过时间和人心考验的真功夫。

其三，拥有幸福人生。一个 80 后教师坦言，她的榜样就是身边的同事，他们既能把工作干得很出色，也能把生活安排得井井有条。这说明，现在教师心目中的榜样形象已经发生了很大改变。他们向往这样的教师形象，毋宁说是更向往一种幸福的生活。中国有句俗语，叫“家和万事兴”，就说明了工作和生活的关系。实际上，对工作投入并不等于要牺牲生活乃至家庭；相反，很多教师由于平衡了两者的关系，内心产生源源不断的动力，让他们痴迷于教育，累却快乐着。可以说，虽然榜样的人生往往伴随着超额的付出，但并非苦难和不幸的。只有当榜样和幸福联系在一起的时候，它的感召力才会最大化。因而，榜样评选应关注教师的健康身心、阳光状态和幸福人生。①

4. 方法四：情感反思

反思（reflection）是教师着眼于自己的教学活动过程来分析自己做出某种行为、决策以及所产生的结果的过程，是一种通过提高参与者的自我觉察水平来促进能力发展的手段。反思的第一种方法是教育日志法。教育日志是教师将自己教育教学中甚至教育理念中随时出现的、记忆最深刻的事件（包括问题、经验、体会）等进行总结和分析，并记录下来。撰写教育日志，有利于教师分析、认识、改变和超越自我，更是教师反思自己情绪和情感表现的重要途径。第二种方法是教育叙事法。教育叙事陈述的是教师在日常生活、课堂教学和教改实践活动中曾经发生或正在发生的事件，这些“故事”样式的实践记录，是具体的、情景性的，活灵活现地描绘出教师的经验世界，记录的是教师心灵成长的轨迹，反映的是教师在教育教学活动中的真情实感，以及情绪情感的表现。

5. 方法五：自我激励法与心理暗示法

自我激励是指教师主动地与自身消极因素做斗争，把内心潜在的自我完善欲望转化为心理动力，成为教师克服困难和取得成功的武器。与自我激励具有类似作用的是心理暗示，通过心理暗示，教师能够提升自己的信心，提升对自我的期望值。在教师专业情感的发展过程中，难免遇到种种困难，如“动机与效果”的背反、外部评价的不公正、

① 蒲公英. 今天，我们需要什么样的教师榜样[EB/OL]. http://www.moe.gov.cn/publicfiles/business/htmlfiles/moe/s5148/201309/157120.html，2013－9－7.

亲戚朋友对工作的不理解和不支持、学生以及学生家长对工作的干扰，等等，这些困难对教师的专业情感养成既是一个威胁也是一个考验，在这一情境下，教师需要通过心理暗示为自己"打气"，通过自我激励提升自己的信心。只有通过自我激励和自我暗示，才能在情感发展困境中实现成功突围，进而穿越高原期。

本章小结

本章围绕教师专业情感培养这一核心问题，从情感理论、教师专业情感的内容、教师专业情感的意义以及教师专业情感的养成等方面进行了深入探讨。本章第一节对情感理论做了概述性说明，为教师专业情感理论的研究做了铺垫；第二节对教师的专业劳动和教师专业情感的产生、教师专业情感的内容和教师专业情感对于教师专业发展的意义和作用做了详细的论述，对于全面理解教师专业情感具有重要意义；第三节集中论述了教师专业情感培养的要求、环境创设以及方法论等问题，对于帮助培养专业情感具有一定的指导作用。

关键词：情感理论；教师专业情感的内容；教师专业情感的意义；教师专业情感的培养

思考训练

1. 结合自身发展实际，谈谈教师专业情感对教师的作用。
2. 简述教师应如何培养对学生的"爱"？

推荐阅读

1. 魏书生. 如何做最好的教师[M]. 南京：南京大学出版社，2009.
2. 于漪. 倾诉如歌的岁月[M]. 太原：山西人民出版社，2011.

参考文献

1. 李镇西. 爱心与教育[M]. 北京：文化艺术出版社，2011.
2. 斯霞. 斯霞文集(1—5)[M]. 南京：江苏教育出版社，2010.

第三章
教师专业理念

微信扫码

配套数字资源

※学习目标

1. 了解教师专业理念的内涵、特点；
2. 理解教师专业理念的必要性及意义；
3. 领会并能应用教师的教育立场看待和分析教育现象和教育问题；
4. 掌握教师专业理念的基本内容和教师专业理念的生成策略。

导入语

时下，教师专业发展引起教育部门的高度重视。各种教师高级培训班几乎铺天盖地，有的地方教育行政部门甚至不惜花重金把教师送到国外进行短期进修，其目的就是一个，那就是提高教师的实力。怎样提升教师的实力呢？如果说学历、职称、工作能力等是教师的"硬实力"的话，那教师的信念、理念、理想则是教师的"软实力"。"软实力"是教师的头脑和灵魂。一个有教育理念的教师是富有创造力的教师，是具有精神感召力的教师！教师朋友们，审视一下自己，当面对错综复杂的教育理论与教育实践时，你是按部就班、人云亦云，还是依靠自己的教育理念去教书育人呢？你有自己对教育的理解吗？教师的专业理念素养决定着一个教师教育活动的目的、内容和方式，影响着教师教育活动的水平和效果，同时决定着教师自身职业道德的发展方向。本章主要探讨教师专业理念的内涵、内容及生成路径，希望更多的专业理念能在教师头脑中生根、成长。

第一节　教师专业理念概述

想一想

当我们理解教师专业理念之前，我们首先思考一下，什么是“理念”？“理念”等同于“观念”吗？你是如何理解教师的专业理念的？为什么要强调教师的专业理念？教师的专业理念在教师专业发展中具有怎样的作用呢？

一、教师专业理念的理解

德国哲学家康德说过：“一切知识都需要一个概念，哪怕这个概念是很不完备或者很不清楚的。但是，这个概念从形式上看，永远是个普遍的、起规则作用的东西。”[①]鉴于此，在讨论教师专业理念之前，我们有必要对“理念”和“教师的专业理念”做界定。

(一) 理念的内涵

1. 西方对“理念”的理解

“理念”一词源于古希腊语 eidos，其原典含义为“形相”“形式”“外观”“通型”等，从荷马史诗至苏格拉底都常在这一意义上使用该词。苏格拉底之后，“理念”逐渐有了“观念”“类型”“宗旨”“本性”等含义。

西方最早提出“理念”并对其进行阐发的是古希腊哲学家苏格拉底。他提出：“理念作为模型存在于自然之中”“每个理念只是我们新中国的一个思想（noe ma）”“而所谓理念（eidos）正是思想想到的在一切情况下永远有着自身同一（toauto）的那个单一的东西”。[②] 由此看出，苏氏对“理念”所持的基本观点：① 理念并非凭空臆想的虚无缥缈的东西，而是作为一种“模型”存在于自然（即事物）之中；② 理念是人们“心中的思想”的一个结果或一种设定。

继苏格拉底之后，古希腊哲学家柏拉图最早把“理念”作为哲学术语做专门探讨。柏拉图认为“理念”是永恒的精神实体，是万事万物的本原。他说，“人应该通过理性，把纷然杂陈的感知觉集纳成一个统一体，从而认识理念”，而“最普遍的理念是相通的”[③]。可见，在柏拉图那里，“理念”是永恒不变的、独立存在的非物质的观念实体。

---

① 北京大学哲学系外国哲学史教研室. 西方哲学原著选读（下卷）[M]. 北京：商务印书馆，1982：296.

② 颜一. 流变、理念与实体——希腊本体论的三个方向[M]. 北京：中国人民大学出版社，1997：93 - 94.

③ 北京大学哲学系外国哲学史教研室. 西方哲学原著选读（上卷）[M]. 北京：商务印书馆，1982：72.

18 世纪德国哲学家康德最早自觉地将“理念”与相近概念如“理智概念”“理性概念”进行区别分析。他在其哲学名著《纯粹理性批判》(1781)、《实践理性批判》(1788)、《判断力批判》(1790)中论析“理念”。康德认为“理念”是从知性产生而超越经验可能性的“纯粹理性的概念”。对于“理念”与“理性”的关系,他指出:“理念也包括在理性的性质中”,“理性在它本身里也含有理念的根据”,而且“它是理念的源泉”。在康德看来,“理念”是一个“形而上”的理性领域内的哲学概念。

此后,黑格尔对“理念”做出最集中、最详尽的讨论,他认为:“理念并不是形式的思维,而是思维的特有规定和规律自身发展而成的全体”;“理念自身就是辩证法,在这种辩证过程里,理念永远在那里区别并分离开同一与差别、主体与客体、有限与无限、灵魂与肉体,只有这样,理念才是永恒的创造、永恒的生命和永恒的精神。”①

从以上哲学大师的论述可以看出,柏拉图、康德、黑格尔在论述“理念”时,因方法论不同,其理解和使用也有所不同。但他们都认为,理念本来是一个含义比较广泛的上位概念,它包容了认识、观念、思想、构想、理想、信念、精神、理性、理智等含义,又包含了目的、目标、宗旨、原则、规范、追求等意蕴,是一个具有“集合性”的观念性理念总体。

2. 中国对“理念”的理解

中国古代尚无“理念”一词。但中国古代哲学范畴中的“理”与西方古代哲学范畴中的“理念”在内涵上有许多相通之处。

从字源上看,“理”最早出现于《诗经》。《小雅・信南山》:“我疆我理,南东其亩。”原意是指整理、治理土地疆界。其后,中国历代“理”的内涵经历了一个过程:秦汉时期,人们多次谈到“理”:“礼也者,理也。”理为礼,即行为规范;西汉董仲舒以理为天授,故称“天理”;魏晋南北朝时期形成了玄理;唐代华严宗提出理、事范畴,理为事本,事依理彰,“理”为“空理”;宋明理学以理为精神实体,并上升至最高本体。如,朱熹以理先天地而存在,为万物之主宰。王守仁的心学则认为“心外无物”“心外无理”。鸦片战争后的中国近代,理为公理、真理。虽然我国哲学意义上的“理”产生很早,但“理念”一词出现则很晚,直到 20 世纪 20 年代李大钊、秦牧等人才开始使用“理念”这个概念。李大钊在其《史观》一文中写道:“至于(历史进展)动因何在,则又言人人殊……或曰,在精神,如圣神、德化、理念是。”李大钊把“理念”与圣神、德化并提,可见,他将“理念”视为一种至真至善的心灵境界或精神力量。秦牧则把“理念”一词看作与形象思维相对应的抽象思维活动。他认为:“形象思维,就是说对于要描绘的事物,脑子里有一系列具体鲜明的形象,而不是模糊的概念,更不是抽象的理念。”②

从中国哲学家的阐释来看,“理”也是一个较为宽泛的综合性概念,它囊括了规律、根据、意识、观念、信念、原则、规范、精神、公理、真理等含义,是一个普遍性的规律原则观念体系。

“理念”的含义究竟怎样理解呢?融中西方众家学说,笔者认为,“理念”不同于概

---

① 韩延明. 理念、教育理念及大学理念探析[J]. 教育研究,2003(9):50－56.

② 秦牧. 拓成功的新路　开一代的诗风[J]. 诗刊,1978(2):72－76.

念、观念，也不同于理想、信念，它是一个具有能反映一类事物每个个体或类现象每种个别现象共性之能力的普遍概念，是一个精神、意识层面的上位性、综合性结构的哲学概念，是人们经过长期的理性思考及在实践中探索形成的思想观念、精神向往、理想追求或哲学信仰的抽象概括。简而言之，所谓“理念”，是指人们对于某一事物或现象的理性认识、理想追求及其所形成的价值观念体系。

（二）教育专业理念的内涵

“理念”一词移植到教师专业上，就有了“教师专业理念”。近年来，学者们从不同角度提出了不同的教育理念，如“创新教育理念”“全人教育理念”“人本化教育理念”“个性化教育理念”以及“国际化教育理念”等。关于“教师教育理念”的探讨有一些，但鲜有对“教师专业理念”的探讨。“教师教育理念”与“教师专业理念”有相近之义，但不完全相同。“教师专业理念”除了包括对“教育理念”的认识外，还包括对“教师职业”的理性认识。

结合“理念”的内涵与教师职业的教育性，我们认为，教师的专业理念具有以下几个内涵：

第一，教师专业理念是教师对教育实践的理性认识。教育理念不同于教育观念，教育观念是一种基于实践经验的感性认识。经过若干年的教学实践，每位老师都可以有自己的教育观念，但并不是每位老师都能形成教育理念。有的教师对教育有自己的看法，甚至这种看法表现为一种抱怨、一种牢骚，这种看法不是教育理念。较教育观念而言，教育理念的特殊性在于它蕴含着积极的教育价值观、教育主体观、教育过程观，甚至包括教育质量观。

第二，教师专业理念表达了教师有关教育或教师职业的理想。教育理念是教师基于教育实践的需要，针对教育现状的问题与不足而形成的关于理想教学的信念。它蕴含着学生及家长乃至社会在教育领域的价值追求。湖北省沙市区北京一路小学袁继庆老师提出的“站在讲台上，我就是语文”，是她的语文教育理念。多年来，袁老师超越应试教育的魔棒，强调将自己的人生阅历融入语文教学，并让孩子们分享她对自然、对社会、对人生、对文化的理解，是她对教育境界的理想追求。

第三，教师专业理念是知、情、意的有机融合。教师是完整的生命整体，在教师教育理念形成的过程中，他的认知、情感、意志等心理活动也参与其中。教师的专业理念是一个结合并交融了知、情、意的统一体。需要强调的是，教师的“知、情、意”并不是无条件的“必然”统一。有的教师认识、理解先进的教育理念，但并不一定内化为个体教育信念，不会克服重重困难将教育理念付诸教育实践。这也是基础教育改革实践中一直存在着教育理念与教育行为脱节现象的原因之一。

综上理解，所谓教师专业理念，是教师对教育工作对象、内容、方式及教育这一职业性质的“专业性”认识；是教师对“教育应该是什么”和“我当教师为什么”的一种内在统一的理性认识；是教师对教育现象（活动）和职业性质的理性认识、理想追求及其所形成的教育思想观念和教育哲学观点；是教师在教育实践、思维活动及文化沉淀和交流中所形成的教育价值取向、职业价值与追求；是一种具有相对稳定性、延续性和指向性的教育认识、理想的观念体系。

课程思政

热播电视剧《小舍得》中，关于教育理念有两类：田雨岚和钟老师为代表的传统教育观念，即“玉不琢不成器”“吃得苦中苦，方为人上人”。在这一理念下，家长总想逼着孩子去学习，用尽一切方法和手段，只要能把成绩提上去就行。以南俪和夏君山为代表的新教育理念，让孩子在快乐中学习，重视素质教育，全面发展，总之提高成绩的前提必须是开心。有人认为，传统教育理念落伍了。您怎么看？中华民族的优秀教育传统和理念如何与现代教育结合？

（三）教师专业理念的特点

教师专业理念有几个鲜明的特点：

1. 抽象性

教师专业理念是上位概念，教育思想、教育观念、教育主张、教育看法、教育认识、教育信念、教育目的、教育使命、教育理想、教育要求等都包含其中。

2. 导向性

教师专业理念包含了教师关于“教育应然”和“职业应然”的价值取向。它以一种文化氛围、一种精神力量、一种价值期望、一种理性目标的形式生成学校的校园文化和教师文化。作为一种行为准则，它具有规范人、指导人的作用。

3. 个体性

教师专业理念是教师个体对教育和“教师”这一职业性质的理性认识，是具有个体内化的教育经验认识。教师将教育理论转化为个体的教育理念，不能通过“复制”形成，首先要经过认识上的转化，形成个体知识，再通过个体理解、体验、感悟等将其内化为精神财富，并形成积极的行动意向。教育理念对教师行为的导向作用主要是通过教师个体的创造性理解和实践实现的。

4. 实践性

教育活动是教师有目的地按照一定的教育规律，通过一定的教育载体，运用一定的教育方法和手段，提高受教育者素质的一种社会实践活动。因此，教师专业理念是教育理论与教育实践的高度统一，脱离了教育教学实践的教师专业理念必然是空洞的、无操作性的。

5. 发展性

教育是培养和完善人的一个辩证发展过程，教师和学生无时不处在变化发展中；教育是最能体现人的发展性的一项面向未来的事业，因而，教师专业理念本质上是一种关于发展的理念。教师的专业理念,建立在“教育规律”的基础之上,是一种“远见卓识”,反映教育本质和时代特征,蕴含着教育发展的思想,是指引教师教学行为前进的方向、引导和鼓舞教师为之长期奋斗的教育理想。没有先进的教育理念,教师的教育目标必然是片面的,教育行为必然是短期的,教育的发展必然是被动的。教师的专业理念能够使教师的教育行为具有一种超越自身、跨越现实的功能,产生持续性发展的内在动力。

二、教师专业理念的必要性

(一) 教育活动是一种人文性的精神交往活动,需要依赖教师的教育理念

1. 从教育目的看,教师职业的本质是创造学生的精神生命

人是物质性存在,也是精神性存在。人通过物质世界的交往,不断追寻精神世界的充实。失去了这个维度的追求,人犹如动物般“活着”。精神性赋予人独特的精神品质。教育世界是人的世界,教育不仅要发展学生“以何为生”的技术本领,更应该教会学生“为何而生”的价值和意义。学生精神世界的发展程度,是检验教育的质量标准和作为一个“受过教育的人”的内在特征。

当今世界,物质和技术过分膨胀,导致人的生存空间特别是精神空间遭受挤压,人的精神发展的可能性受到了挑战。在这种物质对精神肆虐成为社会痼疾的情况下,呼吁重建人类精神价值体系和个人精神生活秩序,成为当代社会迫切需要解决的问题。正如美国著名精神问题研究专家佐治亚大学教授海尔明尼亚克指出的:“与现代化时期人们普遍谈论科学一样,今天,人们普遍关心的则是人的精神问题。”[①]针对当代社会在精神层面发展的普遍缺陷,重视人的精神世界的发展,成为当今世界教育的重大使命。学校必须加大精神教育的力度,使教育过程成为人的精神健康发展的过程,使“受过教育的人”能够用精神的尺度去处理人与自然、人与社会以及人与自我的关系,能够在一种正确的精神信念的导引下,通过追求物质生活的丰足逐渐去追求一种完善的精神生活。教育虽然不能决定人的精神世界的发展水平,但肯定应该承担起丰富人的精神世界的重要责任。

2. 从教育主体存在方式看,教师和学生在教育世界中寻求意义

师生作为教育世界的生活主体,他们每时每刻都寻求着生活的意义。他们是意义的探寻者、遭遇者和创造者。

首先,师生是意义的探寻者。作为一种未完成的生命体,师生是现实性存在,更是理想性、超越性存在。他们不满足于生命支配的本能生活,总是生活在希望和理想中。他们会时时刻刻思考着:我的生活应该是怎样的? 我的未来是怎样的? 当他们完成一项预定目标的活动之后,并不是停滞不前,而是不断地在教学活动中力图超越自我和现实,不断地探寻着新的起点。

---

① 王坤庆. 精神与教育[M]. 上海:上海教育出版社,2002:79.

其次，师生是意义的遭遇者。师生不仅是有血有肉的物质实体，更是超自然实体的社会性存在。师生在课堂上不是彼此孤立的存在，而是处于与其他事物的内在关系之中。教学的动态生成过程是由一系列连续性教学事件和非连续性教学事件组成的。教师和学生必然要经历一个个教学情境，应对一些偶然事件，可能是与某人、某作品的际遇，也可能是与某种思想、生活方式的摩擦，等等。在课堂世界里，他们会遭遇苦恼与无奈、希望与绝望、奋进和退缩、欢欣与惆怅。他们的遭遇直接影响到他们对学习的体验和态度，影响到他们在课堂中的生活体验和生命质量。课堂就是一连串的事件中以成熟魅力让不灵动的生命灵动起来，让已活灵活现的生命更自如地展现自我。他们在教学事件中经历，在教学事件中成长。

再次，师生是意义的创造者。他们作为主体性存在，不满足于当下教学现状的规定与限制。当他们在观察、理解和表现这个世界的时候，并不是从学科知识出发，而总要在世界和自我之间发生意义关联，思考着这个世界“对我意味着什么”。对他们而言，接受知识的洗礼，方可认识多彩变化的世界。但他们不满于仅仅停留在对世界认知的层面，总是不断地追寻知识背后的意义，总是想弄清楚“为什么”，并想亲自尝试下，探究出结果来，与自身的生命历程相融合而创生着新的意义。

综上所述，教学过程就是学生在其中进行意义探寻、意义赋予和意义创造的过程。当他们在教育世界中作为意义的探寻者、赋予者和创造者的身份参与教育活动时，他们将以自己的好奇、智慧和行动丰富自己的心灵世界。教育过程不是预定好的固定化的发展路径，而是师生在其中演绎着他们自身对知识与精神追求的轨迹。

3. 从教育交往的方式看，理解和体验是师生的基本方式

教育世界不是对象性的实体世界，而是建立在教师与文本、学生间特殊交往基础上的关系世界。关系世界并不是由一个个“单子”组成的，而是一个主体间性的世界。教育领域中的教师将学生看成是与自己共处的“关系世界”中，他们的交往是平等、民主的、“我—你”关系，双方在以既保持个性和独立性又承认并尊重差异的基础上构筑着“自由对话的平台”。教育的交往性就决定了教育过程伴随着无数的非预设性、不确定性、动态性，教师再也找不到万能的“教育规律”，他不能将学生和教材作为对象性的存在线性地授受知识，只能通过在灵动多变的教育场景中亲身认识和体验知识，理解和改造知识，通过把握细节去窥视整个教育世界，通过与学生之间的不断对话、交流去体验智慧的生成。德国著名哲学家马丁·布伯(Martin Buber)认为，对话的过程就是主体之间的相互造就过程，对话的实质就是人与人在精神上的相遇。在两者都在场的情况下，双方面对面地相遇，每一方都向对方敞开心扉，把对方看作与自己“交谈”的“你”；共同参与到谈论的主题当中，向对方真诚地展现一个完整的自己。师生之间不仅仅是交流“知识”，更是“精神相遇”，在情感融通中，通过分享彼此间的知识、经验、精神模式、人生体验等，最终达到共同理解的境界。

从教育目的、教学过程的存在方式、教育交往的方式看，教育活动不是纯粹的物质操作活动，主要是一种人文性的精神交往活动。师生是以“体验”“沟通”“创造”的姿态参与教育活动，教育活动的展开过程也就是他们生命价值展现的过程，教育本质上是主体间的精神交往活动。要发展学生的心灵世界，需要教师拥有境界高尚、内涵丰富的精神世界和教育理念。教育理念不仅要提供行动方向，还要指导行动过程。所以，对教育活动而言，教育理念比教育技术更重要。

（二）教育过程的动态生成性，需要教师根据自己的教育理念做出教育决策

人的任何活动都是一个过程，都是以过程的形式存在和发展的。教育作为一种培养人的活动，同样以过程的形式存在并展开。教育过程是"教育活动的主体（教师和学生）围绕一定的活动主题（符号知识主题或生活经验主题）在特定的情景（有组织的课堂环境和有发展意义的开放活动情景）中通过互动式交往活动进行的建构性实践活动"[①]。这种"人参与其中"且以"交往"进行的教育活动决定了教育过程是生成性的、情景化的、不确定性的，师生双方在特定的情境中，通过体验、感悟、理解、实践和反省进行着信息沟通、情感交融和思想交流，并创生着价值。教育过程的生成性决定了教师不仅是知识的呈现者，而且是课堂信息的发现者和重组者，教师要在复杂多变的生成情境中设计一个个决战策略，创造性地处理各种问题；为了学生更好地体验和感悟知识，需要教师根据实际情况灵活地变换教学内容和教学方法去激发学生的兴趣，启迪他们的思维，丰富他们的情感；面对突发的教育事件，教师必须迅速地予以判断、选择并做出处理，使之形成新的兴奋点和教学步骤。所有的这些，都需要教师立足于对学生、知识、教材的领会，立足于自己对教育本质的深刻理解，即立足于自己的教育理念；根据教育情境的实际变化，当场做出及时的判断、选择和教育行动，没有任何既定的模式"按图索骥"。只有教师具有专业理念，才能支撑他在瞬息万变的复杂教育情境中进行理智的判断、选择和决策，而不是凭借常规的技术进行各种处理。

（三）教育质量的提升，需要教师的专业理念

随着世界经济竞争和科技竞争的加剧，各国都把教育摆在优先发展的战略位置。美国的几份调查报告表明，学生受有效教师教育还是受无效教师教育对学生学业成绩影响较大：5 年级学生连续受教于 3 位有效教师，其学业成绩比连续受教于 3 位无效教师的要高出 50 个百分点；从 4 年级上到 6 年级的学生连续受教于 3 位有效教师，其学业成绩将提高 17 个百分点，而受教于 3 位无效教师的则其学业成绩下降 18 个百分点。[②] 无疑，教师教育实践行为的有效性在教育质量的影响因素中起着决定性作用。教育质量的提升，要求教师的教育行为具有广泛的教育性，能够采取合理的教育策略机智地解决任何教育场域中所面临的问题。这并不是教师仅仅有了某些知识与能力就行的，也并不是仅仅靠一纸资格证书就可以的。有没有自己所从事教育的正确的专业理念，是教师专业素养不同于以往教师要求的重要方面。教师在工作过程中，他过去形成的教育观念会严重阻碍教师的行为和教育方法的更新。强调教师的专业理念，加强教

① 郭元祥.论教育的过程属性和过程价值[J].教育研究，2005(9)：3－8.

② 方彤.从美国经验看建立教师质量保证体系[J].教育研究与实验，2000(3)：30－35.

师对教育本质、学生观、教材观的理性理解,会促进教师的专业化,提升教师素质,从而提升教育质量。

三、教师专业理念的意义

(一) 深化教师的教育理解

教育理解是教师看待教育意义的一种思维方式和思维视野,它是教师在教育活动中一整套教育观念的体现。由于每个人所持的思维方式和价值立场不同,不同的教师对教育的理解方式各不相同。问题不在于教师有没有教育理解,而在于教师需要怎样的教育理解。教师的专业理念是理性的教育理解,它立足于“以人为本”的教育理念,以促进人的个性丰富与实现人的自由解放为最终目的。强调教师的专业理念,有助于教师思考教育系统中的一切问题。比如,教育的本质和价值是什么?教育应该培养什么样的人?受过教育的人是怎样的?教育应该承担起怎样的教育使命?教师和学生在课程中的地位和作用是怎样的?应该带给学生什么样的教育经验?什么样的知识最有价值?什么样的主题最值得探索?等等。为什么要开设语文、数学、科学、艺术等课程?为什么要强调课程的综合化?为什么要倡导发展性的教育评价?为什么要开发校本课程?无论是教师的备课、上课、评课,还是创造性地使用教科书,都要问一问:为什么教?教什么?怎样教?为什么要这样教?对促进学生发展有什么结果和实效?这些问题的思考,对教师专业理念的更新与教育理解的深化认识具有非常重要的作用。

(二) 规范教师的教育行为

教师的专业理念对教师具体的教育实践活动具有指导作用。一位教师具有怎样的教育理解,就会把这种理解带进自己的教育实践。无论是教师有意识或无意识的教育行为,其背后都蕴含着他自身对教育的判断和理解。这种深藏在教育行为背后的专业理念犹如“看不见的手”和“幕后操纵者”,直接规范和主导着他的教育行为。教师的专业理念是科学理性的教育理解,它对教育行为的作用主要表现在两方面:

第一,教师的专业理念为教师的教育行为提供认识论基础。教育理念决定教师教育活动的目的、内容和方式,影响教师教育活动的水平和效果。科学清晰的教育理念,有助于减轻教师对教育活动的盲目性,有助于改善并保证教师教学行为的适切性,从而让教师顺利地参与教育实践,促进教育意义的有效生成。

第二,教师的专业理念有利于教师的课程开发。教师的专业理念在教育教学活动中具有重要作用。20 世纪 60 年代结构主义课程改革失败的一个根本原因,就是科学家和学科专家控制着课程开发的整个过程,忽视了真正的教育是发生在实践性的学校情境中,忽视了教师对教育的理解和接受性。美国学者古德莱德(J. Goodlad)根据课程决策的层次把课程分为五个层次:理想的课程、正式的课程、领悟的课程、操作的课程和经验的课程。要让理想的课程和正式的课程内化为学生的个体化经验,必须经过教师对课程的“二次加工”,即教师根据自己的知识、信念和态度解释课程。赋予教师课程理解的自由和权力，有利于教师根据本地本校的实际情况，不断地修正、调整和变革国家课程和地方课程，或自主建构和创生全新的不同于计划形态的课程，确保课程目标的拟订、课程结构的设计、课程标准的编制、课程资源的选择和组织得以因地制宜、因时制宜、因人制宜地实施，这也是提高课程对地方、学校及学生适切性的重要举措。

(三) 提升教师的教育境界

教育是一项拯救人类灵魂的事业，教师作为教育活动的主体，直接决定教育发展的导向。长期以来，我们强调教师的主体地位、“主导”角色，但这种“赋予”是强加的，不一定能得到教师的认可或在教师现实教学生活中得到切实的实现。教育理念是以先进的教育理论为基础的，是教师个体内化的教育哲学，是对“教育应该如何”和“我当教师为什么”的系统化认识。具体来说，拥有教育理念的教师，敬畏生命本身，相信每个生命的希望和珍贵，相信每个学生的潜能，相信每个生命的神奇，每个人都是独特性的展现。教育就是要解放学生的个性，培育学生的生命价值。教师的专业理念体现出教师对教育目的或教育理想执着追求的教育精神。一旦教师形成系统化的教育理念，他们就会自觉地审视、反思自己的教学活动，逐步跨越教学的“实然”状态，在行为或活动上表现为勇敢、坚定、热爱等情感倾向，追求教育的理想境界。

第二节　教师基本的专业理念

想一想

在日常教学实践中，我们经常看到不同的教师具有不同的教育观念。导致教师教育理念众说纷纭的现象是由什么决定的？怎样的教育理念才称得上是本真的教育理念呢？教师应具备哪些基本的专业理念？

教师职业必须依靠本真的教育理念去实现专业化。长期以来，教育界对教育观念、课程观念、学生观念等争论不休，说法不一，纷繁复杂的教育理念背后是人们迥异的教育立场的反映。由于每个人所持的教育立场与教育思维方式不同，对教育的认识也不同。支撑教师专业理念的背后是教师看待教育的立场。作为“教育者”，教师应该持有怎样的教育立场呢？教师应具有哪些基本的专业理念？教师的专业理念如何生成？本节将做详细探讨。

一、教育立场：教师专业理念的基石

教师的教育立场，就是教师看待教育问题的方式。教师作为教育者，应该时时刻刻从“教育的角度”来考虑教育问题。教师的教育立场就是站在教育系统的角度来处理和解决人才培养模式，以及教育与其他系统的关系。教师应该经常考虑以下问题：教育为

了谁？是依靠谁来展开和进行的？又是从哪里出发的？教师的教育立场主要体现为以下三方面：

（一）生命立场

教育是关乎人的生命发展的事业。叶澜教授“让课堂焕发生命活力”的呼唤之所以引起广大教育工作者的强烈共鸣，就在于她道出了教育在本质上“是直面人的生命、通过人的生命，为了人的生命质量的提高而进行的社会活动，是以人为本的社会中最能体现生命关怀的一种事业”①。教师在承担起育人使命时，要立足于学生的生命成长，切实地关注他们的生命质量、生命体验、生命过程、生命幸福和生命价值的实现。

1. 教师尊重学生的主体地位

教师在教育活动中面对的是自由自觉的、有意识的生命体，是可以在一定程度上决定自己的发展速度与方向、不断建构人生的人。因此，教师应尊重学生的主体地位，重视发挥他们的主体性。教育目标、教育内容、教育方法都应该考虑学生现有的经验，即以关怀意识为底蕴去激发学生的兴趣和创造性。如果教育没有这种关怀意识和人本意识，一味地把学生当作“工具”，像对待“物”“动物”那样对受教育者进行加工、改造和训练，教育也就不能称之为“教育”。为此，教师必须时刻追问自己：我把学生当人了吗？我把儿童当儿童了吗？他们的潜能、兴趣、爱好、生存方式、生存状态，我关注了吗？等等。

课程思政

马克思关于“人的全面发展理论”，为教育的发展提供了指引。习近平总书记在全国教育大会上强调，坚持中国特色社会主义教育发展道路，培养德智体美劳全面发展的社会主义建设者和接班人。中共中央 国务院印发《深化新时代教育评价改革总体方案》中，“全面发展”是一个核心词。

如何理解全面发展思想？如何基于习近平新时代中国特色社会主义思想理解人的全面发展？

2. 教师自觉培养“完满人性”的人

作为生命的存在，学生的生命是完整的，是自然生命、社会生命、精神生命的统一。生命活动是以完整的生命形式进行的，是集生理性与心理性感受于一体、集个体性与社会性感受于一体的。在教育活动中，教师不仅仅关注学生知识技能的获得，更要关注学生的情感、意志等品质的培养，关注学生个性的充分发挥、潜能的自由发展。教师不要仅仅追求量化的结果，要充分尊重学生的生命体验、多元的发展意向和真实的个性，以及富有创造性的想法等。

① 叶澜，郑金州，卜玉华. 教育理论与学校实践[M]. 北京：高等教育出版社，2000：136.

站在生命立场考虑教育问题，教育世界才凸显生命活力。譬如，地理学科，最重要的并不是教会学生掌握地形、地貌的知识，更重要的是与人们生活、生命息息相关的生态环境问题。再如，对“什么知识最有价值”这一经典问题的回答，有多少学者是站在功利的立场回答这个问题的。赵汀阳在《心事哲学》中，把知识分为两类：“关于世界的知识”(knowledge)与“进入世界的知识”(knowledging)。“关于世界的知识”是纯粹的科学立场，“进入世界的知识”是一种生命的立场。然而，我们现在的课堂教学大多还停留在告诉学生“关于世界的知识”，而不是真正让学生学习“进入世界的知识”。

3. 教育关注“具体的人”

每位学生都是具体的、现实的、有血有肉的活生生个体。他有自己的历史，有自己的个性，这种个性随着年龄的增长越来越被一个由许多因素组成的复合体所决定。这个复合体是由生物的、生理的、地理的、社会的、经济的、文化的和职业的因素所组成的，而这些方面对于每一个人来说，都是各不相同的。当我们决定教育的最终目的、内容和方法时，要关注学生个体的生活史、个体的真实生活经验，凸显个体生命本身的内涵。

课程思政

《论语》中有这样一段话。子路问：“闻斯行诸?”子曰：“有父兄在，如之何其闻斯行之?”冉有问：“闻斯行诸?”子曰：“闻斯行之。”公西华曰：“由也问，闻斯行诸?子曰，‘有父兄在’；求也问闻斯行诸，子曰‘闻斯行之’。赤也惑，敢问。”子曰：“求也退，故进之；由也兼人，故退之。”

同一问题，为什么孔子给出的答案不一样呢？本故事体现了什么样的教育理念？

案例链接

成都磨子桥小学美术老师龙蕾讲到这样一个案例①：

“老师来了！老师来了！”还没走到教室，老远就听到了她的声音。哎，这孩子真让人头痛。调皮捣蛋的工夫毫不逊色于男生。声音大得整座楼都能听到。这不，当我走进教室，这孩子还在大声地说话呢！

“上课了，请大家安静。”“大家安静，龙老师来了。”真是滑稽，最不安静的人，正在用最大的声音让大家安静。我无耐地笑笑说：“如果你安静了，那就真正安静了。你老那么大的声音说话，小声点不行吗?”“我声音本来就大，我们家的人声音都大。”“那也得小声点呀……”为了不影响其他孩子上课，我决定下课再找这孩子聊聊。

下课后，我找到了她。“我们聊聊好吗?”“好啊！”唉！还是那洪钟般的声音。真是孺子不可教也。“你干嘛老是那么大的声音说话呢？小声点不行吗?”“我本来声音就

① 来自成都磨子桥小学的内部资料“声音本来就大”的故事。

大！""那改改不行吗？学校在大力减小噪音，而你呢？却在这儿大力制造噪音！""可是我声音本来就大啊？"说了半天还在"本来就大"上，我有些生气了，向她吼到"本来就大就是借口吗？你就不会练习练习，人家都能做到，为什么你就不行？""可是……""可是什么可是？再这么大声说话就回去练好了再来！""可是……可是我必须用这么大的声音说话。"

后来我才知道，她的妈妈是一个残疾人，要靠助听器才能听到一点声音。为了和妈妈沟通交流，她总是大声地跟妈妈吼话，所以大声说话成了她的习惯。我真是无地自容，深深地自责。作为她的老师，我一直标榜自己是一个关心学生的好老师，但是我却让我的学生承受着这样重的精神压力，不能察觉。这都是我工作不到位、修炼不到家的结果。

这则案例中，龙老师因为一时疏忽，刚开始只看到"女孩声音大"这一表面教育现象，对该学生的要求是"能否和其他学生一样保持小点的声音"，其后才从女孩的家庭背景中了解到她"声音本来就大"的独特性。关注教育中的具体的人，就要从学生个人情况、成长的内外环境出发，全面、深刻、准确地了解每一位学生。只有了解了每一个学生的特点，才能引导他们成为有个性、有志向、有智慧的人。否则，不了解学生的智力发展、思维、兴趣、才能、禀赋等，就谈不上教育。

（二）过程立场

教育过程是教育者、受教育者、教育资料和教育目的等教育活动的各种基本要素之间相互作用的过程。教育活动的过程不是一成不变的"流程"。"流程"是均匀的、可以量化的流逝，它将教育看作孤立于一个冷漠的、外在于人和一切事物的、独立自存的实体。人是未完成的生命体，人的发展是不断生成、丰盈、完善的过程。这决定了教育活动是瞬息万变、不断绵延的"过程"。这种前进中不断发展的连续过程，便是不断产生新的结果、新的经验、新的体验、新的观念、新的价值的过程，即意义动态生成的过程。杜威是典型的过程主义者，他的几个教育命题："教育即生活（的过程）""教育即生长（的过程）""教育即经验的改组与改造（过程）""学校即社会（的活动过程）"，其实都是强调教育的过程性。

1. 过程立场是一种发展立场

教育是培养人的活动。每个人都把自己的期望、追求通过价值取向赋予教育活动。由于各人目的不同，每个人在教育过程中的教育目的和价值取向都存在一定的差异。就学习动机和期望而言，不同的人会有不同的回答，学生会说为了得到一个好分数，家长会说为了考上一个理想的学校，教师会说为了传授更多的知识……这就会造成教育过程中各种目的需要和价值取向之间的冲突。教育实践其实是各种教育主体之间教育价值取向的博弈过程。但是，教育过程的价值不应恣意地干涉和控制，而应是在坚持教育规律和教育伦理的基础上对教育过程的价值做理性的选择。这意味着教育过程坚持"学生发展"的立场。

教育过程的发展立场表现在以下两方面：

第一，它从过程中追求结果，而不是从结果中评价过程。比如，同学A和同学B在一次数学考试中成绩都获得90分，虽然结果相同，但过程可能不一样。同学A之前考试一般是70分左右，这次90分，说明他在进步；同学B之前考试一向是95分以上，这次90分，说明他在退步。以过程思维看教育现象，能看出学生的发展变化。而现实的教育是从结构中追溯和评价过程，这是应试教育的真正弊端。

第二，它不是一成不变地、先验地看待学生，而是以发展眼光看学生的成长。例如，正在成长中的学生，心理还不成熟，难免会出现这样或那样的缺点或错误，在某阶段、某方面略落后一些，持有过程立场的教师不会给他们贴上“差生”“顽固不化”“毫无发展前途”的标签，而是时时刻刻看到他们身上的潜力和闪光点，悉心进行教育。

2. 过程立场是一个多元立场

教育过程是师生基于文本和多元活动，建立意义场域的过程。一般来说，教育过程的意义体现在三个方面：① 文本本身的意义，即文本是什么就是什么；② 文本作者的意义，即作者通过文本表达的意义；③ 文本读者的意义，即读者对文本的意义赋予。文本意义的复杂性及师生对文本理解的不确定性，决定了教育过程不是单一的、平面的，而是多元的、丰富的。其一，文本的意义是复杂的。作为教育者对受教育者施加影响的中介，文本背后隐藏着超语言的信息，如语境、背景知识、文化因素、比喻含义等。由于认识主体的个体性、社会性、主体间性等因素的影响，对文本的解读存在多样性。其二，师生对文本解读存在不同。由于师生的知识结构、思维方式、生活经验、文化环境等不同，即使在同一情境下，对同一文本也存在理解的差异。可以说，教育过程是文本的意义、作者的意义和读者解读过程错综复杂交织生成的意义网，交叉点越多，建构的联系就越丰富、越多元。

“多元”意味着多种可能或多种解释，意味着多元的思维方式、多元的问题解决策略。学生的发展路径是多样的，答案是多种多样的，观念的建立也是多种多样的。由此，在教育过程中，教师通过文本影响学生时，应秉持一种多元意义的教育过程观，鼓励师生在自身的生活经历、经验的基础上寻求对文本意义的多元理解，而不是执迷于所谓的标准答案和确定性结论，允许“多元”的声音存在。然而，在很多人文课程中，教师只告诉学生一个声音、一个固定的结论。为什么现在孩子的学习没有个性？创造性能力不强？在于没有多元化理解。教师要创设一种促进探索的课堂气氛，透过师生与文本之间的对话探讨各种可能性。

3. 过程立场是要揭示过程中的复杂动态的关系和动态平衡的状态

教育的意义和价值都是在“过程”中实现的。过程不等于流程。教育过程不是线性的，而是以“关系”和“转化”为根本方式展开教育活动的。首先，教育过程是动态关联的过程。任何教育事件的生成都不是孤立的，而是与他者有着千丝万缕的联系，这种联系既包括外部的联系，也包括内部的联系。就内部关系而言，教师、学生、各种教育中介、教育影响等都是教育内部的关系项，每一个教育事件的产生都和这些关系项密切相关；

教育过程的外部联系即与世界的自然、社会、自我的联系。教育事件的生成发展都是教育内外部诸关系相互作用的结果。其次，教育过程是转化和生成的活动过程。美国教育家多尔明确指出："今日主导教育领域的线性的、序列性的、易于量化的秩序系统——侧重于清晰的起点和明确的终点——将让位于更为复杂的、多元的、不可预测的系统或网络。这一复杂的网络，像生活本身一样，永远处于转化和过程之中。"①从教育目标的起点到达教育结果的终点，其根本在于教育过程的转化和生成。

强调教育过程的关系性、过程性，并不意味着教育过程是混乱无序、不可捉摸的。现代教学话语中类似"生成""过程""体验""建构"等话语是对教育过程运作状态的描绘。但"过程"犹如一个运动的"黑箱"，至于"黑箱"里面发生了什么现象——教什么？师生具体经历了什么事件？事件是怎样发生的？学生如何在教学事件中成长？等现象都是我们目不暇接的。教育过程就是了解的过程。过程立场要求教师"揭开黑箱"探讨"过程中的秘密"，揭示过程中复杂动态的关系和动态平衡的状态。过程立场要求教师在教育教学中做到：

其一，揭示教育过程的关联性。这种关联性包括：一方面，揭示教育过程内部的运作关系。探讨影响教育意义生成的各因素，诸如教师、学生、文本之间的运作关系。另一方面，揭示教育过程与世界发生联系的过程。其主要内容包括以下几方面：① 与自身的联系。教育首先是一个自我发现、自我批评、自我醒悟、自我发展的过程。② 与社会和文化的联系。不同社区、不同文化之间都存在差异。教育过程是一个与多元化结伴的过程，要经常面对不同的人、不同的视角、不同的实践、不同的生活方式等。教育过程要让学生学会尊敬每一个人、每个社会和每一种文化。③ 与自然的联系。我们生活在地球上，应该感激地球给予的一切，关爱和保护自然生态环境，促进环境的可持续发展。关注教育过程中的关联性，教师要将这些内外部因素视为一个完整的基于教育经验所必需的构成部分，不仅考虑这些因素，而且要考虑它们之间的任何一种关系，挖掘关系的教育意义和价值。

其二，揭示教育过程的转化与生成。教育过程的转化与生成不是毫无方向的，而是以价值为导引。在教育中要转化什么？简单地说，教师要关注学生思维的过程、品德转化的过程、教育文化的过程。即要把知识转化为能力，学会知识的同时更懂得如何思考；把道德规范转化为学生自己的道德行为，而不再只是纸上谈兵；把人类的文化成果转化为学生自己的文化品格，不只是做一个有知识的人，更要做一个有文化的人。

（三）意义立场

任何教育活动都不是事实中立的，而是意义负载的。它既指向人的自由本质，又指向人的实践能力和生存方式；既关涉人的聪明才智，又指向人合理、明智的社会行为以及渊博的学识、高尚的德性、良好的修养和审美的艺术，是人的认识、态度与价值观的统一。寻求意义是教育的根本追求，搁置和抛弃意义，是教育的致命错误。意义立场有以

---

① ［美］多尔.后现代课程观[M].王红宇，译.北京：教育科学出版社，2001：4.

下几个特点：

1. 意义立场由“教育是什么”的本体论向“教育应该是什么”的实践论追问

长期以来，人们对“教育是什么”“课程是什么”等形式的追问，实际上已经预设了一个与人无关的“实体”存在。这种思维相信，只要充分发挥自己的智力，付出真诚的努力，就可以层层剥离“教育”这个实体，揭示出其内在的所谓的“本质”，就可以一劳永逸地开展任何教育教学实践活动。在这种信念或思维的支配下，人们已经把教育放到了自己的对立面，即客体的位置上去了。对“教育应是什么”的追问，是一种价值立场。对教师而言，教师首先应该考虑的不是如何有效地教育，而是应该思考带给学生什么样的教育经验，包括什么样的知识对学生最有发展价值？什么样的主题探索最有意义？受过教育的人应该是怎样的？教育承担怎样的使命？如此一来，作为教师应该关注的就远远不只是课堂教学行为、教学策略、教学模式等问题，而更应该关注为什么需要教育和教学，教育的目的是什么等。这样，学生在教学中的地位会凸显出来。要做到这点，教师需要加强对“什么是有意义的教育”的理解，也需要具备“如何生成”的教育能力，在与学生对话中促进教育意义的生成，让教育过程成为旨在意义生发、获得体验的意义场。

课程思政

教育是什么？习近平总书记指出，教育是民族振兴、社会进步的重要基石，是功在当代、利在千秋的德政工程，对提高人民综合素质、促进人的全面发展、增强中华民族创新创造活力、实现中华民族伟大复兴具有决定性意义。教育是国之大计、党之大计。

如何理解习近平总书记关于教育的论述？作为教师，应该如何践行自身的使命，推动教育的发展？

2. 意义立场超越教育的技术取向，基于内在价值来理解教育

菲尼克斯有一句名言：“一切教育都应该成为意义的领域。”意义立场超越了教育的技术取向，从教育的内在价值考虑教育。教育自诞生以来，就被赋予了传承知识、承载价值、引领生活、追求理想的神圣使命。它引导学生求真、求善、求美，以促进生命不断成长，不断超越现实和生成新的自我。教师在促进学生发展的过程中，应该对教育目标、内容进行分析鉴别，做出理性的价值选择。这里面涉及三个问题：第一，意义的预设。我们要把每一个教育的意义揭示出来。如果我们没明确意义，就不可能有好的教育效果。第二，价值和意义的多种可能性。就是要揭示价值实现的可能性，从教育过程中揭示教育过程的价值丰富性。第三，意义的结果/意义的评价。要明确，哪些是在过程中产生的意义和价值，哪些是在预设中产生的价值。

二、教师专业理念的内容

课堂教学是教师工作的主阵地，教师专业化主要是在课堂中实现的。基于此，教师应该知晓、恪守的基本专业理念有：学生理念、课程理念、职业理念。站在教育立场上，教师应该怎样理解学生、理解课程、理解职业呢？

课程思政

习近平总书记指出："要树立正确的人才观，培育和践行社会主义核心价值观，着力提高人才培养质量，弘扬劳动光荣、技能宝贵、创造伟大的时代风尚，营造人人皆可成才、人人尽展其才的良好环境。""人人皆可成才"这一论断，体现了什么样的学生理念？

(一) 学生理念

日本思想家池田大作说："所谓教育理念，可以说首先应当以对人的彻底而深刻的洞察、理解和热爱为其支柱，如果偏离了这一基本点，我认为任何教育技术、制度和理想都只会是沙砾上的楼阁。"①教育是"一切为了学生，为了学生的一切"的事业，学生是教育活动开展的出发点和归宿点，教师要做到"目中有人"和"心中有人"。

首先，学生是"生活世界中的人"。学生生活在世界中，教育的过程也是他们生活的过程。教育不仅要联系和关照学生的生活世界，而且要让学生生活在教育过程中。把学生作为"生活世界中的人"，意味着学生在他个体的生活、成长过程之中，在"他人之中"，"在世界之中"，在人类社会历史的发展过程之中。学生是自我生命、生活的实现者。教育要回归生活世界，把学习内容与学生的生活实际紧密相连，激发学生的兴趣，焕发他们生命的活力，培养他们成为生活世界的主人。

其次，学生是"文化世界中"的人。人是文化的动物，人因文化而成其为人。学生是文化的主体，教育是用积累下来的优秀科学文化知识培养学生的。通过文化世界，学生自我建构与生活世界的意义关系。也就是说，任何学生都是在一定的文化生活背景的基础上成长起来的，学生作为"文化世界中"的人，有他们自己特定的语言方式、价值观念及文化生存方式，教师要了解他们生活中的细节，把课程作为"文化资本"，引导学生认同和理解人类文化经验，熏陶他们的心灵，促进他们积极建构，生成合乎时代精神的学生文化。

课程思政

推动中华民族伟大复兴进程，实现"中国梦"，是时代的要求。教育部于2021年1月印发的《中华优秀传统文化进中小学课程教材指南》的通知中，明确指出：开展中小学中华优秀传统文化教育，对于永续中华民族的根与魂，坚守中华民族的共同理想信念，筑牢民族文化自信、价值自信的根基，维护国家文化安全，增强国家文化软实力，培养青少年做堂堂正正的中国人，具有重要意义。中华优秀传统文化进

---

① ［日］池田大作. 人生箴言［M］. 卞立强，译. 北京：中国文联出版公司，1998：133-134.

中小学课程教材，是强化中华优秀传统文化铸魂育人功能，落实以中华优秀传统文化涵养社会主义核心价值观，实现中华优秀传统文化传承发展系统化、长效化、制度化的重要举措。

请结合“新时代”的具体要求，谈谈如何在教育教学中加强中华优秀传统文化教育？

再次，学生是“时代中”的人。当今社会是一个令人激动的信息高速增长的知识经济时代。日新月异的信息逐步渗透到人们生活的每个领域，影响着人们的思维方式，改变着人们的生活方式。这意味着知识运用于社会生产的速度越来越快，对当下学生也提出相应的要求。即学生不仅仅学习知识内容，更重要的是应该具有信息意识和信息价值观念，具有创新意识和运用知识的实践能力。

教师只有树立科学的学生观，才能真正走进学生的内在精神世界去理解学生，才能懂得一个生命成长的艰辛与快乐，才能懂得一个生命的神奇结构与美丽，才能更好地做到“理解学生，教在心灵”，才能更好地把握教材，因材施教，制订合理的方案，从而达到促进学生发展的宗旨。

教师怎样理解学生呢？教师对学生的理解即教师对学生的各种知识与经验、个性与情感、生活文化背景等获得完全清晰和理智的把握，从而做出深层次的理性判断和合理的解释。就理解学生的具体内容而言，“教师不仅要感受到儿童用文字表达出来的意义，而且要注意到身体所表现出来的各种理智状况，像迷惑、厌倦、精通、观念的醒悟、装作注意、夸耀的倾向，以自我为中心把持讨论，等等。”①

课程思政

2016 年 9 月，习近平总书记到北京市八一学校看望慰问师生时发表的重要讲话，在教育系统引起强烈反响。在与八一学校师生座谈时，习近平总书记说：“广大教师要做学生锤炼品格的引路人，做学生学习知识的引路人，做学生创新思维的引路人，做学生奉献祖国的引路人。”②

请您谈谈，作为教师，如何站在学生立场，做好学生的“四个引路人”？

案例链接

成都市磨子桥小学提出了“十六知晓”，即“知晓学生的姓名含义，知晓学生的生活习惯，知晓学生的个性特点，知晓学生的行为方式，

---

① [美]约翰·杜威．我们怎样思维·经验与教育[M]．北京：人民教育出版社，2004：224.

② 本报评论员．每个教师都要努力做好引路人[N]．中国教师报，2016 - 09 - 14(01)．http://edu.people.com.cn/n1/2016/0912/c1053 - 28707814.html.

知晓学生的思维方法，知晓学生的爱好兴趣，
知晓学生的困难疑惑，知晓学生的情感渴盼，
知晓学生的心路历程，知晓学生的知音伙伴，
知晓学生的成长规律，知晓学生的家庭情况，
知晓学生的上学路径，知晓学生的社区环境，
知晓学生的家长思想，知晓学生的家长愿望。”

“十六知晓”不只是精确知晓学生的“十六”方面，它更突出了教师对学生每个生活细节的关注。譬如，“知晓学生的姓名含义”。因为每一个生命来到世间，都寄托着父母无限的欣喜，而每个孩子的名字，都饱含着父母深切的希望，承载着家族的文化，更延续着中华民族精神。所以，强调教师不只要知晓学生的名字，还要知晓这一名字背后蕴含的深义，这就是教师尊重孩子作为生命个体的体现。教师只有知晓了学生的爱好兴趣、困难疑惑、情感渴盼、心路历程，才懂得了一个生命成长的艰辛与快乐；教师只有知晓了学生的个性特点、思维方法、行为方式、成长规律，才懂得了一个生命结构的神奇与美丽；教师只有全面了解学生，才能走进学生的内心世界，才能保证教学由理解进入学生的精神世界，在理解中实现教学对学生的意义；教师只有理解学生的种种表现，才能在教学活动中做出利于学生发展的智慧性行动。正如教学智慧研究的专家马克斯·范梅南所讲：“一位智慧的教育者认识到要跨过街道走过来的不是学生，而是教师。教师必须知道‘孩子此刻在哪儿’‘孩子是怎样观察事物的’，这个学生从他本身的角度遇到了什么样的困难，因而不能跨过街道走进学习的领域。教师应该站在孩子的身边，帮助孩子认识要跨越过去的地方，为孩子找到有效的方式，帮助孩子顺利走到另一边来，走到这个另外的世界中来。在这种行动中确实包含了‘educator’的意义，‘引入’到这个世界上来，一个增强了意识、提高了责任感和理解力、茁壮成长的世界中来。”①

（二）课程理念

课程是教师和学生展开教学对话和意义生成的文本，教师对课程文本的理解是一种意义创造和不断生成的过程。教师理解课程关键在于把握课程的基本要素。

泰勒在《课程与教学的基本原理》一书中开宗明义地指出，开发任何课程的教学计划都必须回答四个问题②：学校应该试图达到什么教育目标？提供什么教育经验最有可能达到这些目标？怎样有效组织这些教育经验？我们怎样确定这些目标正在得到实施？舒伯特（W. Schubert）把从这四个问题中所归纳出来的“目标”（purpose）、“内容”（content）、“组织”（organization）和“评价”（evaluation）称为课程开发的“永恒的分析范畴”。拉尔夫·泰勒代表了“课程开发”时代的巅峰，他的课程开发范式的基本特征被认

---

① [加]马克斯·范梅南. 教学机智——教育智慧的意蕴[M]. 李树英，译. 北京：教育科学出版社，2001：203.

② [美]泰勒. 课程与教学的基本原理[M]. 施良方，译. 北京：人民教育出版社，1994：2.

为是把课程教学问题当作"技术"问题，遵循"技术理性"，一直遭到后人的质疑和批判。在笔者看来，这四个方面并没有什么问题，因为这四个问题仅仅是一个形式，其背后可以蕴藏着丰富的内容。泰勒的聪明之处在于他"并不试图直接回答这些问题，因为具体的答案是因学校性质、教育阶段的不同而有所差异的。他只是想提出研究这些问题的方法和程序"①。我们可以不赞成泰勒的回答，但无法超越泰勒的提问。

很多人将多尔(W. E. Doll)的4R理论看作与泰勒针锋相对的。笔者认为，与其说是对立，不如说是多尔对泰勒理论的超越。4R指的是丰富性(richness)、回归性(recursion)、关联性(relations)和严密性(rigor)。可以看出，多尔所说的和泰勒的并不在一个平台上，但是从泰勒的提问中可以推演出多尔的答案。比如，学校应该达到哪些教育目标？目标是多样的、多层次性的，不仅仅是学期目标、单元目标、课时目标，还有行为目标、生成性目标、表现性目标等。再比如，怎样才能有效地组织教育经验？答案不仅仅是科学世界中的经验，而且还有生活世界中的经验。我们怎样才能确定这些目标正在得到实现？不仅仅通过终结性评价，还通过过程性评价。可以说，没有泰勒的提问，多尔的4R是不会被提出来的，多尔的4R是对泰勒四个问题的回答。从理论上说，拉尔夫·泰勒确立的框架，仍然可以作为我们探究"教师课程理念"的分析框架的依托。

作为教师，在进入教学过程之前，他在对教学进行理解的时候也需要从教学目标、教学内容、教学方式、教学评价来进行。多问问自己：究竟什么是教学？教学用什么来滋养学生？如何有效地达到这一目标？如何判断这一目标得以达成？郭元祥教授站在教师的角度对泰勒问题进行了直观表述："究竟什么是语文、数学、科学、外语、综合实践活动等课程？这门课程要赋予学生哪些意义？通过怎样有效的方式能够达到教学目标？如何评价现实的教学及其目标达成的程度？"②他认为第一个问题是对课程本质与价值的回答；第二个问题涉及课程的目标与内容；第三个问题涉及学习方式的问题；第四个问题是关于课程评价的问题。教师如何回答这些问题，不仅反映了教师的课程视野，也在一定程度上折射出教师的教育境界及其在课程实施中的教学行为方式。涉及具体一门课程，教师应该能够回答：这门课所要解决的问题是什么？它能赋予学生哪些意义？赋予这些具体事实材料的基本概念和原理有哪些？采用怎样的特殊案例去说明？怎样将这门课程的知识学习应用于实际生活？采用什么方法来学习？面对困境，这门课程能提供哪些解决的手段？当教师这样思考时，在他努力开启学生的心灵和智慧时，也就是在自觉地追求教学的意义和他自身的人生意义，而非仅仅对知识和智力的关注。倘若当学生在学习过程中这样思考时，有关学习的系列态度诸如认真、执着、勤奋等就会应运而生。

① 邓友超. 教育解释学[M]. 北京：教育科学出版社，2009：212.

② 郭元祥，等. 教师即课程：意蕴与条件[J]. 教育研究与实验，2008(6)：1-7.

课程思政

中共中央办公厅 国务院办公厅印发《关于深化新时代学校思想政治理论课改革创新的若干意见》，要求深度挖掘高校各学科门类专业课程和中小学语文、历史、地理、体育、艺术等所有课程蕴含的思想政治教育资源，解决好各类课程与思政课相互配合的问题，发挥所有课程育人功能，构建全面覆盖、类型丰富、层次递进、相互支撑的课程体系，使各类课程与思政课同向同行，形成协同效应。

如何发挥课程育人的作用？

（三）职业理念

教师的专业理念同时也是对自身职业的理解。“解释学过程的真正实现，依我来看不仅包容了被理解的对象，而且包容了解释者的自我理解。”①也就是说，理解绝不是人对自己之外的一种其他对象的冷静观察或沉思，而是通过对人的存在意义的阐述和把握，实现人的自我理解的过程。教师工作是一种道德的职业，教师的情感、个性、人格、知识、能力、经验等应该对学生产生“润物细无声”的教育性影响。教师独特的工作性质决定了教师角色的伦理性质。教师应该有一种“一切为了学生好”的意识，对他们抱有良好的期望，并以一种自己认为“良好的”“恰当的”方式影响他们。一位长期在一线工作的教师说：“我觉得没有哪个行业，(是)像教师这样长时间的、用情感投入、用很多小事情来(与学生)磨合的这样一种工作……老师与学生的相处，因为你是成年人，他是娃娃，他需要你的帮助，你就要源源不断地把你的爱、你的精力、你的关注、你的能量加诸他身上……”②可见，教师的教育言行是有强烈的价值指向的。教师的这种专业角色要求教师时时刻刻提醒自己注意自己的意识形态和价值观念对学生是否产生积极的影响。教师应该批判性地面对它们，解剖自己坚信的到底是什么，以及如何更积极地建构他们在学生和其他人那里所具有的影响。自进入教师职业的第一天起，他就必须思考“教师这一职业对‘我’意味着什么”，“我为什么要从事教师这一职业”，“我到底坚信怎样的教育理念”，“如何有效地实施教学”，等等。教师和学生之间的关系首先不是“教”与“被教”的纯粹知识的授受关系，而应该是人与人之间的道德关系。教师以“人”的姿态进入教育活动环节，通过参与教育活动，将自己融入教育活动中，在理解历史、文化传统或现实中谋求理解和解释自己。在理解活动中，教师从自己的现实世界出发，把原先不属于自我理解范围之内的新世界的经验，在自我理解中据为己有，一种新的经验将会进入教师的视界，从而扩大了教师的人生经验，拓宽了教师的人生境界，丰富了教师的精神世界。这时的教师在理解中找到自己，发现自己，理解自己生命的意义，使自己的

---

① [德]伽达默尔．哲学解释学[M]．夏镇平，宋建平，译．上海：上海译文出版社，1994：54．

② 王艳玲，苟顺明．教育理论与教师专业发展——对一位高中历史教师的叙事探究[J]．当代教育科学，2007(12)：22－25．

人生为教育而存在;明白自己的过去和现在是什么,将来有可能是什么,教师的职业境界因教学理解而得以升华。

课程思政

2016 年 12 月 7 日,习近平总书记在全国高校思想政治工作会议中强调,教师做的是传播知识、传播思想、传播真理的工作,是塑造灵魂、塑造生命、塑造人的工作。教师不能只做传授书本知识的教书匠,而要成为塑造学生品格、品行、品味的“大先生”。那么,如何通过自身修炼,成为“大先生”呢?

第三节 教师专业理念的生成

想一想

拥有专业理念的教师是有教育思想和教育魅力的教师。在日常生活中,教师通过阅读、培训等方式获得一些优秀的教育理论。但是,要将这些教育理论践行到课堂教学中去,却要费一番功夫。想一想,教师怎样将先进的教育理论内化为个体的专业理念呢?有哪些实践性策略?

教师专业理念不是凭空产生的,它一方面来自教师对教育科学理论的系统学习、深刻理解和科学把握;另一方面,它来自教育改革实践的不断磨炼和体会。教师专业理念的生成有以下几个策略:

一、读书

任何教育理念首先是建立在清晰而笃定的教育信念的基础之上的。没有一定的教育知识做信念支撑,教育信仰会成为无依据的迷信。哲学家贺麟在谈及信仰与知识的关系时说:“盲目的信仰依于愚昧的知识。知识空洞者,其信仰必渺茫;知识混淆矛盾,必与信仰的杂乱反复相依随;知识系统,则信仰必集中;知识高尚,则信仰亦必随之高尚。”①可见,知识的丰富对教师专业理念的建立有促进作用。只有通过读书学习,教师才能获取前瞻性的教育信息,更新陈旧的教育观念。

教师的学习也是一个长期的涅槃过程。在这过程中,教师需要明确自身的专业地位,有自己的事业追求,形成自主发展的内驱力。苏霍姆林斯基在《给教师的建议》中提议教师加强教育素养的有效方法是“读书,读书,再读书”,他主张教师要把读书当作第一精神需要:“只有当教师的知识视野比学校教学大纲宽广得无可比拟的时候,教师才

① 贺麟.文化与人生[M].北京:商务印书馆,1988:90.

能成为教育过程真正的能手、艺术家和诗人。”[1]教师要多读教育经典名著，书是教师的精神食粮，是促进教师不断进步的阶梯。读书是教师生存的需要，也是其教育生活的一部分；读书不是为了应付备课和上课，更是基于内心对知识的渴求。

课程思政

教育部印发的《关于在教育系统开展师德专题教育的通知》指出：要将“四史”学习作为广大教师思想政治“必修课”，结合建党百年系列庆祝活动，以党史学习教育为主线，强化“四史”学习教育。要学史明理、学史增信、学史崇德、学史力行，发扬党的优良传统，积极为师生排忧解难。深入开展党史、新中国史、改革开放史、社会主义发展史教育，组织广大教师认真学习党领导人民进行艰苦卓绝的革命奋斗史、理论创新史和自身建设史，学习党的光荣传统、宝贵经验和伟大成就。结合教师教学工作，谈谈为何和如何读“四史”？

案例链接

成都市磨子桥小学刁荣普校长诠释了她对阅读的理解：

书中求静养，静以养心性；
书中求宣泄，宣以泄胸臆；
书中求化解，化以解千愁；
书中求美妙，美以妙情绪。
书中求变通，变以通幽径；
书中求厚丰，厚以丰见识。
书中求智慧，智以慧六根；
书中求光明，光以明人生。[2]

书是教师的精神食粮，读书可以开阔视野、增长智慧，可以解惑明智……，可以陶冶情操、净化心灵。教师的阅读视野决定了思维的广狭和教学的境界。阅读教育经典著作，可以领略奇妙的语言、深邃的思想，体验心灵对话与交融，内化并接受教育家的理念，领悟和感受教育家的教育精神；读书能使教师冰释教学活动中的种种困惑，看清自己的过去和未来，加深对教育价值和人性的理解，陶冶对教育的兴趣，逐渐形成爱教育的动力和信念。书是教师职业生涯的源头活水、前进路上的助推器。教师不仅仅要去读教育经典名著，更重要的是用眼睛享受文字的美感，用心灵领会“道”的深刻，从书中读出教育的智慧，唤起生命的觉醒，生发人生的“大彻大悟”。作为人类文化的传播者，

---

① ［苏］B. A. 苏霍姆林斯基. 给教师的建议［M］. 杜殿坤，编译. 北京：教育科学出版社，2007：412.

② 郭元祥. 教师的 20 项修炼［M］. 上海：华东师范大学出版社，2007：105.

教师阅读不仅能提升自己的教育理想和信念，而且还可以以身示范激发学生的阅读兴趣，营造书香校园。

二、实践

教师在实践活动中的教育过程是一个不断体验和感悟教育理念的过程。教师对教材、对学生、对教育情境的处理，都投射出教师关于教育本质的理解。教师如何理解"教育"？什么是"好的教育"？教育的目的是什么？这些理念都是教师通过自己的实践而内化为个人头脑的一部分，并且被自己的行动效果证实为"真"，并作为一种无意识的经验假设支配着教师的行为。当教师面临一个问题情境时，先开始实践，然后对实践进行解释与反思，修改自己的信念，继而再实践——这个不断循环的过程便生成、强化或更新了教师的专业理念。

案例链接

我们看看下面一个例子①：

考试不改，课堂教学方法就不好改，这是一线教师包括我自己过去较为根深蒂固的信念。但两者的关系是本质的还是人为的，相关度有多大呢？如果教师心目中对教学效果判断的唯一标准是知识性的成绩，就不能期待教师在教学方法上有大的改变，因为结果性评价会引导教师选用结果性的教学——告知和测验，而不是启发。但是，这次我们刚刚开始尝试课堂活动，就看到了学生兴奋和快乐的表情，对比那面无神色的听课，作为教师不会不为之所动。学生积极地发表他们自己的见解，即使是有纰漏或错误之处，也使教师看到了学生学习过程中存在的问题，诸如"肤色"和"价值观"是否属于"文化"的问题。一点点学习环境的改变，就使我们看到了学生的变化，这无疑会坚定教师研究教学、改变教学的信念。

毋庸置疑，教师教学的任务之一是传授知识，但是，教师"一讲到底"的效果到底如何？学生是否真的在"学习"？通过课堂教学实践，案例中的这位教师开始深入反思自己对教育本质的理解，从实践中形成对教育新的理念。由于对教育本质有了新的理解，这位教师对自己的定位也发生了变化：从确定性知识的传授者，开始逐步转变为学生主动学习的激发者。

可见，教师的不同体验和感悟会造成教师理念发生不同情况的质变和重组，但并非所有的体验和感悟都会促使教师教育理念的产生，只有某些"关键事件"才能激发教师形成专业理念。关键事件是指教师教学中的重要事件，"教师通过对关键事件的认识，将外在的影响因素与原有的教育信念、知识等内在的结构的不一致明晰化、尖锐化，再

---

① 陈向明，等. 搭建实践与理论之桥——教师实践性知识研究[M]. 北京：教育科学出版社，2011：108.

经过对各种作用、因素关系的反思，做出决断和选择，决定对原有的内在专业结构做出局部修改、调整或全部更新，最终获得教师自身的专业发展”①。

三、反思

长期以来，教育理论与教育实践脱节现象比较突出，完美的教育理论在复杂多变的教育实践面前表现得无能为力，其原因之一是受教师传统惯习的影响。20 世纪 80 年代以来，反思型教师在世界范围内兴起。教学反思是促进教师专业化的有效途径。美国学者波斯纳认为：教师的成长＝经验＋反思。教师的实践经验必须经过反思的分析、综合、比较、抽象和概括加工之后，才把点滴的得失、发现、体会、感悟等放大、拓展、整合，逐渐形成体系，让人变得睿智，否则只会局限于肤浅的认识。

什么是教学反思？教学反思是指教师为了实现有效的教育教学，在教师教学反思理念的支持下，对已经发生或正在发生的教育教学活动以及这些活动背后的文化、理论、假设进行积极、持续、深入、自我调节性的思考，而且在思考过程中，能够发现、清晰表征所遇到的教育教学问题，并积极寻求多种方法来解决问题的过程，从而改进自己的教学实践，使教学实践更具有合理性。

教师的反思包括教学活动前的反思、教学活动中的反思、教学活动后的反思。教师应当每日问一问：上课前还有哪些方面我没有准备好？课堂上我组织教学的情况怎么样？课堂上我充分调动学生主动参与的积极性了吗？课堂上我尊重、激发、引导学生的学习了吗？课堂上学生在知识、能力、方法、情感方面有什么收获？课堂上我恪尽职守、投入激情了吗？我的教学设计落实得怎么样？今天我的“得”与“失”在哪里？明天我还有哪些工作和任务？今天我有教学的成就感吗？……无论哪种反思，都是教师对自己在教育实践中的“想法”和“做法”的反思，是对自己的教育理念、教育立场、教育行为的反思。其反思的参照标准是正确的教育理念。对教师反思的要求是，他们不仅是带着批判性的、审视的目光检验教育理论的真伪，更重要的是他们能反思自身的教育实践，在对自身实践的反思基础上，特别是借助于教育理论关照下的案例解读，逐渐积累而形成富有个性和创新性的教育实践的见解。

案例链接

看看下面一则实例②：

记得那是新课程实施不久，我执教的一节数学研讨课“认识物体”的第一课时“物体的分类”。在认真研读课标、教材的基础上，我决定采用合作学习的方式组织教学，并特别宣布：同学们可以提出问题或回答问题。在一番准备之后，我信心十足地走上讲台。由于我给学生最充分的自由，所以课堂气氛异常活跃，学生争先恐后地提问题、回答问

---

① 童庆炳.现代心理学[M].北京：中国社会科学出版社，1993：54.

② 郑聪姐.与新课程一起成长[J].新课程教学案例，2008(7－8)：45－46(缩改).

题。在我不断给予物质奖励的刺激下,课堂乱如市场。我不断发出号令,竭力想调控局面。然而,我的指令已经不能在激动的孩子们心中起作用了,渐渐地,课堂变得无序了。这一失败的课让我羞愧难当,让我十分疑惑的是,我的教学设计完全是按照新课程理念来的,怎能出现如此狼狈的局面呢?从听取专家的课后评析中,我终于惊觉自己的课原来并不是"新课程"。新课程注重表扬和鼓励,但不能滥用;注重给学生自由,但仍然需要教师机智地把握课堂,控制课堂。……此后,为了适应新课程的要求,课余时间我认真查询相关资料,虚心向有经验的老师请教,慢慢地,我学会了反思。几年下来,我虽成不了名师,可也在不知不觉中提高了自己,促进了自身教育教学能力的发展,同时也经历了一个不断自我监督、自我调节、自我激励、自我验证的过程。

在本例中,教师对教学理论的理解开始还停留在外化、公共化、抽象化的肤浅层面上,因而其失败的真正根源在于未将新课程的理念和自己已有的教学经验、学科知识、教育教学理论知识有机交融,内化为实际指导其课堂教学的个人化实践理论。通过教学反思,她明白了教学实践失败的根结,从而改善了自身的教学行为。可见,教学反思是教师将教育理论内化为自身教育理念的中介。通过反思,教师将具体而纷繁的教育经验上升为理性、抽象的教育理念,同时不断抛弃那些被证明与时代不一致的教育理念与行为。通过反思,教师可以明白自己在教学世界中的状态,明白目前为了什么而教育,目前的职业在追求什么,为什么要去追求,应该怎样追寻教育的意义和价值,这对深陷工具理性下的技术性教育具有矫正的作用,有利于确定全面和谐的发展目标,平衡地处理好今天与明天、过去和未来的关系。

四、合作

所谓合作,就是教师们为了改善学校教育实践,以自愿、平等的方式就共同感兴趣的问题,共同探讨解决的方法,从而形成一种批判性互动关系。教师的理念是在教师不断学习的过程中得以生成的,教师的学习是群体性的合作学习。社会建构主义认为,学习的过程就是一种合作和交往的过程;学习就是他人的思想与自我见解之间的协商与对话。作为一个职能共同体,不同教师之间在知识结构、教学水平、思维方式、认知风格等方面均存在差异。每位教师的差异就是教学资源,就是合作学习的动力和源泉。目前,在我国的改革环境下,很多教师已经通过参加短期集体培训的方式获得了改革信息和相关指导。然而,大规模的培训很难考虑地区以及个体学校的特殊性,很难给予教师理念和行动上的指导。而教师合作会充分考虑个体学校的实际情况,通过学校内以及跨学校的合作,借助集体的力量,教师之间取长补短,互相帮助,从而实现了情感的交融、心与心的对话、思想与思想的碰撞,深化教师个体对教育教学的理解和把握,从而使教师的理念素养获得共同的提高。让理念素养在合作学习中生成,首先,教师要克服"文人相轻"的传统观念,充分认识到合作对个人成长的重大意义,通过不断自我强化,增强对他人教育经验学习的动机;其次,通过互相听课、相互评课等形式,对他人教育经验中的行为和思想方面的精髓进行提升,针对自己所面临的教育情境化问题进行反思;再次，学校组织应为教师之间的集体备课、互听互评等相互学习的形式给予组织支持。

本章小结

教师专业理念，是教师对教育对象、内容、方式及教育这一职业性质的“专业性”认识，是教师对教育现象(活动)和职业性质的理性认识、理想追求及其所形成的教育思想观念和教育哲学观点，是教师在教育实践、思维活动及文化沉淀和交流中所形成的教育价值取向与职业价值追求，是一种具有相对稳定性、延续性和指向性的教育认识、理想的观念体系。教师专业理念具有抽象性、导向性、个体性、实践性和发展性特点。强调教师专业理念有利于深化教师的教育理解，规范教师的教育行为，提升教师的教育境界。

教师的教育立场是教师专业理念的基石。教师的教育立场主要体现为生命立场、过程立场和意义立场。教师专业理念不是凭空产生的，它一方面来自教师对教育科学理论的系统学习、深刻理解和科学把握；另一方面，它来自教育改革实践的不断磨炼和体会。其具体策略为读书、实践、反思和合作。

关键词：专业理念；教师；教育立场；生成策略

思考训练

1. 作为一名专业化教师，应具备哪些专业理念？
2. 教师应该树立怎样的教育立场？结合教育实例加以说明。
3. 作为教师，你打算如何发展你的专业理念？

推荐阅读

1. 郭元祥. 教师的 20 项修炼[M]. 上海：华东师范大学出版社，2007.

2. [英]杰赛尔，[英]格里菲思. 学会教学：教师专业发展导引[M]. 丰继平，译. 上海：华东师范大学出版社，2009.

3. [英]约翰·富隆，[英]伦·巴顿等. 重塑教师专业化[M]. 牛志奎，马忠虎，等译. 北京：北京师范大学出版社，2010.

4. [加]马克斯·范梅南. 教学机智——教育智慧的意蕴[M]. 李树英，译. 北京：教育科学出版社，2001.

参考文献

1. 郭元祥. 教育的立场[M]. 合肥：安徽教育出版社，2009.

2. 王有升，叶澜. 理念的理论：基于教育社会学的思考[M]. 北京：教育科学出版社，2007.

3. 张先华. 理念指路：语文教育观念的革命[M]. 成都：四川大学出版社，2013.

微信扫码

配套数字资源

第四章 教师职业道德

※ 学习目标

1. 在比较各种身份、各种规范的基础上，深入理解教师职业道德规范的内涵；
2. 通过中外历史比较，掌握现代教师职业道德发展的趋势与特征；
3. 从专业标准的角度，掌握教师职业道德的建设路径。

导入语

你知道作为教师要遵守哪些职业规范吗？私人生活和公共生活的道德规范是不是教师职业道德的范畴？作为一种职业身份，教师必须对自己的学生和自己的行业负有哪些责任？遵守崇高师德还是底线师德？中国传统教师职业道德是什么？外国教师职业道德与中国有什么不同？教师职业道德建设到底从专业标准的角度还是从道德标准的角度进行？通过本章内容的学习，一切问题将会迎刃而解。

第一节 教师职业道德的内涵

想一想

某地教育局每年都要组织新教师参加岗前培训，重点对新教师进行职业道德教育，因故未能参加的教师还必须由教育局安排重新补修。当因公未能赶上首次培训的小陈老师接到校长室的通知，要其到教育局参加补修时，心里真有点儿不情愿。他认为，作为教师，既有国家一系列有关教育的法律法规的约束，又有学校的规章制度的管理，还要那些职业道德规范干嘛？真是多此一举。你认为，小陈老师的认识对吗？为什么？①

① 杨芷英，刘雪松. 教师职业道德[M]. 北京：高等教育出版社，2013：85.

一、教师职业道德的概念

教师职业道德，简称“师德”，它是体现教师职业要求和工作特点的道德规范，是社会职业道德的有机组成部分，是教师行业特殊的道德要求。

（一）教师作为一种职业身份，必须对自己的学生和自己的行业负责任

教师作为一种职业身份，必须遵守职业道德，对所教的学生负有道德义务。他应该造福学生，努力促进全体学生全面发展；他必须公正、公平地对待学生，努力确保所有的学生享有均等的教育机会；他必须尊重学生的人格、尊严和权利，并在执教过程中做出合理的努力，使学生免受伤害。此外，教师作为教育行业中的一员，他还对自己的行业负有道德义务。他应该忠诚于教育事业，努力维护教育行业以及教师队伍的声誉和利益；他应该尊重同事同行、精诚合作、恪尽职守。教师作为一种职业身份，必须对自己的学生和自己的行业负责任，这是教师的职业道德。

（二）师德专指教师职业角色的道德规范

担当教职的人，还有许多身份。师德专指教师职业角色的道德规范，而不是担任教职的人应该遵守的全部道德规范。他（她）是一个人，为人子女，也为人父母，还为人朋友，为人邻里。他（她）在私人生活领域中对自己、对他人都负有道德义务。自利和自尊，就是包括教师在内的每个人对自己应尽的道德义务。他（她）应该珍惜自己的健康和生命，不放纵自己做有害于自身健康的事，更不能自杀；他（她）还应该维护自己的人格和尊严，不卑躬屈膝做有损人格和尊严的事，使自己的言行配享“人”这个高贵的称号。利他和尊重他人，就是包括教师在内的每个人对他人应尽的道德义务。一个人在维护自己的利益时，不能危害他人的利益；在维护自己的人格和尊严时，不能侵犯他人的人格和尊严。任何一个人都是他自己的目的，任何一个人都不应该甘于成为工具和手段被人利用，任何一个人也无权把别人当作工具和手段加以利用。这是包括教师在内的所有人在私人生活中的道德要求。

担当教职的人，除了教育工作和私人生活之外，还参与国家和社会的公共生活，对国家和社会负有道德义务。作为国民，他应该积极为建设民主、和谐、文明、富强的社会主义国家做出应有的贡献，维护国家的利益、民族的尊严，不做有损国家和民族尊严的事；作为公民，他应该努力造福社会，维护社会的公平和正义，维护公共财产、公共安全、公共卫生等一切公共利益。这是公共生活的道德要求。

综上所述，担当教职的人既要遵守职业道德规范，也要遵守私人生活和公共生活的道德规范。师德限指教师职业角色的道德规范，而不是担任教职的人应该遵守的全部道德规范。

课程思政

2017年5月，习近平总书记对黄大年同志先进事迹做出重要指示：黄大年同志秉持科技报国理想，把为祖国富强、民族振兴、人民幸福贡献力量作为毕生追求，为我国教育科研事业做出了突出贡献，他的先进事迹感人肺腑。要以黄大年同志为榜样，学习他心有大我、至诚报国的爱国情怀，学习他教书育人、敢为人先的敬业精神，学习他淡泊名利、甘于奉献的高尚情操，把爱国之情、报国之志融入祖国改革发展的伟大事业之中、融入人民创造历史的伟大奋斗之中，从自己做起，从本职岗位做起，为实现“两个一百年”奋斗目标、实现中华民族伟大复兴的中国梦贡献智慧和力量。①

（三）师德属于道德范畴，具有清晰的边界

中华人民共和国的教师要热爱祖国，热爱人民，拥护中国共产党的领导，拥护社会主义，全面贯彻国家教育方针，不得有违背党和国家方针政策的言行。这是教育工作的政治规范。违背这种规范，是政治错误，而不是道德错误。

教师要自觉遵守教育法律法规，依法履行教师职责权利。这是教育工作的法律规范。违反这种规范，叫违法，称之为“道德过失”并不恰当。

教师衣着要得体，不要穿奇装异服进入校园。教师举止要文明，对学生和同事都要彬彬有礼。这是教育工作的礼仪规范。违反诸如此类的规范，是失礼，是失仪，但称不上“缺德”。

教师开展工作要使用普通话，用语要规范。有的学校还规定，任课教师印制习题和试卷需经教研组长审批，调课要在教务处备案。凡此种种乃是教育工作的业务规范。违反业务规定，也难称得上是“职业道德问题”。

2008年颁布的《中小学教师职业道德规范（2008年修订）》规定：教师要“关心爱护全体学生，尊重学生人格，平等公正对待学生。对学生严慈相济，做学生的良师益友。保护学生安全，关心学生健康，维护学生权益。不讽刺、挖苦、歧视学生，不体罚或变相体罚学生”。这是名副其实的教师职业道德要求。

课程思政

2011年，教育部、中国教科文卫体工会全国委员会共同印发的《高等学校教师职业道德规范》，将师德概括为“爱国守法、敬业爱生、教书育人、严谨治学、服务社会、为人师表”。《中小学教师职业道德规范》有1997年和2008年两个版本。1997

① 教育部教师工作司.“时代楷模”先进事迹：黄大年[EB/OL]. http://www.moe.gov.cn/jyb_xwfb/moe_2082/2021/2021_zl37/shideshiji/202105/t20210511_530854.html.

年版包括“依法执教、爱岗敬业、热爱学生、严谨治学、团结协作、尊重家长、廉洁从教和为人师表”八条；2008 年修订版包括“爱国守法、爱岗敬业、关爱学生、教书育人、为人师表和终身学习”六条。

请结合实际谈谈为什么师德的第一条是“爱国守法”，作为教师应该如何爱国守法？

总之，教育工作有许多规范。教师除了要遵守道德规范之外，还要遵守政治规范、法律规范、礼仪规范以及纯粹的业务规范。师德属于道德范畴，既不是法律，也不是政令，而是教育界内部道德方面的行规。它是靠教师群体舆论维系、教师个人良知支持的一套评价教育工作的善恶标准及以之为基础的行为准则。师德包含善恶标准和善恶评价，这使它有别于教育工作的政治规范、礼仪规范以及纯粹的业务规范。教育工作的法律规范也包含善恶标准和善恶评价，但是法律依靠国家强力机器来维持，而师德的维系一方面依靠教师的集体舆论的压力，另一方面依靠教师内在良知或信念的支持。①

课程思政

2019 年 10 月，教育部等七部门印发《关于加强和改进新时代师德师风建设的意见》的通知，指出，要“以学习《中华人民共和国教师法》、新时代教师职业行为十项准则系列文件等为重点，提高全体教师的法治素养、规则意识，提升依法执教、规范执教能力。制订教师法治教育大纲，将法治教育纳入各级各类教师培训体系。强化纪律建设，全面梳理教师在课堂教学、关爱学生、师生关系、学术研究、社会活动等方面的纪律要求，依法依规健全规范体系，开展系统化、常态化宣传教育。加强警示教育，引导广大教师时刻自重、自省、自警、自励，坚守师德底线”。

结合教师工作，请指出教师要具备哪些方面的法律知识？如何依法执教？

二、师德概念的发展趋向

早在 1984 年，教育部和全国教育总工会就联合颁布了一套《中小学教师职业道德要求（试行草案）》；1991 年，国家教委和全国教育工会对该草案进行修订，颁布了正式的《中小学教师职业道德规范》；1997 年为了整顿行风，加强师德建设，又对这套规范进行了修订；2008 年，教育部和教科文卫体工会全国委员会根据形势的要求，再次对正式实施的《中小学教师职业道德规范》进行了修订。自此，我国学界掀起了师德研究的热潮，国外师德研究成果被不断译介，各种师德观点纷至沓来。总体看来，国内师德观念呈现出由崇高师德转向底线师德、由拓展性师德转向专业化师德、由抽象化师德转向实践性师德的发展态势。

① 黄向阳. 师德的边界[J]. 河南教育学院学报（哲学社会科学版），2010(6)：64.

2018 年教育部颁布《新时代高校教师职业行为十项准则》《新时代中小学教师职业行为十项准则》《新时代幼儿园教师职业行为十项准则》，目的就是“明确新时代教师职业规范，针对主要问题、突出问题划定基本底线”，使教师知准则，守底线；使管理者在师德师风建设工作中有章可循，能够更清晰地做好教师的师德考核，查处失德违规行为。①

课程思政

2018 年，教育部正式印发实施《新时代高校教师职业行为十项准则》《新时代中小学教师职业行为十项准则》《新时代幼儿园教师职业行为十项准则》及《教育部关于高校教师师德失范行为处理的指导意见》《中小学教师违反职业道德行为处理办法》《幼儿园教师违反职业道德行为处理办法》等文件。教师工作司司长任友群指出：十条准则并不能涵盖教师职业行为的所有方面，只是针对主要问题、突出问题进行规范。准则中的禁行性规定是底线，是各级各类学校教师不可触碰的红线，也是一份“预防保健手册”，是对广大教师的警示提醒和严管厚爱。如何理解“底线”？

(一) 从崇高师德转向底线师德

我国历来重视教师个人的高尚美德，对于师德一直寄予高要求、高标准。我国如此拔高师德的原因大致有两点：一是教师被视为道德家。“师”含有“出于其类，拔乎其萃，为众之所长”之意。而这种超拔之长主要表现为品德优异。养成卓越之德，以此承续往圣伦理之道，乃是教师存在的理据。教师因此被人们授予“社会良心”的道德光环而肩负起人类道德文明薪火相传的特殊使命。二是注重身教。“师”被认为是聚善积德、教事喻德的人。以身示教是最好的喻德方式，为了施行良好身教，教师必然要具备较高的道德品质。正所谓“取法乎上，仅得其中”，教师必须具有高于学生的道德水准才能成为道德之师。

然而，师德理论研究与师德建设实践表明：“教师不可能成为道德家，没必要成为道德家，也不应当成为道德家，教师和普通人一样只是一个追求道德完善的常人，教师职业道德只是一种底线道德，没有必要对教师提出高度理想化的师德要求。”②首先，在一个多元化的社会里，一味地强调教师的道德示范，可能导致教师将自己认同的道德观念强加于学生，削弱学生的道德主体性，使学生处于道德奴隶的地位。其次，教师德性与学生德性之间只具有逻辑上的必要条件关系，实证层面尚未得到有力的支持。高尚师德是一种根深蒂固却不曾深究的理论预设。最后，现代社会是强调权利与义务对等的

---

① 教育部. 教育部印发新时代教师职业行为十项准则　进一步规范教师职业行为[EB/OL]. http://www.moe.gov.cn/jyb_xwfb/gzdt_gzdt/s5987/201811/t20181115_354886.html, 2018-11-16.

② 甘剑梅. 教师应该是道德家吗——关于教师道德的哲学反思[J]. 教育研究与实验，2003(3)：25-30.

法制社会，强调教师专业道德的高尚性就违背了权利与义务的对等性，超过了教师所能承受的范围，使教师不得不付出身体、精神等方面的代价，甚至牺牲个人幸福，如投身工作而淡漠亲情、友情等，这对于教师来说是不合理的要求。

事实上，崇高师德和底线师德之间不是非此即彼的极端对立关系，而是一种相互支持的共生关系。底线师德是基础性的，具有逻辑优先性。确立师德底线是师德建设的基础，是促使千百万普通教师成为合格教师的根基。

（二）从拓展性师德转向专业化师德

长期以来，我国比较重视师德的示范功能，认为教师是学生学习的榜样，教师的思想政治素质和职业道德水平直接关系到中小学德育工作状况和亿万青少年的健康成长。学生需要从教师身上模仿的是社会上普遍需要的优良的思想、政治、法纪和道德等各方面的素质，因而一般认为师德应该是拓展性的，应该超越教师职业和道德范围，包括思想、政治、法纪和道德诸方面。

近年来，拓展性的师德观念受到一系列质疑。师德应该充分反映教师职业的特点，不能也不应该对教师的个人道德、家庭道德和其他公共道德做出强制性要求。如果将这些道德规范纳入师德，就会冲淡师德的专业特性，不利于具体而深入地思考师德的专业特点，不利于建设一套充分体现教育工作要求和特点的专业道德规范。解决这一问题的前提是要将拓展性师德观念转向专业化师德观念。

从上述观点综述中不难看出，师德观念出现了回归道德领域、凸显专业特性的趋势。专业化师德与拓展性师德相比较更具必要性、基础性。今天，约束和禁止教师侵害专业服务对象的基本权益要比要求教师示范某些德性更为重要，更是一种前提性的师德要求。

（三）从抽象化师德转向实践性师德

以往的师德教育一般采取内化抽象化师德条规的师德教育模式，常见的内化方式是诉诸师德榜样的情感教育，即用反映道德训令的先进师德典型报告或故事来劝勉广大教师追慕先进，践履师德。

但是，这种内化教育的效果似乎不佳，纵使师德典型报告或故事极具感染力，赢得教师的共鸣和认同，但广大教师始终认为道德训令抽象，典型故事遥远，与自我的教育实践缺乏关联而少有助益。进而言之，抽象化的师德条规遮蔽了师德的实践脉络，排除了教师个体的参与，使得教师处于由外而内的“被师德”状态。

因此，师德建设需要实现从抽象化师德向实践性师德转换，将师德植根于教师从事的复杂性教育实践之中，将师德培训立足于解除教师实践焦虑的需要。师德建设需要调整思路、转换视角，应该回归教育职场，使教师在职场中、在追求专业成长的过程中成为师德建设的积极主体，实现教师道德的自主发展。①

---

① 王凯. 近年来我国师德观念发展的三大趋势[J]. 中国教育学刊，2013(1)：49－52.

综上所述，教师职业道德的要求在不同的时代会呈现不同的特点。当前，教师职业道德应凸显以下特点：平等的关怀、多样的激励、统整的教育、自觉的反思、同侪的分享。

第二节　教师职业道德的发展

想一想

在教师职业道德发展的历程中，古今中外，不同社会、不同历史时期都会呈现出具有代表性的人物与观念。教师职业道德发展一般会经历哪些典型的阶段？每个阶段又会呈现怎样的发展态势？中西方教师职业道德存在哪些差异？

一、中国教师职业道德的产生与发展

在世界各个民族中，中华民族是最为重视教育与文化传承的伟大民族之一。正是由于一代又一代的思想家和教育工作者的持续努力，才使中华民族的文化历史数千年来未曾中断。从孔子到韩愈，再到新民主主义时期的陶行知，大批仁人志士不但热心投身教育，而且阐明了许多有价值的为师之道与师德思想，为现阶段教师职业道德建设提供了宝贵的精神财富。

（一）中国古代教师职业道德的形成

1. 奴隶社会时期师德理论的萌芽

我国早在奴隶制的西周时期，就出现了专门的教育机构，同时设有专职的教育管理官员，但教师是由各级官吏兼任，官员即教师，“学在官府”，“政教合一”，官师不分。“太师”是周代国君辅弼之官，“师”在《周礼》中为教国子之官、国君之师。由此引申为带领与教导众人的师长之称，进而将专门传授各项知识技艺与人伦道德者都称之为“师”。那时的教师尚不是一个独立的职业，也就没有专门的从事教育职业的老师所应遵守的职业道德要求，师德蕴含在“官德”之中。

课程思政

孔子独特的师德观成为后世为师者的指导思想，其身体力行的师范行为，成为后来为师者的榜样。孔子师德观的核心：在教育对象上，提出了“有教无类”的仁爱思想；在教学态度上，始终坚持“诲人不倦”的乐道精神；在培养学生的过程中，坚持身体力行的示范精神；在教育教学中，实施“因材施教”“启发诱导”，为学生做出勤学、勤思、多闻的示范。请概括孔子的师德观。

2. 封建社会初期师德理论的雏形

春秋战国时期，在奴隶制向封建制过渡过程中，私学兴起，不仅打破了“学在官府”的旧格局，而且使教育活动从政治活动中分离出来，教师从官吏中分离出来，民间职业化的教师随之出现，真正意义上的教师职业道德逐渐形成。孔子是兴办私学的典型代表，被尊为“万世师表”。经过几十年的教学实践和探索，他不仅创造了许多符合教育规律的教学方法和原则，树立了良好的师德典范，还提出了一整套教师职业道德思想体系，并对以后两千多年的教师职业道德思想产生深远的影响。孔子开创的师德传统，最珍贵的就是他毕生“学而不厌，诲人不倦”，“发愤忘食，乐以忘忧”，无怨无悔的敬业、乐业、勤业、精业精神。孔子认为，无论从政还是为师，都必须以身作则，自己行为不端正，就不能匡正别人；他说“子帅以正，孰敢不正”，“其身正，不令而行，其身不正，虽令不从”。只要为师为长者做出榜样和表率来，别人自然会跟着学。如果教师只重言教，“不能正其身”，就会使学生感到教师言不由衷，口是心非，而失去教育的力量。

继孔子之后，孟子进一步发展和完善了孔子的教师职业道德思想，提出要“以其昭昭，使人昭昭”，而不可“以其昏昏，使人昭昭”。他强调“教者必以正”，教师要以身作则，以“慎独”的修养方法，提高自我道德水平。

其后，荀子非常注重教师的地位，将师与君相提并论，认为是治国之本。强调教师劳动对于人的优良的思想品德的形成至关重要，全社会都应尊师重教，而教师也应注重德行，加强自身的素质修养。荀子说的“礼者，所以正身也；师者，所以正礼也”，明示了教师在引导人的行为举止、塑造人的道德品质方面的作用。他还为教师从教提出了四个必备条件：“尊严而惮”“耆艾而信”“诵说而不陵不犯”“知微而论”。这里，荀子把教师的德行、信仰、能力、知识及其在学生中的威望统一起来作为教师职业道德的基本要求，将教师职业道德思想又向前推进了一大步。

与此同时，墨、法等各家各派也都纷纷招生授徒，大大促进了教育的发展。《墨子·尚贤上》篇云：“况又有贤良之士，厚乎德行，辩乎言谈，博乎道术者乎，此固国家之珍，而社稷之佐也。”墨子所言的“厚乎德行”，指的就是道德品质高尚。

3. 封建社会兴起时期师德理论的完善

汉唐时期，是我国封建社会逐渐兴起并走向鼎盛的时期，封建的意识形态趋于完善。在教师职业道德思想上，儒家职业道德思想占据了统治地位，由于肯定教师在育才和化民两方面的作用，统治者把教育看成是巩固“大一统”的重要工具，“德教为先”的理念受到推崇，学校教育大大发展，教师职业思想更加体系化、规范化。这一时期，代表性的教育家有董仲舒、韩愈等。

西汉董仲舒把“三纲五常”的道德教条作为教师职业道德的核心要求，并在这一原则下，对教师的道德品质、知识才干、言谈举止做了具体要求，要求教师加强修养、以身作则，“既美其道，又慎其行”。他还特别强调“学而不厌”的重要性，“强勉学问，则闻见博而知益明；强勉行道，则德日起而大有功”。教师学习上刻苦努力，就会学识广博，智慧日益明达；道义上肯于努力，品德就会日益积累，取得极大成绩。

董仲舒以后，在教师职业道德发展史上起着承前启后作用的是唐代的教育家韩愈。为了改变当时“师道之不传也久矣”的社会风气，他写了《师说》一文。《礼记·大学》早就指出：“大学之道，在明德，在亲民，在止于至善。”韩愈发展了《大学》的这一思想，在《师说》中明确提出了德教在教学中的地位：“师者，所以传道授业解惑也。”他认为教师要“以身立教”，必须率先垂范，身体力行，才能更好地培养学生。《师说》一文提出了教师如何处理政治与业务、德育与智育、教书与育人、教师与学生之间各种关系的行为规范，不仅大大丰富了我国古代教师职业道德理论，而且对后代师德思想的发展也产生了极大的影响。

4. 封建社会中后期师德理论的发展

宋元明清时期，以朱熹、王守仁、王夫之为代表的教育家把儒家的教师职业道德思想发展得更加完善和严格。这一时期的教师职业道德一个很大的特点是强调知行合一、言传身教。

南宋教育家朱熹在庐山东麓创办白鹿洞书院，并且在这里修订《白鹿洞书院教条》。《白鹿洞书院教条》既是学生求知问学的条规，也是教师从事教育的规范，这是我国古代第一次用学规的形式提出了对教师和学生的道德规范要求，也是关于师德规范较为完整、清晰的一次论述，因此，被后世历代教育家作为师德信条而奉持不渝。明代大学者、教育家王阳明就曾说过：“夫为学之方，白鹿之规尽矣。”朱熹在《白鹿洞书院教条》中指出，“博学”“审问”“慎思”“明辨”“笃行”是师生共勉的道德规范。他还非常注意教师躬行实践，认为“学之之博，未若知之之要；知之之要，未若行之之实”。要使道德修养达到目标，“功夫全在行上”。他强调教师应注意自己的道德品质修养，作为一个教师和学者要“立志”“主敬”“存养”“省察”。主张教人为学首先就要使学生明义理，会做人，而并非只是为学得杂博的知识，做些华丽文章，用以沽名钓誉，争权夺利。

明代著名哲学家与教育家王守仁又在此基础上提出了“致知力行”“知行合一”的主张，认为教师传道授业，应教学生以真知，注重知行并进。他说：“知是行的主意，行是知的功夫。知是行之始，行是知之成。若会得时，只说一个知，已自有行在，只说一个行，已自有知在。”这就是说，知中已有行，行中也有知，知与行是互相并进、互为渗透的。他还认为真知必能行，不能行则非真知：“未有知而不行者，知而不行，只是未知。”

明末清初思想家和教育家王夫之也十分重视教师与教师道德品质的问题，他认为：“师弟子者以道相交而为人伦之一，……故欲正天下之人心，须慎天下之师受。”这表明他重视教师的人选，认为教师是一种道义的化身，教师负有“正人心”的重要任务，因而教师的道德要求应该是高层次的。他还认为教师以身作则，言传身教，是陶冶和感化学生的根本。教师首先自己要立志向学，然后才可以为人之师。鉴于此，王夫之提倡要慎选人师，认为有两种人不能为师：“夫人之不可为师者有二：智辩有余者，偶而有所见及，即立为一说，而不顾其所学之本业，议论一新，人乐听之，而使学者迷于所守。诵习有功者，熟于其所传习，乃守其一说而不能达于义理之无穷，持之有故，自恃为得，而使学者无所复通。”王夫之认为这两种人皆为伪学者，都背离了为人师者的基本治学精神，不配为人师表。

纵观中国古代教师职业道德思想的形成与发展，“德教为先”的思想为我国封建社会历代统治者所推崇，成为我国传统师德理论的基石。在漫长的教育实践中，中国传统教师职业道德思想体系日趋完备，为人师表、言传身教、学而不厌、诲人不倦的师德传统逐渐形成。在长达几千年的历史长河中，中华民族先后涌现了一大批如孔子、孟子、荀子、董仲舒、韩愈、朱熹、王守仁、王夫之等闪烁着智慧和道德光芒的思想家、教育家，他们对教育理论的不懈探索和创新，推动中国传统教师职业道德思想体系一步步地走向成熟和完善。①

（二）中国近现代教师职业道德的发展

中国近现代教师职业道德是在继承中国古代教师职业道德思想的基础上发展起来的，是中国近现代社会状况，特别是中国文化教育状况的反映。由于中国的近代和现代是性质截然不同的两个时期，因此，中国近代和现代的教师职业道德有本质的区别。

1. 中国近代的师德思想

中国近代社会的师德思想是伴随着对封建主义教育的揭露和批判形成的，不少教育家、政治家和学者从不同的方面对教育进行了较为全面的论述，对教师职业道德提出了全新的社会要求，形成了带有中国社会特点的中国近代资产阶级的教师职业道德思想。中国近代的教师职业道德思想主要表现在以下三个方面：

第一，重视教育、教师的作用，倡导师德修养。这是近代中国教育家在继承中国古代教师职业道德思想的基础上进一步提出的，是中国近代教育家共同的师德思想。康有为（1858—1927）非常重视教育的作用，把教育事业当作政治改良、救亡图存、振兴中国的重要手段。在《大同书》里，康有为对未来理想世界的教育制度做了描绘，对各级学校教师的道德品质提出了具体的要求。如：小学教师要“静细慈和”，“有耐心、有恒心”，“德行仁慈，威仪端正，学问通达，诲诱不倦”；中学教师要“行谊方正，德行仁明，文学广博，思悟通妙，而又诲人不倦，慈幼有恒”。

梁启超（1873—1929）作为康有为的学生，深受康有为教育思想的影响，十分重视教师的作用。他在《论师范》一文中写道：“故夫师也者，学子之根核也。师道不立，而欲学术之能善，是犹种稂莠之求根苗，未能有获也。”他要求教师以国家民族利益为重，“以终身教育为职志，教育之外，无论任何事，均非所计；又须头脑明净，识见卓越，然后就能负此重任”。

第二，提倡“经世致用”，强调实际行动。这是近代教育家提出的带有时代特色的职业道德要求。资产阶级改良主义的启蒙思想家魏源（1794—1857），是第一个积极寻求有关资本主义世界的知识和热心研究当时中国实际问题的学者。他强调教师要以培养学生解决实际社会问题的能力为己任，教会学生向西方学习，从而实现“师夷长技以制夷”的目的。

第三，强调尊重学生人格和尊严，发展学生的自然个性。蔡元培（1868—1940）非常

① 张婧，邢维全．中国传统师德理论的发展脉络[J]．辽宁行政学院学报，2012(11)：111-112.

重视教师职业道德修养，认为教师就是人之楷模。1917 年，他就任北大校长，提出实行“思想自由、兼容并包”的办学方针，号召师生提倡道德，整顿风纪，并对教师提出了具体的要求：不嫖、不赌、不娶妾，束身自爱，自觉培养谦虚、正直、爱国、爱生等品质及教育自由、平等、博爱的思想。

2. 中国现代的师德思想

1919 年五四运动的爆发，揭开了中国现代史的序幕。随着中国共产党领导的新民主主义革命运动的蓬勃发展，新民主主义的教育也发展到了新的阶段。在发展人民教育事业的过程中，在同各种资产阶级思想和其他腐朽没落思想以及反对敌人文化“围剿”的斗争中，涌现出许多具有真知灼见的无产阶级文化战士、教育理论家和教育家，如李大钊、鲁迅、徐特立、陶行知等，他们有关教师职业道德的理论和实践，为社会主义教师职业道德的形成和发展做出了突出贡献，在中国现代教育史上书写了光辉的一页。特别是伟大的人民教育家陶行知先生(1891—1946)，毕生致力于大众教育事业，提出“生活教育理论”。陶行知先生对教师职业道德做了总结与概括，并从四个方面对教师的职业行为提出了要求：第一，“信仰国家教育事业为主要生活”，强调教师必须忠于教育事业，“捧着一颗心来，不带半根草去”；第二，对于“学生之能力应有彻底之了解”；第三，“对于将来担任之功课有充分的准备”，而要准备好一切，首要的任务就是学习；第四，要以身作则，为人师表。教师的职务是“千教万教，教人求真”，学生的职务是“千学万学，学做真人”。因此，教师要有高尚的道德品质。①

课程思政

2021 年 3 月 6 日下午，习近平总书记在看望参加全国政协十三届四次会议的医药卫生界、教育界委员，并参加联组会时指出，要把师德师风建设摆在首要位置，引导广大教师继承发扬老一辈教育工作者“捧着一颗心来，不带半根草去”的精神，以赤诚之心、奉献之心、仁爱之心投身教育事业。“捧着一颗心来，不带半根草去”，出自人民教育家陶行知的笔下。1929 年 6 月 6 日，在江苏淮安新安小学正式成立。陶行知躬体力行，亲任新安学校的校长。当时没有一分钱用来办学，新安小学是“无经费、无人员、无校舍”的学校，校舍只能容身在破庙里。陶行知专门为新安的师生题写了一副对联——“捧着一颗心来，不带半根草去”，鼓舞他们不怕困难，坚持把学校办下去。《生活的书》中陶行知这样写道：“我已下定心。愿为新安小学托钵化缘……”②

---

① 杨芷英，刘雪松. 教师职业道德[M]. 北京：高等教育出版社，2013：61 - 66.

② 沈东方. “捧着一颗心来，不带半根草去”他的精神闪耀至今[EB/OL]. https://www.ccdi.gov.cn/yaowen/202103/t20210307_237360.html.

（三）改革开放后教师职业道德规范体系的演变与发展

新中国成立后，中国共产党领导中国人民走上了社会主义革命和社会主义建设的道路，教育事业取得了长足的进步，教师职业道德建设也走上了系统化的轨道。如：1962 年到 1963 年，教育部分别颁发了小学、中学、大学的工作条例，对教师职业道德提出了明确的要求。但是，在“文化大革命”期间，由于极“左”思潮的影响，教育主管部门与学校都犯了许多错误，扭曲了教师的人格，严重冲击了教师的职业素质及其道德修养，对教师职业道德建设造成了恶劣的影响。党的十一届三中全会以后，我党在正确认识中国国情的前提下，改革与创新，教师职业道德建设也得到了进一步加强。国家教育主管部门先后四次颁发或修订教师职业道德规范的相关文件，使教师职业道德建设得以不断完善和发展。1984 年，教育部和全国教育总工会就联合颁布了一套《中小学教师职业道德要求（试行草案）》；1991 年，国家教委和全国教育工会对该草案进行修订，颁布了正式的《中小学教师职业道德规范》；1997 年为了整顿行风，加强师德建设，又对这套规范进行了修订；2008 年，教育部和教科文卫体工会全国委员会根据形势的要求，再次对正式实施的《中小学教师职业道德规范》进行了修订。

我国《中小学教师职业道德规范》（2008 年版）（以下简称《道德规范》）的形成经历了一个不断修订的过程。1984 年由国家教委、全国教育工会联合制定了《中小学教师职业道德要求（试行）》文本，这是其最初的形态。1991 年，全国教育工会和国家教育委员会对其进行了修订，更名为《中小学教师职业道德规范》。之后，又分别于 1997 年和 2008 年两次对其进行了重新修订。《道德规范》（1997 年版）由八条目（依法执教、爱岗敬业、热爱学生、严谨治学、团结协作、尊重家长、廉洁从教、为人师表）和 51 条行为准则组成。《道德规范》（2008 年版）由六条目（爱国守法、爱岗敬业、关爱学生、教书育人、为人师表、终身学习）和 59 条行为准则组成。《道德规范》（2008 年版）的文本特征为：

第一，从形式上看，精简了原有版本的条目，但内涵更加丰富；增加了“教书育人”和“终身学习”条目，旨在强化教师职业的专门性。尽管条目从 1997 年版的八条减为六条，但涵盖了 1997 年版的所有内容，如 1997 年版中的条目：“依法执教”“团结协作”“尊重家长”“廉洁从教”和“严谨治学”分别成为 2008 年版“爱国守法”“为人师表”和“终身学习”的行为准则。所增加的“教书育人”条目和相应的准则：“遵循教育规律，实施素质教育。循循善诱，诲人不倦，因材施教”，“培养学生良好品行，激发学生创新精神，促进学生全面发展。不以分数作为评价学生的唯一标准”，很显然是对教师职业道德规范的职业性和专门性的强化。

第二，从内容上看，较为完整地辐射到了教师职业中的各类人际关系，具体如：教师如何对待教育事业，对待学生、对待教师群体、对待家长以及自己。《道德规范》对教师如何处理这些关系有明确的规定，如：“忠诚于人民教育事业”“关心爱护全体学生，尊重学生人格，平等公正对待学生”“关心集体，团结协作，尊重同事，尊重家长”“潜心钻研业务，勇于探索创新，不断提高专业素养和教育教学水平”等。

第三，从任务上看，力求使教师职业道德理想和信念、职业道德原则和教学活动行为准则融为一体，所发挥的是思想境界提升，个人道德修养水平提高和行为准则遵循的多层次和多方面的功能。如："甘为人梯，乐于奉献"体现的是教师应具有的职业道德理想和信念；"遵循教育规律，实施素质教育，循循善诱，诲人不倦，因材施教"体现的是教师应遵循的职业道德原则；"认真备课上课，认真批改作业，认真辅导学生，不得敷衍塞责"，"自觉抵制有偿家教，不利用职务之便谋取私利"体现的是教师在教学活动中应遵循的行为准则。

第四，从表述用语上看，《道德规范》的每一条款用的都是短语，采用的是以正面引导和行为建议为主的表达方式，如"关爱学生"条目下的各款："关心爱护全体学生，尊重学生人格，平等公正对待学生。对学生严慈相济，做学生良师益友。保护学生安全，关心学生健康，维护学生权益。不讽刺、挖苦、歧视学生，不体罚或变相体罚学生"，都是对教师行为具有引导性和建设性的规范，不具有法律效力般的强制性。

二、西方教师职业道德的发展

(一) 古希腊、罗马时期的师德观

古希腊、罗马时期的师德观主要有两种：一种认为教师对学生应该严格，使得学生绝对服从，提倡对学生实施体罚。柏拉图提出必须使儿童服从教师，由教师对儿童进行经常监督，如果他们不服从，就使用"威胁和殴打"。甚至对于儿童的游戏，他也非常强调纪律，认为"如果游戏中缺乏纪律，儿童与之同化，要求他们长大后成为严肃而守法的人们是不可能了"。另一种观点认为教师应对学生友善，应依靠自身的才德把学生教育成为品德高尚的人。希腊哲学家德谟克利特认为教师应教育学生多动脑筋，勤于思考，"应该尽力想得更多，而不是知道得更多"。亚里士多德强调通过实践养成良好的习惯，他是西方最早提倡"习惯成自然"的人，他还要求教师必须在学习、品德、人格、习惯上为学生树立良好的榜样，为人师表。昆体良是西方第一个系统论述教师职业道德的人，他认为，要做好教育教学工作，要培养完美的雄辩家，教师是至关重要的。昆体良对教师提出了极高的要求，首先，教师必须在道德上是值得学习的榜样，他既不能允许学生失德，更不能允许自己失德；其次，教师要以父母般的感情对待自己的学生，既爱护备至，又严格要求。

(二) 中世纪的师德观

托马斯·阿奎那提出："在教学过程中，教师应当充分考虑到学生的心智活动状况和学生的个人经验以及接受知识的能力，努力调动学生的积极性，激发学生的思考，避免盲目地向学生灌输知识，与此同时，教师应当考虑到学生的个性差异。"经院哲学家安瑟伦在与一位修道院院长谈话时，阐发了关于教师职业道德的见解。他说："一个著名的教育制度却正在把人变成牲口。告诉我，如果在你的庭院中种一棵树，你紧紧地把它绑起来，不给它生长枝叶的地方，结果会是什么呢？这些可怜的孩子交给你了，你就应该帮助他们成长，使他们思想成熟；但是如果不给他们自由，其身心发展必遭挫折。如

果从你这里得不到温存，他们就将从错误的角度来看待一切。”

（三）文艺复兴时期的师德观

文艺复兴时期的教育思想家反对教师的权威主义和对学生的体罚，崇尚自由精神。他们期望发展儿童的积极性和独立性，并激发儿童的创造性。意大利人文主义教育家维多里诺主张对学生实行自治，减少惩戒，禁止体罚。维夫斯要求教师尊重儿童，在他看来，“没有比教师用残酷和威胁、发怒和鞭打，要求幼小儿童做这做那，更为愚蠢的了。这样的老师，他们自己就应该被鞭打”①。伊拉斯谟认为教师应关心儿童的身心发展，尊重儿童的个性，要鼓励与严厉并重，采取中庸之道，在对学生有深入了解的基础上，去说服教育学生。文艺复兴时期关于师德问题还非常强调教师自身素质，强调教师要德才兼备。夸美纽斯在《组织完善的学校的要法》一文中宣称：“教师的职责伟大而光荣，教师是太阳底下最光辉的职业，教师要充分了解自己职业的社会意义，充满自尊心和自信心，加强品德修养，成为道德卓越的人；教师的职责在于用善良的范例，以诚恳、积极、顽强的态度去诱导学生，做学生的表率；教师应当无限热爱自己的工作，教师自己愈是热忱，他的学生愈会显得热心。”在乌克兰和白俄罗斯，有的学校规定了教师应具有的品质，“教师还必须教导并热爱所有儿童，不论是富家子弟和贫苦孤儿，或是那些街头行乞的丐童，都应一视同仁。教导儿童应该视其才力之所能及，不得对某些学生努力教导，而对另一些学生教导不力”。

（四）近代师德观

近代师德观强调两种观点。一种是教师要培养学生在德、智、体各方面的能力。英国教育家洛克认为教师的责任是培养学生的绅士风度，使其形成良好习惯，怀抱德行和智慧，在学生需要的时候，给他力量、活力和勉励。瑞士著名教育家裴斯泰洛齐认为，教师要引导学生向善，激发他们纯洁的、高尚的道德情感，使学生认识到善，具有纯净的心灵。他明确指出：“我的初等教育思想，在于依照自然法则，发展儿童道德、智慧和身体各方面的能力，而这些能力的发展，又必须顾及它们的完全平衡。”另外一种观点是教师要顺应儿童成长的层次性、规律性组织教学，顺应儿童的身心发展进行教育。卢梭在《爱弥儿》中比喻道：自然自由地发展就意味着植物那样生长发育。这样教师也就像园丁一样精心护理，给儿童提供一个“自我开拓心灵”的空间。福禄培尔也认为，教育要遵循适应自然万物发展的正确道路，要遵循儿童的天性，他认为儿童的天性是善的。

（五）现代教师职业道德

苏联的教师职业道德侧重于教师自身的品质培养，强调教师的集体主义。克鲁普斯卡娅认为，教师应当善于把学生的工作变成集体的劳动，要求教师以尊重和人道的态度对待每个孩子，不管他们家长的社会出身如何；她还认为教师的道德修养具有很大的

① 杨汉麟.外国幼儿教育名著选读[M].武汉：华中师范大学出版社，2008：60.

意义，学校的教育质量取决于教师本身。马卡连柯特别强调教师集体，他认为教师的言谈举止、举手投足都要时刻注意为人师表，为学生做榜样。苏霍姆林斯基强调教师要树立崇高的生活目的和高尚的道德情操，为人师表，他认为教师要有渊博的知识。

杜威提出了著名的"儿童中心说"，他强调为适应民主主义新教育的要求，教师必须有渊博的知识和教育专业方面的理论修养，要求教师尊重、爱护儿童，保护儿童的天性。美国现代教师职业道德的研究，大致是从20世纪20年代开始的，当时，一些学者用实证研究方法，比较系统地分析了教师的品质人格，概括了25项教师职业应有的品质，如诚实、热心、好学等。1948年，全美教育委员会所属的师范教育委员会，向全国教师发表了题为《我们时代的教师》的报告，对教师应当具备的职业道德品质提出了13项详细的要求和指导。1968年，美国国家教育协会正式制定了《教育职业伦理准则》，这个准则成为受到学校聘用与获得教师许可证的基本条件。20世纪70年代后，美国教育界继续对教师道德行为和品质进行研究，实现了由重视"专业地位"提升的教师专业化发展到20世纪80年代关注"专业素质"提高的教师专业化发展的转变。

随着各国对教师素质的关注，一些国家在制定教师职业道德规范的同时，也开始了教师专业化的标准建设。如英国在20世纪70年代建立起现代教师培养制度，20世纪80年代末之后，构建了发展性教师评价制度、校本培训模式等。20世纪90年代的英国教育改革以《1988年教育改革法》的颁布为标志，建立了全国标准培训课程和统一的评审制度。

总之，现代西方教师职业道德的发展趋势表现为：教师职业道德规范不断走向专业化；教师职业道德结构层次不断趋于专业化；将师生关系作为教师职业道德规范的核心内容；将内化渗透作为教师职业道德教育的主要方式。①

第三节　教师职业道德建设

想一想

张老师新承担了一个班的教学任务。当他发现班上孙同学基础很差，跟不上教学进度后，便利用课余时间经常为其补课。经过半学期的努力，孙同学赶上了班上的进度。期中考试后，其家长看到孩子从来没有取得如此好的成绩，便带着一大堆高级礼品来向张老师致谢，并一再言明完全是出于对张老师的感激之情，请张老师无论如何不能推辞。如果你是张老师，该怎么办？②

《中小学教育惩戒规则（试行）》于2021年3月开始实施。长期以来教育惩戒问题一直是教育领域中央关心、社会关注、群众关切的热点问题。2019年6月，《中共中

① 李国庆，赵国金. 西方教师职业道德发展研究及借鉴[J]. 高校教育管理，2011，5(5)：51－52.
② 杨芷英，刘雪松. 教师职业道德[M]. 北京：高等教育出版社，2013：128.

央 国务院关于深化教育教学改革全面提高义务教育质量的意见》对制定教育惩戒有关实施细则提出明确要求。中央领导同志多次做出指示批示，"两会"代表、委员提出许多有关建议、提案，基层学校校长、教师普遍希望国家明确规则，解决老师不敢管、不愿管、不会管学生这一突出问题，大多数家长也对此表示支持。在教育惩戒问题上，教师往往因为缺乏对尺度的掌控而滑入师德"失范"的深渊。那么如何让教育惩戒有尺度、有温度?①

当前，我国教师的职业道德存在某些失范现象，比如，职业理想动摇，职业价值偏离；敬业意识淡薄，职业态度欠缺；职业操守缺失，职业责任模糊；职业技能低下，职业学术异化。② 同样，教师职业道德建设也存在一系列问题，重制度和规范发布，轻信念和心灵培育；重教师的正规学习，轻教师的非正规学习；重个体经验成长，轻学习发展共同体文化建设；重政治化，轻专业化；重约束，轻激励。③ 上述问题如果不加以重视，势必影响教师的整体形象，影响人才培养的质量。

教师职业道德规范应该是"职业的、道德的、人性的、具体的"④。教师职业道德不应只是抽象、外在的束缚教师、制约教师的规则和工具，它应该是帮助其优化教学本职工作，促进教师人格提升的精神武器。教师职业道德建设应当遵循师德底线原则、可操作性原则与专业性原则，必须建立一种专业化的眼光，必须更多地从专业标准的角度去设计，而不是从道德标准的角度去思考。教师职业伦理发展的最重要成果是从身份伦理向专业伦理的转换，充分考虑教育教学工作的特殊性和行业性特点。专业伦理仅在专业范围内起作用，主要靠专业人员的道德自律；专业伦理必须有专业知识和技术作为支持，若无专业知识和技术，行为就会鲁莽，甚至伤害所要对待的生命或社会。因此，要多管齐下，重建教师职业道德，努力提升教师的职业道德修养。

一、社会要为教师职业道德建设提供良好的条件

(一) 营造良好的社会环境氛围，促进教师职业道德健康发展

社会大环境的改变并不是一件容易的事情，但大环境不改变，其他问题就难以解决。改变社会大环境是重建教师职业道德的一个重要路径，因为教师也是生活在现实社会中的人，不可避免要受到社会大环境的影响。因此社会需要形成一种弘扬正气、崇尚道德精神的风气，以此来创造一个更为纯净的社会环境，使教师的职业道德在良好的社会大环境下得以健康发展。

---

① http://www.moe.gov.cn/jyb_xwfb/s271/202012/t20201229_507960.html.

② 刘洁.教师职业道德的失范和建设[J].中国成人教育，2010(24):48.

③ 杨晓平，刘义兵.论教师专业伦理建设[J].中国教育学刊，2011(12):67-68.

④ 徐万山.教师需要什么样的职业道德规范[J].河南教育学院学报(哲学社会科学版)，2010(6):68-70.

(二) 以人为本，关心教师的物质需求与教师职业道德境界的提升

以人为本，就是一切从人的需要出发，实现人的全面发展，保障人的根本利益。国家和政府应遵循以人为本的原则，加大执法力度，维护教师的合法利益，增加教育投入，改善教师的经济待遇，让教师的收入与劳动付出相匹配，与社会经济发展水平保持一致。政府领导要理解和关心教师的疾苦，多办实事，切实解决他们生活中的各种困难，减轻他们过重的工作负担，使教师有时间和精力去提升自己的职业道德修养。

(三) 家长要转变观念，监督教师职业道德的体现

虽然学校是社会的一部分，但它应是一块净土。家长一定要转变观念，明确教师与学生、教师与家长之间不是金钱关系、物质关系。教育学生是教师的职责，把孩子培养成才是教师和家长的共同愿望，家长应配合教师有效地教育孩子，使他们健康成长。因此，家长应多与教师沟通，并提出合理的建议，以保证教育效果的最优化和教师职业道德的最佳体现。①

二、教育行政部门和学校要发挥教师职业道德建设的主渠道功能

(一) 完善师德考评机制

要形成一套完整的有关教师职业道德建设的管理、考核、监督和激励机制，形成严明的纪律。要把好教师准入关，把品德和教师职业道德作为入职考核必备的一项内容；要建立多元、科学的教师评价机制，把教师职业道德放在首位，并严格按制度进行监督、检查和奖惩。2020 年 10 月，中共中央　国务院印发的《深化新时代教育评价改革总体方案》中要求“坚持把师德师风作为第一标准。坚决克服重科研轻教学、重教书轻育人等现象，把师德表现作为教师资格定期注册、业绩考核、职称评聘、评优奖励首要要求，强化教师思想政治素质考察，推动师德师风建设常态化、长效化。”②

课程思政

中共中央　国务院印发《深化新时代教育评价改革总体方案》，明确要坚持把师德师风作为第一标准。坚决克服重科研轻教学、重教书轻育人等现象，把师德表现作为教师资格定期注册、业绩考核、职称评聘、评优奖励首要要求，强化教师思想政治素质考察，推动师德师风建设常态化、长效化。健全教师荣誉制度，发挥典型示范引领作用。全面落实新时代幼儿园、中小学、高校教师职业行为准则，建立师

① 李艳丽. 教师职业道德的失范与重建[J]. 现代中小学教育，2012(6)：55 - 56.

② 中共中央、国务院. 深化新时代教育评价改革总体方案[EB/OL]. http://www.gov.cn/zhengce/2020-10/13/content_5551032.htm，2020 - 10 - 13.

德失范行为通报警示制度。对出现严重师德师风问题的教师，探索实施教育全行业禁入制度。请结合当前的师德考核实际，谈谈应如何对照“总体方案”要求进行完善？

首先，应当明确师德考核要解决的问题、能解决的问题以及怎样的师德考核最为合理；而且要分离师德评价与师德问责，明确不同主体在师德考核中的责任分工。①

其次，师德量化考核最首要的任务是建立起具体的而不是笼统的教师道德规范条文。一是要界定师德的范畴，不要把非道德的东西看成是道德，为此必须区分道德规范和行为规范，把行为规范或者说是纪律从教师道德规范中剥离出来。把道德的归道德，把纪律的归纪律，把行为规范的归行为规范，分别建立起各自的量化标准和考核指标系统。二是把道德尽可能上升为规范性的东西，不要停止在空洞的条文表达上。教师职业道德规范的量化考核是个非常棘手的问题，或许某些规定挫伤了教师的积极性，甚至是对教师的不道德的惩戒，但我们可以通过制度设计进行弥补。②

再次，专业处罚制度的健全是教师伦理建设的重要一环。西方发达国家比较重视在师德规范中设置处罚的相关条款。相比之下，我国的专业处罚制度设置得比较晚。2018 年教育部印发《中小学教师违反职业道德行为处理办法(2018 年修订)》，对教师失职失德的行为进行了明确界定，明确定义了教师失职、失德行为，并制定相应的处罚条例。③ 这个《处理办法》的制定，对教师的规范意义很大，也标志着我国对教师违反师德师风行为的专业处罚制度日益健全。

(二) 提高对教师职业道德建设的认识

教师担负着培养社会主义建设者和接班人的使命，教师职业道德状况如何不仅关系到青少年的健康成长，而且关系到民族整体素质的提高。因此学校领导要提高认识，正确处理教学与职业道德建设的关系，把教师职业道德建设当作一件重要的大事来抓，确立教师职业道德建设的目标，加强对教师的职业道德教育，弘扬教师职业道德精神，形成关注教师职业道德的舆论氛围，以促进良好教师职业道德的重建。

(三) 建立新型的教师群体文化

新型教师群体文化强调教师间的合作、交流和分享。教师要有合作意识，在教育教学工作的相互交往中，超越自我的利益局限以及纯粹个人的反思，共同开发课程，合作备课，协同施教，相互讨论，共享资源、经验和理念，建立学习型的教师群体，将合作精神

---

① 周兴国. 作为制度设计的师德考核：困境与反思[J]. 中国教育学刊，2011(1)：31 - 32.

② 潘希武. 师德量化考核的限度及其消极性[J]. 上海教育科研，2010(8)：58.

③ 教育部. 教育部关于印发《中小学教师违反职业道德行为处理办法(2018 年修订)》的通知. http://www.moe.gov.cn/srcsite/A10/s7002/201811/t20181115_354924.html，2018 - 11 - 14.

和同事情谊体现于每天的教育教学生活中。同时，教师间要经常交流，通过交流，一起分享彼此的经验和感悟，分享专业成长和教学成功的快乐。总之，通过合作、交流和分享，拓宽每个人的思路，激发彼此的创新欲望和创新潜能，并由此形成一个敢于探索、善于发现的创造型的教师群体。这种浓厚的合作氛围将促使教师群体形成一种合力，增强凝聚力，这也会对学生产生积极的影响。

（四）教师教育中加强道德教育和教师职业道德的内容

我们历来用德才兼备作为评价人才的标准，这一点对教师来说尤为重要，因为教师的职责是培养人，而且是成长发展中的人，教师的素养如何，直接影响到学生的成长。师范院校又是培养教师的摇篮，师范生在接受专业教育过程中，就应逐步提高道德和职业道德修养。因此，师范院校除了加强对师范生的专业知识学习和专业技能的培养和训练外，还必须加强对他们的道德教育和职业道德教育，把道德教育和职业道德教育有机地融合到一起，建立新的课程体系，突出道德和职业道德教育的内容，并将其落到实处，使师范生不但博学多才，而且具有高尚的道德情操和优秀的职业道德品质，保证走出师范院校的学生是真正合格的未来教师。

（五）立足教育活动磨炼教师的德性

教师专业规范的建立必须以道德规范的建立为前提，只有将道德标准与教师的专业标准完美地结合在一起，才有可能建立真正具有影响力的教师职业道德规范体系。教师的道德成长与专业成长是内在一致、并行不悖的。因此，在教师专业化的过程中，要重视开发教师的职业认知、情感和态度，重视教师创造热情的激发、审美意识的体验、审美能力的生成以及教师自身生命成长的价值追求与生活体验的过程。教师的专业成长、教师伦理道德的形成最根本的在于职场的锤炼，教师的每一种职业道德品质生长的土壤都在教育教学生动、丰富而复杂的情境中。教师是通过每日每时的教学，通过每日每时与孩子的交往来成就自己的师德的。因此，教师道德的建设不能脱离具体的教育教学实践，不能脱离教师工作职场。教师要在工作中、在教育活动的职场中有意识地加深对教育专业伦理性的认识、反思自己的道德实践，特别是要有意识地培养道德敏感性，并在道德实践中不断思考教育伦理问题，掌握处理教育伦理问题的策略。①

教学道德是教师职业道德中的专业道德，教师在专业发展的过程中，要十分重视教学道德素养的提升，并且在教学实践的各个环节，把握和遵循教学的道德性原则。促进学生发展是教师教学道德的逻辑起点。首先，尊重并促进学生个性发展，尊重个别差异、因材施教是教师教学道德的根本要求。其次，实施主体性教学，在价值观念上，把人塑造成社会本位前提下的以能力本位为价值取向的人；在道德品德上，把人塑造成独立进行道德判断抉择、道德自律并自觉承担道德责任的人；在能力水平上，把人塑造成具

---

① 朱小蔓.回归教育职场回归教师主体——新时期师德建设的思考[J].中国教育学刊，2007(10):7.

有成就意识并具有专业才能的人；在精神状态上，把人塑造成具有艰苦创业、开拓进取和积极竞争的精神状态的人；在社会心理上，把人塑造成具有独创个性并恪守原则规范的人；在思维方式上，把人塑造成具有健康理性的人。主体性教学的实质是把人塑造成重能力本位，有道德自律、专业才能、创业精神、原则纪律、健康理性的人。最后，关注学生的持续发展，学生的发展有阶段性，也需要持续性，合道德的教学促进学生发展，应当是发展的阶段性和持续性的统一。①

（六）赋予教师更多的专业自主权

加强教师道德建设还要求学校赋权。一般而言，促进教师成长的要素有三个：一定的专业化标准；教师的成就动机及对职业的信心；健康的、能保障教师奋发向上的、同侪相互激励与欣赏的组织文化。国内外一些教师发展较好的学校也有一条基本的经验，即建立师生之间、教师同侪之间、教师与家长之间积极的相互学习关系，使学校成为有良好精神氛围的学习共同体。为此，学校管理者要充分信任每一位教师，给教师一定的自主权，发挥教师教育创造的能力，使教师在自主、自觉的教育教学活动中成就自己的师德。

传统范式的教学追求的目标是封闭的、线性的、机械的、指令性的，既不由教师决定，也不由学生决定。“教师只不过是些公仆，其职责是将别人做出的决定付诸行动，传递别人的邮件。”新的教师专业化理论则认为教师应该不断增加对有关教学内容、课程、评价等问题行使自由决断的机会和责任。素质教育提出的“以培养实践能力和创新精神为抓手”的设想，则是力求充分发挥学生学习的主动性和创造性，为学生个性发展提供最大空间，从而培养多元发展的人才。随着教育改革的深入与发展，课程体系的变化、教材多元化机制都已引入基础教育，预示着教育及其管理的重心逐步下移，日趋显示出以学校为本、教师为本以及学生为本的思想。地方课程、校本课程的开发设计，选用什么教材，如何在教学过程中培养学生实践能力和创新素质，都必须以教师的积极性、主动性发挥为基础，我们必须从更高的高度认识这一问题，即专业自主权不单单是给教师一点教育权利的问题，而是教师自身职业道德专业特性发展的根本需要。②

三、教师要加强自我修养

教师是师德建设的主体，师德建设要充分尊重并发挥教师的自主性，使提高师德真正成为教师的一种自我成长需要。师德既是客观、外在的规则和秩序，更是职业的内在要求。教师只有不断加强师德修养，才能获得教学的成功，赢得学生的信赖，也才能生发职业的幸福感，不断地强化对教育工作的信念。教师要通过长期的、尽可能丰富的阅读、反思、与学生的交往、参与公益活动以及服务性学习等来增进自己对教育、对孩子的

---

① 曹辉.教师专业发展中的教学道德素养及其实践内涵[J].河北师范大学学报(教育科学版),2011(8):26.

② 向华.教师专业化与教师职业道德专业特性探析[J].中国成人教育,2011(7):43.

认识,学会和学生打交道。

(一) 勤于读书

读书有利于提高道德认识水平,培养优良的师德品质,它对师德成长是非常重要的。教师通过读书,可以不受时空的限制,以最小的生活成本获取宝贵的生活经验。当今时代,知识更新的速度日益加快,任何人不加强学习就只能落后。“今天世界整体上的演变如此迅速,以致教师和大部分其他职业的成员从此不得不接受这一事实,即他们的入门培训对他们的余生来说是不够用的,他们必须在整个生存期间更新和改进自己的知识和技术。”[①]首先要学习理论,如马克思主义基本理论、教师职业道德理论和教育理论。因为马克思主义是师德修养的理论基础,教师职业道德理论是师德修养的指南,而学习教育理论可以提升教育技能修养。此外,还要学习文化科学知识,因为获取知识是个人道德修养的前提,良好的科学文化素质有利于道德的培养和完善。

课程思政

有研究认为,现代教师道德境界的修炼与养成,在一定程度上必须依赖于传统道德文化的熏陶与感化。师德建设应汲取我国古代传统师道营养,并从中华优秀传统师道思想中挖掘师德内涵。那么,应该如何通过读书等途径,深挖中国优秀传统文化中的师德思想?

(二) 躬于实践

实践是检验师德修养的试金石,也是师德成长的目的和归宿。教师德性是教师在教育教学过程中不断修养而形成的一种获得性的内在精神品质,既是教师人格特质化的品德,也是教师教育实践性凝聚而成的品质。师德成长的过程是教师在教育实践的过程中不断提高自身道德修养、充实自己、发现生活意义、获得自我实现的过程。坚持师德修养的实践导向,要求广大教师坚持修于心与践于行的统一,紧贴教育教学生活提升修养,在丰富生动的具体实践中历练品行。坚持师德修养的实践导向,要求教师把教育教学实践从生计的驱使向价值的实现提升,从任务的完成向主动性的创造提升,引领教师在实践中积累理性认识和情感体验,加强自我激励,博采众家之长,使师德修养融入真实的生活过程。

(三) 善于交往

人际交往为教师道德发展提供资源和平台,教师在人际交往特别是教师与学生、教师与教师、教师与家长的交往中获得并不断修正和完善自己的道德认识,陶冶道德情感,磨炼道德意志,形成切实有效的道德行为模式。与学生、家长等进行多方面的交流,

---

① 国际21世纪教育委员会. 教育:财富蕴藏其中[M]. 北京:教育科学出版社,1996:142 - 143.

使教师能切身体验和把握遵循不同道德规范所产生的不同教育效果，有利于教师获得良好的师德情感体验，从而促进道德情感和道德意志的发展。与其他教师或教育集体进行交流，能促使教师在多种信息、多种经验的交流、切磋和碰撞中发现问题、启迪智慧，寻找和创造出促进师德成长的正确方法。因此，教师要善于跟周边的人特别是同行分享自己的道德知识和体验，学习和借鉴别人的修养方法，发现和结交一批道德生活的挚友，营造健康积极的道德对话氛围。教师要在交往中敢于展示和剖析自己的道德行为，并虚心接受和认真分析别人给予的道德评价，在道德实践中长善救失。

(四) 精于反思

美国心理学家波斯纳提出了一个著名的公式："成长＝经验＋反思。"经验是师德成长的源泉，但是经验并不必然为师德成长提供营养。反思是师德成长的必经之路，反思的过程即不断修正和完善自己道德认识的过程。教师的反思习惯是教师道德在教学生活中的具体化，也是自律的表现。教师在日常生活、教育实践中形成的个体教育观念，就是自己的教育哲学，有很强的文化背景因素和主观色彩，这些观念直接影响着教师的教育行为和教育效果。教师通过自己的亲身实践，不断获得体验；通过教育的结果和教育对象的反馈，对自己的教育行为重新进行审视；由关注自己的角色到关注教育中的人，深化对教育的理解。这种反复的体验与持续的反思，使教师在教育中的行为日趋完善。

(五) 乐于动笔

记师德日记是保证反思经常化的有效手段。从教师职业道德的发展规律看，反思是实现他律道德向自律道德转化的最重要的标志，它表明个体道德心理的发展进入自觉阶段。教师个体通过不断的自觉反思，使职业道德情感趋于生动深刻，使职业道德意志作用显著增强。苏霍姆林斯基建议每一位教师都来写教育日记，他认为教育日记并不是什么对它提出某些格式要求的官方文献，而是一种个人的随笔记录。记日记有助于集中思想，对某一问题进行深入思考，这些记录是教师思考和创造的源泉。①

(六) 追求终身专业发展

教师专业化的特性理论认为，教师应该追求终身不断的、自主的发展。教师对自己终身专业发展负责的思想是至关重要的观念。教师对专业成熟的孜孜追求是没有止境的，只有终身不断地努力学习和探究才能达到理想的境界。社会和教育行政部门只能为教师专业发展创造一个优良的外部环境，教师自主发展的专业需求才是教师走向专业成熟的内驱力。

知识经济时代，教师必须成为学习型的人。把教师角色定位于学习者，是教师专业发展特点的深刻反映，同时也反映了社会和公众对教师的心理期望。在信息化时代，学

---

① 和学新，王文娟．师德修养是师德成长的本质追求[J]．思想理论教育，2011(6)：10－11.

习将成为人类的第一需要。终身学习将成为一种生活方式和社会的普遍行为。因此，在提倡终身学习的时代里，教师首先应成为终身学习的楷模，成为一名终身学习者。教师只有成为终身学习者，才能保证自身知识的不断更新，才能适应社会的不断变化，进而在扩展知识和适应社会要求的过程中促进自身的专业发展和人生价值的实现。①

课程思政

《教育部关于建立健全高校师德建设长效机制的意见》(2014)指出：广大高校教师要充分认识自己所承担的庄严而神圣的使命，发扬主人翁精神，自觉捍卫职业尊严，珍惜教师声誉，提升师德境界。要将师德修养自觉纳入职业生涯规划，明确师德发展目标。要通过自主学习、自我改进，将师德规范转化为稳定的内在信念和行为品质。要将师德规范积极主动融入教育教学、科学研究和服务社会的实践中，提高师德践行能力。要弘扬重内省、重慎独的优良传统，在细微处见师德，在日常中守师德，养成师德自律习惯。

作为中小学教师，如何汲取内省、慎独的优良传统，在实践中养成师德自律习惯？如何形成师德规划？

案例链接

据《中国青年报》记者报道：湖南省株洲市某重点中学一位教师在对学生进行入学教育的课上这样教育学生："你读书干什么？考大学干什么？也许你会说，为了实现共产主义……而我要告诉你——读书考大学，是为你自己不是为别人，将来挣下大把的钱，从而有一个美好的个人生活，甚至找一个漂亮的老婆，生一个聪明的儿子。所以，我强调读书应该是为自己。"该教师还把这些观点写进教研论文《入学教育课》中，并获得2000年株洲市中学语文教研论文评选二等奖。此事经媒体报道后，舆论一片哗然。记者电话采访了他所教班级的部分同学，学生们说："他差不多就是这样上入学教育课的。"株洲市教育局接到举报后认为：我们鼓励学生自身发展，实现个人价值，但必须是个人价值和社会价值的统一。该教师也因此被解聘。就此事，一些人认为，这位教师是"实话实说"，也有人认为这是"教育的失误和悲哀"。②

1. 你认为这种教育学生的方法是否违背了教师应有的职业道德？
2. 你认为这位教师在认识上和能力上存在哪些偏差？

本章小结

教师职业道德是体现教师职业要求和工作特点的道德规范，是社会职业道德的有

① 向华. 教师专业化与教师职业道德专业特性探析[J]. 中国成人教育，2011(7)：44.
② 杨芷英，刘雪松. 教师职业道德[M]. 北京：高等教育出版社，2013：179.

机组成部分。教师除了要遵守道德规范之外，还要遵守政治规范、法律规范、礼仪规范以及纯粹的业务规范。在漫长的教育实践中，中国传统教师职业道德思想体系日趋完备，为人师表、言传身教、学而不厌、诲人不倦的师德传统逐渐形成。现代西方教师职业道德规范不断走向专业化、职业道德结构层次不断趋于专业化、将师生关系作为教师职业道德规范的核心内容、将内化渗透作为教师职业道德教育的主要方式。教师职业道德建设应当遵循师德底线原则、可操作性原则与专业性原则，必须形成一种专业化的眼光，必须更多地从专业标准的角度去设计，而不是从道德标准的角度去思考。

关键词：教师；职业道德；专业标准；师德发展；师德建设

思考训练

1. 何谓教师职业道德？

2. 通过对中国教师职业道德形成与发展过程的简单回顾，你认为中国古代教师职业道德的精华是什么？

3. 现代西方教师职业道德呈现什么样的发展趋势？

4. 教师作为师德建设的主体，如何加强自我修养？

5. 情境训练：

2008 年 5 月 12 日四川汶川发生里氏 8 级强震。不久，又在全国范围内发生了一场同样强烈的“道德大地震”。引发这场道德地震的是原都江堰光亚学校的范美忠老师。他在大地震发生时头脑一片空白，弃学生于不顾，甚至都不提醒学生，就独自跑出了教室。直到跑到安全地带，他才冷静下来，和同事们一起组织疏散学生，安抚学生。范老师的学生对他的先跑行为表示不满，质问他：“老师，你怎么不把我们带出来才走啊？”他辩解说：“我从来不是一个勇于献身的人，只关心自己的生命，你们不知道吗？上次半夜火灾的时候我也逃得很快！”后来，他告诉那些对他感到失望的学生说：“我是一个追求自由和公正的人，却不是先人后己、勇于牺牲自我的人！在这种生死抉择的瞬间，只有为了我的女儿我才可能考虑牺牲自我，其他的人，哪怕是我的母亲，在这种情况下我也不会管的。因为成年人我抱不动，间不容发之际逃出一个是一个，如果过于危险，我跟你们一起死亡没有意义；如果没有危险，我不管你们，你们也没有危险。何况你们是十七八岁的人了！”他承认这是在为自己先跑行为开脱，但同时宣称自己对此并无道德负疚感。他还告诉学生：“我也绝不会是勇斗持刀歹徒的人！”

这种师生对话本来只限于特定情境，限于非常小的一个圈子。可是，地震发生十天之后，范美忠在天涯博客上发表了一篇题为《那一刻地动山摇》的文章，除了描述自己在地震前后的经历，同时也把上述自我辩解和内心自白和盘托出。这篇博文一经发表，舆论一片哗然，引发了广泛争论。有的人骂他“该死”；有的人表示理解；有的人谅解他的先跑行为，但反对他在博客里写这样的文章；有的人则赞赏他的真诚坦白。2008 年 6 月 7 日，香港凤凰卫星电视台邀请一些社会人士与范美忠及其同事，在“一虎一席谈”节目中，就“先跑老师该不该受到指责？”展开了一场激烈的辩论。这期节目可以说是这场

“道德地震”的一个缩影。

你认为范美忠老师违背职业道德吗？教师的职业道德、公德、私德三者之间是什么样的关系？

推荐阅读

1. 兰英. 中美教师职业道德规范的文本分析及建议[J]. 西南大学学报(社会科学版),2012(9).

2. 薛晓阳. 教师职业道德建设的专业化及问题思考[J]. 教师教育研究,2012(1).

参考文献

1. 教育部关于印发《新时代高校教师职业行为十项准则》《新时代中小学教师职业行为十项准则》《新时代幼儿园教师职业行为十项准则》的通知[EB/OL]. http://www.moe.gov.cn/srcsite/A10/s7002/201811/t20181115_354921.html.

2. 教育部关于印发《中小学教师违反职业道德行为处理办法(2018年修订)》的通知[EB/OL]. http://www.moe.gov.cn/srcsite/A10/s7002/201811/t20181115_354924.html.

3. 杨芷英,刘雪松. 教师职业道德[M]. 北京:高等教育出版社,2013.

4. 王凯. 近年来我国师德观念发展的三大趋向[J]. 中国教育学刊,2013(1).

5. 黄向阳. 师德的边界[J]. 河南教育学院学报(哲学社会科学版),2010(6).

6. 朱小蔓. 回归教育职场,回归教师主体——新时期师德建设的思考[J]. 中国教育学刊,2007(10).

第五章
教师专业知识

微信扫码

配套数字资源

※学习目标

1. 了解实证主义教师知识观与后现代主义教师知识观的性质、特点与发展脉络；

2. 理解学科内容知识、学科教学知识、一般教学法知识、课程知识与教师实践性知识；

3. 掌握教师实践性知识的生成方法与更新途径。

导入语

教师的另一种贫困

一位网友在某教育网站的论坛里写道[①]：我曾见到一名数学老师，他很有敬业精神，一天到晚除了认真上课、精心批改作业，就是钻研各种难题。他对每年高考数学试卷的解答，总是最快最好。但报纸，他从来不看一张；期刊，他一年也翻不上几回；图书馆，他难得光顾；影视剧，他几乎不看。他觉得不能把时间浪费在这些事情上面。可是他的教学水平很一般，学生反映也不太好。对此，他很不解，为什么他"好心没好报"？我困惑的是，这样的教师能是好教师吗？

经历了由专业化向专业发展的转变，教师教育也逐渐从培养"技术熟练者"向"反思性实践家"转变，这两个转变的核心都集中在教师的专业素质和能力上，其关键是教师专业知识问题。唯有如此，才能真正促进教师专业发展，才能确立教师的社会地位和提高社会对教师的认同感[②]。格里芬(G. A. Griffin)在《初任教师知识基础》一书最后一章，赫然以"结束语：知识推动的学校"为题，突出教师的知识在学校教师专业生活中的

① 吴云鹏，等. 教育学综合案例教学[M]. 北京：中国人民大学出版社，2010：84.

② 王鉴，徐立波. 教师专业发展的内涵与途径——以实践性知识为核心[J]. 华中师范大学学报(人文社科版)，2008(3)：125－129.

重要地位。[①] 因此，教师知识问题是教师教育理论中的基础性课题。

对教师知识的研究始于20世纪60年代，发展于20世纪80年代的教师专业化运动，90年代以来的研究重点从理论研究转向应用研究，其主旨是通过构建教学专业和教师教育的知识基础来实现教学专业化。从某种意义上说，教师的专业性问题主要是教师专业知识、专业技能、专业情意等方面的发展问题。

广义上讲，知识包括陈述性知识和程序性知识，因此，知识也就涵盖了技能。如此说来，探讨一个专业化教师所应具备的知识和技能问题，也就是探讨他应该获取什么样的知识的问题。然而，有关教师专业发展过程中的知识问题却一直是众多研究中的薄弱环节。直到20世纪80年代，专业发展的内涵才开始由群体转向个体，更多地关注教师的角色、任务与实践问题，专业发展的指向从对外在条件的追求转向对内在素质的完善，从追求教师群体职业的专业地位和权力转向对教师个体专业能力发展的追求。换言之，教师专业发展经历了由关注教师的"量"到关注教师的"质"，由关注教师群体专业化到关注教师个体专业发展，由关注专业发展的"外部环境"到关注"内部"专业素质的提高这样一个逐渐变化的过程。在这一转变过程中，"教师知识"才逐渐进入研究者的视野，受到应有的关注和重视。

第一节　教师专业知识观的历史嬗变

想一想

小学教师之所以使人感到缺乏专业性，正是因为小学教师所传授的内容被人们看作几乎所有接受过教育的成年人都明白的，而教师又未能使许多批评者，重要的是未能使立法者相信"方法课程"也构成一种真正的有别于其他的、令人印象深刻的知识体系[②]。

罗蒂(D. C. Lortie,1969)

知识是一个十分复杂的概念。虽然每一个人在使用这个词的时候，似乎总是或多或少地对它有大致的了解，然而要形成一个统一的定义却十分困难，难怪罗素(B. Russell)、杜威(Dewey)等哲学家无奈声称"知识"是一个"高度模糊"的字眼，是"无法精确"的用语。[③]

《中国大百科全书·教育卷》认为："所谓知识，就它反映的内容而言，是客观世界在人们头脑中的主观印象。就它反映的活动形式而言，有时表现为主体对事物的感性知

① 叶澜，白益民等. 教师角色与教师发展新探[M]. 北京：教育科学出版社，2001：233.

② 刘静. 20世纪美国教师教育思想的历史分析[M]. 北京：北京师范大学出版社，2009：208.

③ 陈静静. 教师实践性知识论：中日比较研究[M]. 上海：华东师范大学出版社，2011：30－34.

觉或表象，属于感性认识，有时表现为关于事物的概念或规律，属于理性认识。”[①]谢弗勒(I. Scheffler)在《知识的条件》中认为：“知识包括熟悉事物、地点、人物；从事各种操作能力；拥有关于事实及信念方面公开的真理；拥有科学和日常经验中各种可能有误的内容以及数学和形而上学中确定无疑的内容。它不仅是简单描述的专门知识和各类经验，它还表达了我们在认知艺术的范围和恰当处理方面的标准、理想和趣味，即不仅包括我们知道的内容，而且还包括我们认识的方式，以及我们整个理智方面的遗产。”[②]综上，知识是指容纳了个体的信息、技能、经验、信念、记忆等的总称。本文采用这种泛指的知识概念。

教师知识是系统化的对知识、技能和技术的集合，也是道德、态度与情感的集合体。[③] 教师知识涉及的核心问题是“什么知识对于教学最重要?”“这些知识是什么?”“从哪里得来的?”“谁的知识最有价值?”等。根据不同认识论立场对这些问题的回答，可以将教师知识观区分为实证主义教师知识观和后现代主义教师知识观[④]。实证主义和后现代主义知识观都先后对教育产生了深刻的影响，使教育研究出现了一个历史的嬗变过程，进而影响到了人们对教育和教师教育的不同的理解。

一、实证主义教师知识观

近代以来，随着自然科学的发展，以实证主义为代表的知识观迅速崛起。在实证主义“科学”的知识观的影响下，包括教师教育在内的整个教育都进入了追求自然科学意义上的“科学化”的轨道。

(一) 实证主义知识观的特点

1. 知识的决定论

实证主义认为，现象世界在人的经验中往往呈现出某种确定的关系，真正的知识所要展示的正是现象间的这种确证联系，即揭示因果关系；确证的知识是决定论性质的，它能够为人类的预测和控制行为提供稳定的基础。

2. 知识的经验论

可靠的知识只能来源于经验，理论和假设的可靠与否取决于是否得到经验证据的证实，得不到经验证实的知识是没有意义的，应拒之于科学之外。

3. 知识的还原论

复杂的现象可以通过对其组成因素的分离和简化，将其还原为直接的经验内容，通过对简化了的对象的可控性研究，达到对复杂事物的认识。

---

① 董纯才. 中国大百科全书・教育卷[M]. 北京：中国大百科全书出版社，1985：525.

② 瞿葆奎. 教育学文集・智育[M]. 北京：人民教育出版社，1993：178.

③ 刘静. 20世纪美国教师教育思想的历史分析[M]. 北京：北京师范大学出版社，2009：209.

④ 洪明. 教师教育的理论与实践[M]. 福州：福建教育出版社，2007：6.

4. 知识的价值无涉论

学知识仅仅关注事实，与价值无关，价值判断必须从科学知识中摒除或还原为事实问题，研究者应持客观中立立场。

5. 知识的普适性质

实证主义认为，通过实验验证、运用统计分析，在一定的样本范围内可概括归纳出类的特征，强调研究结果的普遍适用性。

（二）实证主义教师知识观

在实证主义视野下，通过科学研究得到的证实、客观、普适和中立的知识才是可靠的知识，也才具备构建教师教育知识基础的合法性。教学知识由大学和研究机构的专家学者生产，将专家学者的研究结果作为教学和教师教育的知识基础，教师需要掌握专属于教学专业的普遍性的知识体系才能成为专业人员。这正好契合了教学专业化的假设，即将教学职业打造成为拥有合法性知识基础的专门职业。在对教学过程考察的基础上，很多研究者认为教学知识包含多种知识，因此提出教学的多类型知识体系。其中，最具代表性的是斯坦福大学舒尔曼(L. S. Shulman)及其研究团体以及随后的华盛顿大学格罗斯曼(P. L. Grossman)和斯坦福大学哈蒙德(D. Linda-Hammond)等人。

1. 舒尔曼的教师知识观

早期关于教师知识的研究，多是在“过程—结果”的研究范式下展开的，更多关注的是与学生成绩提高有关的具有统计意义的教师知识，而不关心教师知识的结构或维度。此后，关于教师知识研究最具影响的就是舒尔曼对教师教学的知识基础的研究，该理论最引人注目的是提出了学科教学知识。

1986 年，舒尔曼主持一项教学专业知识成长研究，探讨新任教师和有经验教师之间以及非专家教师与专家教师之间的区别，成为教师教育者思考教学知识基础的一个转折点。舒尔曼将教学视为“教学推理和行动”的一个循环过程，包括理解、转化、教学、评价、反思以及再理解几个环节，每个环节都要求教师具备不同的知识和能力。舒尔曼认为教师知识应当由以下七个部分组成：第一，学科内容知识；第二，一般教学法知识；第三，课程知识；第四，学科教学知识(简称 PCK)；第五，关于学习者及其特性的知识；第六，有关教育背景的知识；第七，关于教育目标与价值的知识。

在上述七种知识范畴中，舒尔曼尤其强调学科教学知识的重要性，并称其为教师研究中的“遗漏的范式”，认为 PCK 应该成为教师教育的基础。学科教学知识包括学科内容和其可教性方面的知识，它是特定的学科内容与教育学的混合物，是教师专业理解的特殊形式。舒尔曼提出的教师知识框架，强调教学的推理思考过程，避免了行为主义教学研究对待教学的技术理性倾向。他提出的教师知识框架被公认为是比较全面的，被称为“多类型知识”。舒尔曼提出的学科教学知识很快成为 20 世纪 80 年代教师教育的主流话语。

实际上，这个概念并非舒尔曼首创，它植根于教师教育自身的历史发展中。早在

1888年，时任美国教育协会(NEA)师范学校部部长帕尔(Parr)在年度大会上指出，有效教师资格是“教学知识，这样的知识来源于各种科目自身的规律，也来源于学习者掌握学科知识的规律”。他说：“一项对教学过程的分析表明每一门科目在付诸教学的时候都存在一种特殊的知识。这种知识与学术知识本身大不相同。二者的区别在于各自的目的、与事物的实际之间的关系不同，人们获得这两种知识的模式也不同。学术科目的概念自身存在的关系决定了它们的顺序；而同样的内容，如果要将它们组织起来教给学生，这个顺序就取决于这些概念与学习过程之间的关系。学术知识的目的是按照概念之间的依存关系顺序去认识各种事物；教学知识的目的则是从掌握学科知识的角度去熟悉学习过程中心智活动的过程。”[①]杜威也指出，一个科学家的学科知识不同于教师对同一学科的理解。教师关注的是“他自己拥有的学科知识如何能帮助理解儿童的需要和行为，并决定以哪种媒介给予学生恰当的指导”[②]。

可见，学科教学知识强调的是教师如何以教学法的方式进行推理，它根植于实践智慧当中，涉及教师理解的一个重要转向：从教师自身能够完全理解学科知识到有能力以新的方式阐明学科知识，重新拆分和组织这些知识，用活动和情感、比喻和练习、范例和演示将学科知识装扮起来，从而让学生掌握这些知识。教师将自己所掌握的学科内容知识转化为具有教学法意义的形式，并且根据学生的能力和背景而做出相应调整。专家教师与非专家教师之间的区别就在于是否拥有这些知识。

2. 格罗斯曼的教师知识观

格罗斯曼在1994年版的《国际教育百科全书》中，把前人对教师知识的研究成果进行了分类，提出教师知识框架包括六个领域：内容知识——学科内容知识和学科教学知识；关于学习者和学习的知识；普通教学法知识；课程知识；背景知识；自我知识。

1995年，美国《教学和教师教育百科全书》中采用的格罗斯曼的关于教师知识结构体系的内容已发展为六个方面：学科专业知识；有关学习者和学习的知识；普通教育学知识；课程理论知识；教学情境知识；关于自身的知识。

3. 哈蒙德的教师知识观

1995年，哈蒙德等人通过总结50个州的教师执照要求，归纳出五个领域的教师知识：第一，人类生长和发展的知识，包括教育心理学、儿童发展、人类生长和学习、学习差异；第二，课程和方法的知识，包括学科课程、方法、教材和教学技术、课堂管理、评价的知识；第三，学校和社会知识；第四，学科专业知识；第五，文理知识。

1999年，哈蒙德在美国教育研究学会(NSSE)第98本年鉴中撰文指出，21世纪教师被要求承担更多的角色，教师教育需要迎接更大的挑战，因此教学知识尤其重要，它是建立教师教育的基础。她再次总结了教师教育的多种类型知识：第一，学科教学知

---

① 刘静. 20世纪美国教师教育思想的历史分析[M]. 北京：北京师范大学出版社，2009：212-230.

② 洪明. 教师教育的理论与实践[M]. 福州：福建教育出版社，2007：120.

识;第二,关于发展的知识;第三,对差异的理解;第四,对动机的理解;第五,关于学习的各种知识;第六,评价学生学习的知识;第七,掌握对有学习困难的学生教学的技能;第八,关于课程资源和技术的知识;第九,合作的知识;第十,教师需要分析和反思自己的教学实践知识。

除上面提到的舒尔曼、格罗斯曼和哈蒙德外,其他研究者也纷纷提出类似的教师知识框架,如伯利纳、玛克斯、泰默、普特南和博克等人都对教师知识进行了不同的分类。虽然他们对教师知识分类的表述不尽相同,但都包含了学科内容知识、一般教学法知识、学科教学知识等。

二、后现代主义教师知识观

20 世纪 60 年代以来,随着西方发达国家逐渐进入一个所谓的后现代社会,同时伴随着知识社会学、科学哲学等对实证主义科学知识的质疑与批判,20 世纪下半叶逐步形成后现代主义知识观,人们对知识性质的认识产生了重大变化。

(一)后现代主义知识观的特点①

1. 知识从确证性走向文化性与历史性

实证主义满足于揭示现象之间的确定关系,并把在经验上能够证实的现象间的相似和相继关系视为颠扑不破的真理;而后现代主义的知识观认为,知识并不是独立自在的认识对象,它们与认识者的趣旨、利益、知识程度、价值观念等有着密不可分的关系。不是认识的对象"激发"了认识者的认识趣旨,产生了认识者的认识行为,而是认识者的认识趣旨以及其他许多有关的条件"选择"了认识对象,"制造"了认识对象,从而使认识对象从我们所面临的庞杂的世界中凸显出来。认识对象是人们在一定的历史和文化条件下被建构的,归根到底,要体现社会的价值需要。后现代知识观认为知识的确证性在逻辑上是不完善的,它体现的不过是知识团体在某一特定阶段达成的共识而已,知识从其生产的整个过程来说都不可避免地受到其所在的文化传统和文化模式的制约,与一定文化传统和模式中的价值观念、生活方式、语言符号乃至形而上学的信仰都不可分割,是文化性和历史性的体现。

2. 知识从普适性到境域性

随着对科学知识的归纳逻辑的否定和对"可证实性"原则的质疑,在后现代主义者那里,"普遍的可证实性"以及建立于其上的"普遍的可接纳性"和一般意义上知识的"普适性"都是不可能的,取而代之的是"境域性"概念,即任何知识都是存在于一定的时空、理论范式、价值体系、语言符号等文化因素之中的。任何知识的意义都不仅是由其本身的陈述形式来给定的,而更是由其所位于的整个意义系统来赋予的。离开了这种特定的境域或意义系统,既不存在任何的知识,也不存在任何的认识者和认识行为。这种强

① 洪明.教师教育的理论与实践[M].福州:福建教育出版社,2007:88-90.

烈地要求把知识归诸特定情境和文化因素的主张在包括教育在内的人文社会科学领域中十分流行，传统的、抽象的和原被认为具有普适性的理论遭到了毁灭性的颠覆，知识的个人性、境域性和个案性受到了推崇。

3. 知识从中立性到具有价值向度

在后现代主义者那里，知识的确证性、普适性不复存在，取而代之的是文化性、历史性和境域性，现代知识的“中立性”也随之消殒了。首先，现代知识“中立性”所要求的“自主性”和“非人格性”是不成立的。认识对象是主体和社会所建构的，自然反映出主体和社会的价值趣旨与文化偏好。其次，现代知识的“中立性”所要求的“纯粹的”感觉经验或理性形式也是不成立的，不仅所有的感觉都接受着理论的指导，而且“理性”与“文化”之间也存在着非常密切的关系。再次，现代知识的中立性所要求的一种“数学化的”“可观察的”“可归约的”语句以及“价值中立”的概念、符号、数字、关系等，一方面只能适用于一些有限的知识领域，不能适用于所有知识领域；另一方面就是在这种有限的知识领域中，可以使用的陈述语言也并非只有这样一种选择。

以上三个维度中的“价值向度”体现了后现代的知识论特征，它在当代社会已成为一种广泛而弥散的东西，影响着社会的方方面面，并非仅仅是西方一些自称自己是后现代主义者的人，才持有这种思想主张。广泛地说，当代人文社会科学乃至自然科学研究中，强调知识的“文化历史性”“境域性”和“价值向度”已经逐渐成为近乎主流的价值取向。从后现代主义知识观对实证主义知识观的不足或局限性的批判来看，有不少是击中要害的、合理的。从它的思想主张和建树来看，它突出人文社会科学中“人”的因素(在这个意义上，它也是人本主义的一种)，体现了人的主体性、能动性、选择性及它们与人类历史文化和具体情境的联系，这是符合人文社会科学的特点的。从这一方向进行研究，能够使我们开拓一个新的视域，发现实证主义知识观所不可能发现和解释的东西。

当然，后现代主义也有自身的不足，其相对主义色彩过于浓厚，其极端形式否认一切绝对的东西，甚至也否认相对的真理性，表现出以一种极端来取代另一种极端的偏颇倾向。如果将实证主义知识观和后现代知识观作为一个完整的知识论图谱的两极来理解，也许更有助我们从整体上把握知识论的全貌，有助于我们理解各种不同性质和层次的知识及它们的适用领域和条件。

(二) 波兰尼的知识观

英国著名物理化学家和思想家迈克尔·波兰尼(M. Polanyi)在研究科学知识以及一般知识的性质时，特别是在批判实证主义知识观时，第一次系统地区分了两种不同形式的知识。

1958 年，他在《人的研究》一书中明确提出：“人类有两种知识。通常所说的知识是用书面文字或地图、数学公式来表述的，这只是知识的一种形式。还有一种知识是不能系统表述的，例如我们有关自己行为的某种知识。如果我们将前一种知识称为‘可言传知识’‘显性知识’的话，那么我们就可以将后一种知识称为‘不可言传知识’‘缄默知识’。”①

波兰尼将一直以来绝对性的知识看作具有个人性的，知识不是客观的、文本的；知识之中包含着激情、取向、偏好、兴趣等个性化的因素，从总体上说，知识兼具个人性和客观性。波兰尼认为科学发展的内驱力是“激情”，因此个人知识科学发展模式可以概括为：求知热情—启发性热情—说服性热情。“求知热情”包括信念，而信念是一切知识的源泉。在这个过程中，无处不体现着激情的力量，体现着科学家个人的取向和意志，体现着个人的信念，即任何所谓科学的理论都离不开科学家个人的参与和影响，因此从本质上说知识并不是完美的、控制性的、规律性的，而是个人性的。在个人知识体系里，可言传知识只占了人类知识的极少部分，是冰山一角，而缄默知识是隐匿在水下的绝大部分。人所知道的往往要多于他能够表达的。

例如，虽然诊断专家、分类学家和棉花分级专家可以指出自己的线索，系统阐述自己的准则，但是他们知道的东西比他们能说出来的多得多。他们只有在实践中知道那些东西，才会把它们当作工作细节；他们并不像知道物体那样外显地知道那些东西。因此，这些细节的知识是不可表达的，以这些细节的形式对一个判断进行思考就是一种不可表达的思维过程。

波兰尼还进一步分析了“缄默”的维度，认为技能及行家绝技中的不可言传有两种类型：一种是逻辑上不可言传的；另一种是相对的，是非逻辑上不可言传的。从知识的获得途径来看，缄默知识很难通过直接的阅读、听课等途径来获得，而是要长期的“在做中学”，这种知识要通过实践过程，通过专门的实践、专门的语言来表达和传递。缄默知识的学习是“内居”(indwelling)，即心灵居于身体中，并将对象内化为身体(存在)的一部分。② 波兰尼强调内隐知识对于科学和其他社会实践活动的重要意义，指出内隐知识是以个人知识为逻辑起点，通过具体分析和论证建构起来的理论体系，是从结构和功能上对非语言表达的认知过程的分析。波兰尼提出的显性知识与隐性知识分类，对后来教师知识的研究产生了积极影响。

(三) 后现代主义教师知识观

在后现代知识观和新的教育研究方法论的视角下，一些研究者对大学为本的研究所产生的教师知识提出质疑，以赋予课堂教师生产、创造教学专业知识基础的权力和地位。在后现代知识观视域下，教师知识基础更多地与“实践”而不是“理论”结合在一起，教师知识的来源由大学专家研究的成果转向课堂教师研究的成果，实践知识、个人知识、缄默知识、地方性知识等一类命题开始替代科学实证的命题陈述，被视为契合于教学专业特点的新的知识基础。与舒尔曼等人关于教师教学知识基础的研究不同，另一

---

① Michael Polanyi. Study of Man. Chicago: The University of Chicago Press, 1958:12.

② [英]迈克尔·波兰尼. 个人知识：迈向后批判哲学[M]. 许泽民，译. 贵阳：贵州人民出版社，2000:131.

些研究者主张研究教师在教学实践中所形成的、运用的知识，强调教师知识的实践维度。

1. 艾尔贝兹的教师知识观

20 世纪 80 年代以来，实践知识被视为教学和教师教育知识基础的另一种来源。一些学者对教师的实践知识进行了研究。1983 年，艾尔贝兹(F. Elbaz)在其著作《教师的思考：一项对实践知识的研究》中，通过对一名高中教师的研究来考察教师的实践知识。

艾尔贝兹认为，教师的知识随着教学经历的增加而增加，这些知识包括一些第一手的经验，如关于学生的学习风格、兴趣、需求、优势和不足等方面的内容，关于教学技巧和课堂管理技能的经验等。另外教师还具备关于学校、社区、社会的知识。这些经验性的知识是通过理论性的知识发展而来的，理论性的知识包括学科专业知识、儿童发展的知识、儿童学习的知识和社会理论等。这些理论性知识和经验性知识与教师个人的价值观、信息整合在一起，形成实践情境取向的知识，称为实践知识。理论性知识经过教师内化而在实践中应用时就转变为实践知识，因此，教师的实践知识包括理论和经验知识的总和。

艾尔贝兹将教师的实践知识分为五个维度：个人维度、社会维度、经验维度、情境维度以及理论维度。从这几个维度出发，她提出教师实践知识的框架：一是关于自我的知识，包括自己作为一个个体、作为一种信息资源，以及与他人的关系等知识；二是教学环境知识，涉及课堂、师生关系、政治环境等；三是学科专业知识，是指教师从教的学科专业知识、学习和研究的技能以及读写能力等；四是课程发展知识，包括学习内容和资料的开发、评估等；五是教学知识，涉及学习、教学、学生、教学组织、与学生的互动、评价等。

艾尔贝兹还对教师实践知识的组成结构进行了研究。她提出了组成教师实践知识的三层结构模式：第一层是实践规则，指当具有明确的目标后，在特定的环境中应该采取什么样的行为的一些说明；第二层是实践性原则，这是一种更为广义的说明，用于反思情境、选择适用于特定教学环境的教学策略；第三层是想象，指教师的感觉、价值观、需求、信念等共同构成教师对“教学应该是什么”的想象。

2. 康纳利和克兰迪宁的教师知识观

加拿大学者康纳利(F. Michael Connally)和克兰迪宁(D. J. Clandinin)则采用经验哲学的方法，研究了新任教师在课堂情境中个人经验的形成及其对教学工作理解的影响，力图通过对教师的记叙来理解教师的个人实践知识。他通过研究一个新任幼儿园教师第一年的工作经历，认为教学知识的获得被描述为一系列技能的掌握和练习是不够的，因为学会教学是教师经验的重建过程，个人的实践知识是通过实践情境的展开逐步形成的。

3. 兰波特的教师知识观

1985 年，兰波特(Lampent)通过分析两个小学教师和自己的教学经历，揭示教师用以处理教学困境时的知识。她的研究主要关注教师关于自我的知识和关于学生的知识如何得以应用去解决学生和学生群体的问题。

4. 蒙比和拉塞尔的教师知识观

蒙比和拉塞尔(Munby & Russell)的研究以舍恩的实践认识论为基础,集中探讨教师的教学和课程知识中的隐喻,认为这有助于揭示教师如何理解和解决课堂困境,教师的隐喻为了解不同层次和类型的专业知识打开了一个窗口。

考察教师实践知识的研究者将其认识论建立在实践理性之上,认为教师的知识是实践性知识,是在实践中形成的,具有经验性,与特定的情境相关。从这些研究文献来看,研究者主要以案例分析的形式描述实践知识的特征,并没有探讨实践知识的实质性内容。从教师知识个人化的角度探讨教师知识的研究,课堂实践层面的教师知识居于核心地位,同时这种知识也是个人化的、相异的。于是问题就变成课堂情境是如何影响个人知识的发展的,而不是教师如何学到一系列关于教学实践知识的。因此,卡特(Carter)认为,"这些研究并没有为教学的知识基础增加新的内容,没有概括出教师应该知道什么,而是提供了一种关于教师如何在教学实践中学习、如何应用知识的理论框架"①。

从对教学和教师教育知识基础的认识和探究的两种途径可以看出,20 世纪末期关于教学专业知识基础的争论表现为普适性的专业知识与具体科目或具体情境下的专业知识之间的争论。人们不仅探寻什么知识更有价值,而且探究谁的知识更有价值。关于来源于传统的以研究为本的专业知识和来自教师的教学实践(实践智慧)的专业知识之间的争论体现的矛盾:是教学情境之外的研究者的知识更有价值还是从经验中得来的教师知识更有价值?然而,这些问题的探讨仅仅触及问题的表面,教学和教师教育的知识如何得以概括,从而形成教学专业的知识基础仍然没有取得一致意见。

在对教师知识的研究中,由于各研究者对教师知识性质的理解和研究侧重点等的不同,出现了许多类别的知识,甚至教师知识有哪些类别、各类知识之间有哪些联系以及如何建立分类框架本身也成了一个研究的领域。尤其是近年来对专家教师与新手教师的比较研究,使得人们逐渐认识到,离开了对教师知识的关注,教师的专业发展也就成了乌托邦。

第二节　教师专业知识体系的构成要素

想一想

韩愈在《师说》中说:"师者,传道授业解惑也。道之所存,师之所存。"著名教育家陶行知先生提出了"学高为师,身正为范"的观点。也有人认为,作为教师,应该"学富五

① 刘静. 20 世纪美国教师教育思想的历史分析[M]. 北京:北京师范大学出版社,2009:204.

车”。上述观点都谈到了教师的知识，那么你认为三者有何不同？在中国传统文化中，教师应该具备哪些知识？

教师作为一个社会团体的明智的领导者，依靠的不是其职位，而是其广博、深刻的知识和成熟的经验。教师必须对个人所教的学科有特殊的准备，必须对所教的学科具有真正的热诚，并把这种热忱富有感染力地传导给学生。否则，教师不是漫无目的地随波逐流，就是呆板地受制于教科书的束缚。灵活性——处理意想不到的偶然事件和问题的能力——依靠教师对所教学科具有新鲜和充分的兴趣和知识。

杜威《我们怎样思维·经验与教育》

课程思政

2021年颁布的《中学教育专业师范生教师职业能力标准(试行)》指出，教师应该“掌握一定的自然和人文社会科学知识”。教师要了解祖国的文化，尤其是其中最为灿烂并引以为傲的部分，进而增强文化自信；教师要有深厚的历史知识，尤其是中华民族的伟大奋斗史、中国革命史，进行增强道路自信和制度自信。

那么，除上述要求外，教师还要掌握哪些人文社会科学知识？

从世界范围看，目前有代表性的、影响较大的教师知识分类见表5-1①。

表5-1　教师知识分类

研究者	教师知识分类
舒尔曼	① 教材内容知识；② 学科教学知识；③ 课程知识；④ 一般教学法知识；⑤ 有关学习者的知识；⑥ 情境(教育目的)的知识；⑦ 其他课程的知识
伯利纳	① 学科内容知识；② 学科教学知识；③ 一般教学法知识
格罗斯曼	① 学科内容知识；② 学习者和学习的知识；③ 一般教学法知识；④ 课程知识；⑤ 情境的知识；⑥ 自我的知识
博科和帕特南	① 一般教学法知识；② 教材内容知识；③ 学科教学法知识
考尔德黑德	① 学科知识；② 机智性知识；③ 个人实践知识；④ 个案知识；⑤ 理论性知识；⑥ 隐喻和映象知识

我国自20世纪90年代以来，也有众多学者对教师的知识结构进行了有益的探索，其中林崇德于1999年提出的教师的知识结构包括本体性知识(学科知识)、文化知识、实践知识(教学经验)和条件性知识(教育学、心理学知识)四个部分②，已成为许多教师教育机构确立教师教育课程体系的理论依据。

从上述教师知识分类中，可以看到教师知识类别的多样化和分类体系的多样化。虽然国内外研究者所提出的关于教师的知识使用的术语不同，但围绕教师的“学科教学知识”进行构建已成为主流，且没有哪一个理论能超过舒尔曼理论的影响。因此，本书

① 叶澜，白益民等. 教师角色与教师发展新探[M]. 北京：教育科学出版社，2001：236.

② 林崇德. 教育的智慧[M]. 北京：开明出版社，1999：38-41.

以舒尔曼的教师知识的结构为基础，结合当前国内外教师知识研究的趋势，认为教师专业知识体系的构成要素主要包括宽厚的人文社会科学与自然科学知识、学科内容知识、学科教学知识、一般教学法知识、课程知识、课程思政知识、跨学科知识、实践性知识等方面。

一、人文社会科学与自然科学知识

《黄帝内经》中对医生的要求是“夫道者上知天文，下知地理，中知人事”。实际上，对于基础教育阶段的教师来说，同样应该具有广博的知识。掌握系统的人文社科知识，有利于教师在教育教学中讲清楚课程中涉及的人与社会、人与人、社会演变、民族与文化等问题，有利于教师实现课程育人目标。而深厚的人文社科素养，还有助于良好的教师“传道”形象的塑造。同时，深厚的人文社科素养，对于教师的专业情感、专业视野、专业理念等方面的发展，对于教师的专业气质的塑造，均具有重要作用。值得注意的是，系统自然科学知识的掌握，对于教师在教学中讲清楚人与自然、自然现象、自然演变等问题，帮助学生科学审视人与自然的关系，并形成科学思维，具有重要意义。同时，基本的艺术知识，对于教师教学中如何向学生传递“学会生活”、科学审美等具有重要作用，对于教师良好的生活情操形成、教学情趣打造、课堂氛围塑造、课堂文化建设等方面具有重要意义和价值。此外，掌握一定的自然和人文社会科学知识，还有利于教师在教学中传承中华优秀传统文化。

二、学科内容知识

学科内容知识（subject content knowledge）指教师所教学科的内容知识，也就是说关于该学科内部相互联系的主要事实、概念及其相互联系的知识，还包括该学科的实词结构和句法结构。

内容知识不仅包括具体的概念、规则和原理，还包括它们之间的联系；不仅包括“是什么”的知识，还包括“为什么是这样”的知识。学科的实词结构是指解释性框架或用来引导该领域探究和理解的范式；句法结构是指学科群体成员为了引导该领域探究而使用的准确依据，它们是新知识被该群体引入和认可的方式。

学科内容知识是关于“教什么”的知识，是教学存在的第一根据，属于“内容”基础，居于教师专业知识结构基础层的中心。教师不仅要知道某学科的知识结构、知识组织的原则，还要知道该学科探究知识的方法。对学科内容知识做出深刻和灵活的理解，这是教师们的首要的教学任务，只有这样，他们才能帮助学生创建各种有用的认知地图，将各种观念联系起来，并纠正错误的观念。所以，舒尔曼认为内容知识是教师知识的核心。

教师对学科内容知识的理解直接影响着教师的教学实践。教师的许多教学行为，如形成问题、选择任务、评价学生理解和做出教学决定等，都依赖于教师自身对学科内容的理解。例如，《全日制义务教育语文课程标准》指出：识字教学要让学生“喜欢学习汉字，有主动识字的愿望”“对学习汉字有浓厚的兴趣，养成主动识字的习惯”；阅读教学要让学生"喜欢阅读,感受阅读的乐趣"。而这些课程目标能否完满实现,与教师的学科知识基础和素养息息相关。

三、一般教学法知识

一般教学法知识(general pedagogical knowledge)指那些超越各具体学科的关于课堂管理和组织的广义的原则和策略,包括教师关于教、学和学生的知识与信念,超越特定学科的范畴。

一般教学法知识包括不同策略的知识,像创造学习环境和课堂讲授、有效课堂管理的策略和安排;有关学生的更为基础的知识和信念,像如何学以及如何通过教师的教来培养学生的学,等等;关于学习者、学习的各种知识,关于发展的知识、评价学生学习的知识,关于掌握对有学习困难的学生教学的技能等。

虽然学生所学的科目多种多样,但其中所涉及的学习心理、学习机制很多时候是相通的,教师理应成为学生心智发展、知识学习的研究者。这说明教师不仅需要所教学科的知识,而且需要教育教学的技术性知识。这里的"教育教学的技术性知识"是指一般教学法知识,即教师要熟悉心理学、教育学和各种教学法。一方面,教师能凭借这类知识观察学生的反应,迅速而准确地解释学生的言行,否则,难以觉察或知晓学生在学习过程中的各种表现;另一方面,这些知识是别人用过且行之有效的,在需要的时候,教师能够凭借这些知识给学生以适当的指导。

然而,在具体的教学实践活动中,一般教学法知识有时被视为一套固定的行为程序与规则,而不是作为教师个人观察和判断的指导与工具。如果一般教学法知识无助于教师对情境的感知,无助于他的工作,那么,它只能成为纯粹机械的手段,或者是一堆未经消化的材料,在这种情况下,就遮蔽了一般教学法知识的基本功能。

四、学科教学知识

学科教学知识(Pedagogical Content Knowledge,简称为 PCK)是教师在面对特定的学科主题或问题时,如何针对学生的不同兴趣与能力,将学科知识组织、调整与呈现,以进行有效教学的知识。

课程思政

2021 年颁布的《中学教育专业师范生教师职业能力标准(试行)》指出,教师还要了解拟任教学科与其他学科的联系,了解学习科学相关知识,掌握学科教学知识与策略,能够结合社会生活实践,有效开展学科教学活动。实践证明,跨学科能力于教师的创新能力发展,甚至于教师教学中跨学科思维的渗透以及学生跨学科能力的培养都有重要意义,客观上能够为创新社会建设提供支持。那么教师应该如何发展跨学科素养?

学科教学知识首先由舒尔曼明确提出。随后,西方一些研究者①开始按不同的路径来探讨学科教学知识概念的内涵。1990 年,格罗斯曼(P. L. Grossman)等研究者从静态分析的角度研究学科教学知识的构成要素,认为学科教学知识是由教学特定主题的策略、表征的知识,学生有关主题的理解、先前概念及错误概念的知识组成,还包括对该主题教学目的的理解和课程资源利用的知识。1993 年,科克伦(Cochran)等研究者在建构主义思想的指导下,从动态建构的角度质疑舒尔曼所提出的学科教学知识从本质上属于一种静态的知识体系,提出了"学科教学认识"的概念,即"教师对一般教学法、学科内容、学生特征和学习情境等知识的综合理解"(缩写为 PCK),认为学科教学知识是教师将自己的学科知识在考虑学生、教学情境和课程后加以重组而形成的,这种重组已经加入教师本身的价值观和他们对学科的看法,就像合金的性质实际上已经与原先混合物的性质不再相同一样。

学科教学知识强调教师不仅对自己所教的学科有深入的理解,还要懂得如何将学科知识按照儿童容易理解的最佳方式表达出来,即以适合儿童的思维与学习特点的方式来重新表征学科知识,包括教师解释某一主题所运用的可能的例子、解释、演示、举例与类比等方式,学生可能遇到的困难、错误理解等。显然,真正的学科教学知识,不只是书上有关某一领域内容如何教学的教学法建议,而是教师对具体教学内容进行教学法处理的知识和经验。例如,有教学经验的教师在设计一个具体的教学内容时,首先在脑子里呈现出一个大致的教学模式:指导这个内容可以用什么样的方法进行教学;预料学生在学习这部分内容时可能会出现什么样的困难;等等。这些模式、方法和特征的形成,正是基于对这一知识内容的了解,以及学生学习这部分内容的知识积累。

学科教学知识是教师独一无二的教学经验,是教师被视为一门专业所必备的知识,是最能体现教师专业性的一个独特的知识领域,是教师自己对专业理解的特定形式;居于教师专业知识的核心,既是教师特有的、影响教师专业发展的关键因素,也是学科教师区别于其他学科专家、教育研究者的根本特征。教师区别于学科专家和教育研究者不在于他们掌握专业知识的质量和数量,而在于他们如何组织知识和使用知识。例如,有经验的教师的学科知识是从教学的角度组织起来的,关注的是自己拥有的知识如何能帮助理解儿童的需要和行为,成为帮助学生理解具体概念的基础,并决定该以哪种媒介给予学生恰当的指导;而一位科学家的知识则是从研究的角度组织起来的,是作为建构本领域新知识的基础。

五、课程知识

舒尔曼把课程知识(curriculum knowledge)描述为教师的"职业工具",意指每一学科可用的材料和程序。这是最广泛意义上的课程知识,即为学生设置的全部课程、学习的编程和用来教授每一学科的各种课程材料,可以说用来教授课程各方面的材料、资源和技术都包括在其中。课程材料不只是商业用书或者政府所指定的内容,其概念更加

---

① 姜美玲.教师实践性知识研究[M].上海:华东师范大学出版社,2008:112.

宽泛，课程材料可能是自制的、特定情景下或者学生头脑中所想设计的，或者是与一个特别难的概念的联系。①

课程论专家古德莱德(J. I. Goodlad)把课程区分为五个层次，认为课程知识包括五个方面：一是理念的课程，诸如政府、基金会或特定的专业团体探讨的课程问题、提出的课程变革新方向；二是正式的课程，由教育行政部门规定的课程计划、课程标准和教材；三是理解的课程，学校教师对正式的课程加以解释后所认定的课程；四是运作的课程，教师在课堂教学中实际执行的课程；五是经验的课程，学生实际学习或经验的过程。

我国台湾有学者则认为，课程知识应包括教师进行教学所需的教学资源，如不同版本的教科书等，并能有效地运用。另外，教师对学生目前所接受的课程，一般应从纵横两面进行理解。横面的课程知识，是指教师必须了解学生在同一时间内所学习其他各科的内容，以便在教学上做横向的贯通；纵向的课程知识，则是指教师必须了解学生在同一学科的内容上，过去曾经以及未来要学的教材主题及概念，以便在教学上作纵面的衔接。②

随着课程概念的不断发展和丰富，课程知识更应包括课程目标的确定、课程内容的选择和组织、课程实施、课程评价、课程开发和管理等一系列活动。如有的学者通过教师的教材知识(主要是关于教科书)、技术知识(主要关于多媒体)以及其他教学资源知识(主要是关于教辅材料)这三部分来展开研究教师的课程知识。

然而在实践中，课程知识往往被人们所忽视。教师一般认为课程制定隶属于教育行政部门和专家学者，实际的教学只是根据课程标准和教材内容的“按图索骥”。现代课程论认为，面对教科书，教师不再是课程方案的简单的忠实执行者；教师的教学工作是一种创造性的工作，教师有权利、也应该在教学过程中对课程的设计和实施提出自己的想法，并在实践中落实。随着课程改革的逐渐深入，与课改理念、目标相伴随的新教材纷纷出台，如果没有伴随而来的教师主体意识的觉醒、教育观念的转变，特别是学生观和学习观的转变，再好的教材也会在盲目的执行者手中变质变味。若想真正实现课程目标，教师必须要根据学生的实际情况，对课程教材的内容结构、呈现方式、例题和习题等进行适当的调整、充实和改变，以加强课程的适应性。而这需要教师具备一定的课程知识才行。显然，课程知识对教师而言，有着极其重要的作用。

六、课程思政知识

从课程思政角度来看，中小学教师要具备系统的思想政治理论知识、思想政治教育知识、课程与思政互融知识。唯有如此，才能在理解、深刻体悟、内化的基础上，深入挖掘和系统提炼课程中所富含的思政元素，才能科学地设计与安排课程思政，实现“如盐

---

① Shulman, L. S. Knowledge and Teaching: Foundations of the New Reform[J]. Harward Educational Review, 1987, 57(1):1 - 22.

② 单文经. 教学专业知能的性质初探[A]. 台湾师范教育学会. 师范教育政策与问题[C]. 台北：师大书苑，1990:21 - 26.

在水"的教学设计,达成"润物细无声"的课程思政教学效果。同时,教师要具备广阔的学科视野,通达本学段(年级)其他课程思政以及思政课程、相邻学段课程思政。同时,中小学教师还要有思想政治教育方面的知识,以确保课程思政具有"思政味"。

课程思政

有研究指出,发挥课程育人的作用,教师必须首先有思想政治理论知识、思想政治理论教育知识,并懂得如何将课程思政元素融入课程教学中。你同意这个观点吗？为什么？

七、跨学科知识

有研究者发现,如果教师缺乏对那些与更深层思维和其他情境相联系的学科问题进行深入探究的能力,任何跨学科的学习都难以具有丰富、深刻的意义。毋庸置疑,知识跨界融合已经成为全球科技创新的主导趋势,学科融合正在发生,跨越学科专业的界限的跨学科课程建设将成为未来教育的重要走向。2006 年欧盟发布的"核心素养参考框架"、2016 年我国发布的《中国学生发展核心素养》,均对教师的跨学科素养①提出了要求。教师要具备跨学科素养及其教学方法,了解拟任教学科与其他学科的联系,了解学习科学相关知识,掌握学科教学知识与策略,能够结合社会生活实践,有效开展学科教学活动。

八、教师实践性知识

实践性知识(knowledge of practice)主要指教师通过直接方式从课堂教学经验而非正规的直接理论培训途径所获得的,并在实践中通过问题解决得到确认的知识,包括教师在教育教学实践中实际使用和(或)表现出来的知识(显性的和隐性的),除了专业知识、情境知识、案例知识、策略知识、学习者的知识、自我的知识以及教学信念、价值观、态度、情感、伦理等外,还包括教师对理论性知识的理解、解释和运用原则。

在教师的知识结构中,存在着两大类知识,即理论性知识与实践性知识。理论性知识通常停留在教师的头脑里和口头上,是教师根据某些外在标准认为"应该如此的理论",这类知识与学者们所拥有的知识类似。而实践性知识是教师自己通过日常教育教学工作积累而成的知识,是他们内心真正信奉的、在日常工作中"实际使用的理论",支配着教师的思想和行为,体现在教师的教育教学行动中。教师实践性知识是一个多维度的知识群,是个体性与公共性的统一、情境性与普适性的统一、非精确性与可证实性的统一。②

---

① 阚维.教师跨学科素养的发展路径和方法——以 IB 课程 MYP 项目中的教师发展为例[J].人民教育,2017(15):24-28.

② 郑晓梅.教师教育模式转换:由学科到行动[J].教育理论与实践,2010(7):48-50.

实践性知识乃是教师所固有的实践性话语与思维方式的产物，是教师专业属性的基础，是教师职业独享的知识体。① 大量理论研究与实践经验表明，教师的实践性知识是教师专业发展的主要知识基础，在教师接受外界信息（包括理论性知识）时起过滤和引导的作用，它具有强大的价值导向和行为规范功能，影响着教师对有关问题的看法和做法，支撑着教师有效地开展纷繁复杂的教学活动。可以说，实践性知识实质地主导着教师的教育教学行为。教师实践性知识因其不可替代的重要作用，成为教师专业发展的建设性工具——不仅有助于理解教师行为的意义，而且还能为教师的专业发展找到切实可行的出发点。

课程思政

2020年，教育部印发的《高等学校课程思政建设指导纲要》中指出，教师要大力弘扬以爱国主义为核心的民族精神和以改革创新为核心的时代精神，教育引导学生深刻理解中华优秀传统文化中讲仁爱、重民本、守诚信、崇正义、尚和合、求大同的思想精华和时代价值，教育引导学生传承中华文脉，富有中国心、饱含中国情、充满中国味。

那么，教师如何发展自己的中国优秀文化传统素养？

第三节 教师实践性知识的生成与更新

想一想

教学的真正秘密存在于局部的细节上和教师的日常生活中；教师可以作为教学知识的最丰富和最有用的来源；那些希望理解教学的人必须在某一时刻转向教师自身。②

艾尔斯（W. Ayers，1992）

虽然实践性知识具有缄默性和不确定性，但并不是不可以被意会、被管理和被传承的。教师实践性知识与其个人的生活史、求学或教育经历、教师专业生涯紧密相联，也与教师自身的体验和感悟不可分离，是教师作为生命个体所有经历的凝练。实践性知识一旦离开人、离开生命体，就无法存在。实践性知识能在一定程度上被发现、被表达，但能够表达的往往只是它的极其微小的部分，它更多地深入教师的思维、情感和行动中，产生并贯彻在具体的教学情境里。没有人能够将实践性知识整理成册，广为传播，因为它常常隐匿在生命体当中，潜在地、无意识地发挥着作用。教师的实践性知识正是

① 刘静．20世纪美国教师教育思想的历史分析[M]．北京：北京师范大学出版社，2009：4.

② 姜美玲．教师实践性知识研究[M]．上海：华东师范大学出版社，2008：2.

包含着教师的人生经历和情感体验，具有认知、情感、道德等丰富内涵，因此其生成过程包含的因素极其复杂，而且这些因素之间盘根错节，相互影响，相互交错。这些因素之间的相互作用更像是一种化学反应，各个因素的作用方式不是直接的，而是暗箱式的。实践性知识必然是以“人”为中心的，是以“我”为主体建立起来的，由于每一个教师的经历、个性、悟性等各不相同，各种因素对他们的作用方式也就呈现出明显的差异。图 5－1[①]揭示了教师实践性知识生成过程中的各种因素之间的关系：

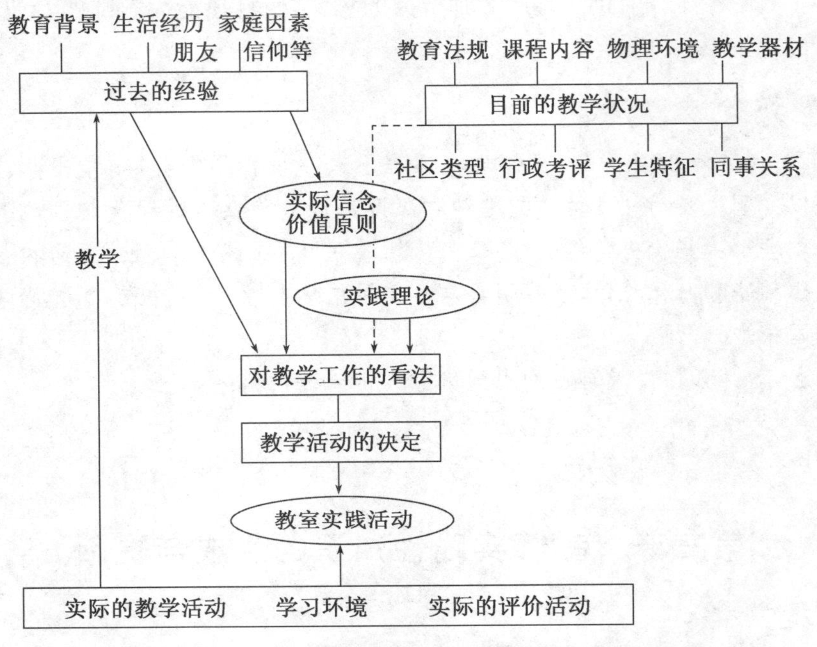

图 5－1　教师实践性知识影响因素示意图

课程思政

实践出真知，早在 2001 年教育部印发的《基础教育课程改革纲要(试行)》中已明确规定了综合实践活动是必修课程，与学科课程并列，当时就已经确立了该课程的独立地位。2017 年，教育部《中小学综合实践活动课程指导纲要》(教材〔2017〕4 号)的出台，进一步加强和巩固了综合实践活动课程的独立地位。因此在实践中应该把综合实践活动课程和学科课程同等对待，开足开齐，进一步发挥它在培养学生社会责任感、创新精神和实践能力等关键能力方面的独特价值。请结合自己的求学历程，思考这样一个问题：实践对您的社会责任感、创新精神和实践能力有何作用？

① 陈静静. 教师实践性知识论：中日比较研究[M]. 上海：华东师范大学出版社，2011：118.

一、教师实践性知识的阶段性生成

(一) 学生学习阶段

教师的实践性知识并非肇始于他们进入师范院校、接受教师教育之初,而是孕育于他们整个的生活过程与多年的受教育经验中。教师对教育、教学的早期经验,通过个体的主观感受和诠释,成为他们未来教学价值取向和信念的前结构,深深影响着其日后的专业实践和发展。教师最开始是从他们自己的学习经验中学习如何教学的。

罗蒂(Lortie)指出,教师当年的学生经历强烈地影响着他们知识的形成,即使这些经历并不愉快,因为除此之外,他们无所凭借。罗蒂将之称为"学徒式观察"。格罗斯曼(Grossman)也敏锐地提出,通过"学徒式观察",教师对自己当学生时的记忆常常形成他们对自己学生的期望及对其如何学习的感知。

初中老师是典范

我在读初中的时候就立志做一名教师——成为我初中班主任叶老师那样的人。他50多岁,和学生的关系非常亲近,大家都很信任他,喜欢他的课,对他的话言听计从。叶老师处处为学生着想,若同学受到不公平的待遇,他一定会为学生据理力争甚至不怕得罪人。那时候我就觉得他不是来教育我们的,老师跟我们是一个整体,我们和老师的期望是密切相连的。那时候我就想如果能够成为教师,也要成为学生的"庇护伞",无论遇到什么问题,学生们可以向我寻求帮助,我会不遗余力地帮助他们,我也会从中获得成就感和满足感。

——H中学温老师

当教师还是学生的时候,他们通过观察、体验来实现对实践性知识的早期积累。可以说在这个阶段,教师是通过观察学习和体验学习获得了"第一桶金",他们做学生的经历是日后他们进行教学实践的重要参考和原型,特别是当他们遇到一些优秀教师的时候,头脑中留下了大量的关于教学实践的情境、案例,这些教学活动触动了他们的神经,在思维中留下了深刻的印象。他们或者感慨于某位老师的广博学识,或者崇拜某位老师的幽默机智,或者钦佩某位老师的高尚情操。这些未来的教师与各种各样的老师"相遇",与各类教学实践"相遇",这些老师正是这些未来教师的"重要他人",他们的教学活动对学生产生了巨大的影响。学生在与这些老师的接触中形成了对教师的初步认识,也对教学活动有了最早的认知,因此这一阶段教师的学习是无意识的观察学习与潜在的体验学习。当学生成为教师的时候,随着教学的展开,学生的情感、道德意识完全被调动起来,实践性知识逐渐萌发、生长。

(二) 教师教育阶段

从大学的教师教育阶段开始,师范生的角色开始发生变化。一方面他们是师范院校或者综合大学教育学院中的学生;另一方面他们所学的专业要将其培养成教师,或者他们已经在一些中小学进行教育见习、实习,开始初步尝试教师的工作,他们同时扮演着学生和准教师的双重角色。然而,有研究者①在对一线教师实地采访后得出结论,多数教师认为大学的教师教育过程并没有对他们产生明显的影响,走上工作岗位时他们依然懵懵懂懂,难以马上适应自己的教师角色,教师教育阶段的理论知识并没有快速而直接地转化为可以应用的知识,毕业后他们经历了比较长的摸索期。

米田老师眼中的大学教育

现在大学的学习方法非常落后,大学四年根本没有让我学会做老师。根据大学教授们的讲义根本难以形成对学校的真实印象。好像只要有足够的学科知识和能力就可以应对日后的教学了。我的专业是语文教育,但是完全按照文学专业的学生来培养:阅读文学作品,对作家进行研究,然后发表自己的作品。我在大学里没有见过中学的教科书,根本不知道当时中学在教什么。这完全是在培养文学研究者,而不是培养语文教师。

许多教育学者假设教学主要是将教育理论运用于教育实践的过程,但实际上,教师的教学工作包括更加复杂的判断,而非单向度地将理论应用到实践的行为。而且在教师教育阶段这些未来的教师很少面对真正的教学实践,他们对理论的认识还只是停留在一种新的信息或方法上,他们对教育理论的思考并不深入,这些理论或者因为与教师自身的期望和想法有差距,与原有的图式建立的联系比较薄弱,所以很难纳入教师的实践性知识体系中来。显然,传统的大学教师教育的理论学习是在课堂中进行的,常常缺少学习者的参与,他们更多的时候处于一种被动、抽象的学习状态,缺少情感、道德等非认知的参与,理论的学习最后简化为一种对未来教师的说教,即使这些未来的教师对教育理论熟烂于心,其教育实践也难以达到预期的效果。

然而,教育理论常常体现着教育发展的时代精神和价值取向,确定了当代教育的理念和价值坐标,有助于实践者以特定的价值标准和教育信念对教育实践中隐含的前提进行价值判断,有利于唤醒教育实践主体内心的参与、价值的认同和精神的再生,引起实践者对教育的意义、价值、理想等主题的深层次思索。因此,如果教育理论进入未来教师的头脑中并得到他们的认同,就会成为他们信奉的理论,虽然不能直接转化为实践性知识,但是可以成为实践性知识的一种理想原型。它是实践性知识的上限,教师日后的教育实践会以其所信奉的理论为"参照"和"坐标",一旦学校的环境和自己的能力允许,他们将会尽可能地接近理论所倡导的理想状态。特别是那些优秀的教师,他们在实践中不断地将理论和实践进行对比,如果这一过程强化了他们对理论的信仰,则他们会

① 陈静静.教师实践性知识论:中日比较研究[M].上海:华东师范大学出版社,2011:115-118.

以教育理论的原型为参照来完善自己的教学实践。当然这个过程是漫长的，需要教师在教育实践中慢慢地积累。

（三）教学工作阶段

专业领域的实践性知识只有在实际的专业工作中才能得到最好的检验和磨砺。如果说一直以来的学生经历给予教师更多的是理论知识和教育理想的话，走上教学岗位的教师则是要在“专业的场景”中实实在在地接受“真情境”的考验。在这里教师不能只停留在“猜度”和“假设”上，他们需要的是到实践中去思考、整合、决策和反思，这个过程既是实践性知识的生成过程，也是先前形成的实践性知识的应用过程。在真实的教学环境中新教师面临的最棘手的问题莫过于“如何做”，他们的知识库中更多的是关于自己做学生的记忆以及教师培训阶段所学习的理论知识；而真实的情境在他们眼中显得那样的陌生和难以捉摸，无论是学校环境、学生，还是教学内容都有可能超出教师以往的知识储备。新教师一般在这个阶段都是迷茫的，他们要在实践中重新学习，当然学习的不只是学科内容，而是“如何去做”“如何教学”。新教师在职业生涯之初有两项任务，那就是教学和学习教学。这也体现出了新教师实践性知识生成的两条重要途径：学习与做事。

一方面，他们要学习熟练教师，特别是专家教师的教学经验，从中感悟和提炼适合于自己知识结构的原则、策略和方法等。新教师往往都是通过“认知学徒制”即师傅带徒弟的方式来学习如何教学的。这种方式最早出现在技艺的学习上，技艺精炼的“师傅”，通过展示、指导、训练来教徒弟，这样学习者就可以全程观察和参与工作。师傅的工作就是创造机会让徒弟在指导下练习新技能，教学过程中的“认知师徒制”的目标则是教学实践能力的提高及实践性知识的丰富和完善。当然这里的师傅并不一定是单数的，因为教师在实践当中会向不同的同事学习，对他们的教学进行观摩和钻研。

金老师的教坛第一步

当时带教我的是杨墨秋和潘传东，他们是上海首批特级教师。潘传东先生知道我知识基础不够扎实，就给我开书单，告诉我应该读哪些书，他还带我去听课，听完以后让我评论，他再谈他的看法。杨墨秋先生当时开了很多课，他拿自己的课给我们年轻人做了很多示范，告诉我们怎样才是一堂好课。我觉得这两位前辈对我的影响很大，让我顺利走上了语文教学的正轨。

另一方面，他们要向学生学习、向自己的经验学习，在与学生的互动中，在不断地尝试错误和体验成功的过程中积累教学经验，这些经验经过反复检验、强化，逐渐固化成教师的实践性知识。教师所面临的是一个复杂的情境。其一，他面对的学生是多元的、复数的主体，学生们带有自己原有经验和意识，他们生活的环境各不相同，对学习的兴趣点各异，他们对教师和课堂带着不同的期许和渴望。其二，教师自己也在不断地自我发现，在课堂上他要扮演多种角色，伴有多样的心理体验；他有自己的理想和原则，又面临着多方面的压力；他在各种条件之间做出抉择和妥协。教师在不断遇到各种问题，他们没有办法进行快速解释和解决，总是面临着大量的选择，而每一种选择又会带来新的问题和情境，即教师正是在大量的、多次的问题解决的过程中积累了有效经验。

樊老师的顿悟

最初的四年我真的懵懵懂懂，不知道自己在做什么。到 2005 年左右，我的确经历了那么一个顿悟的过程。原来，我一堂课讲下来学生们不知所云，作业也不尽如人意。我就开始反思如何能够更有效地教学，我要教给学生们方法，指导他们来概括语言的特点，这就是把方法教给他们。因此我自己也注重去积累，查找并讲解常用的修辞手法，然后找些例句，在课堂上加强这方面知识的训练。经过一年多的磨合，到了九年级，我在讲课时会加入很多的方法，学生也觉得有很大提高。

从案例中可以看出，教师在与学生不断地对话和互动中，逐渐发现哪些教学内容易于被学生接受，学生喜欢怎样的教学方式，他们会有什么样的兴趣和需要，哪些教育理论可以尝试并可能在自己的课堂上取得成功，等等。这些在课本上无法找到答案的问题，在教师的头脑中逐渐清楚起来，并形成自己独特的实践方式和风格。虽然有时他们也说不清楚那到底是什么，但这实际就是樊老师所谓的“顿悟”。随着教师的实践渐趋稳定，即教师处理的同类型案例越来越多，他就越来越少地感到惊讶；其“实践中的认识”(knowing-in-practice)将逐渐变得内隐、自然和自动化。教师实践着自己的“实践”，并形成一套包含着自己的价值、技术、策略和智慧的资料库，以便在日后的教学中提取相关信息。

二、教师实践性知识的更新途径

(一) 职前教师教育

1. 注重师范生个人生活史研究，促进其对原有经验的反思

在进入教师教育阶段之前，师范生就在多样的人生经历中、在长期的求学过程中形成了教师实践性知识的“前结构”，它在很大程度上影响教师对日后的经历、理论进行过滤、选择和建构。因此，在教师教育中应该首先将师范生看作知识的拥有者和创造者，将他们看成是专家的雏形，让他们将自身的人生经验展现出来，这些经验是他们个人的人生财富，同时也是教师教育的重要资源和材料。师范生应该成为主体，他们不只是倾听，更应该讲述，通过文本、演讲、传记等方式讲述他们的故事、对他们影响较大的重要他人、重大的分水岭事件等。这些故事和事件中蕴含着知识、伦理，更凝聚着教师丰富的情感和意愿；这些饱含着大量情境的教学故事是良好的教师教育素材。

师范生讲述故事的过程是他们与过去的自我对话的过程，也是与他人对话的过程，

通过“讲述”，他们将过去和未来联系起来。通过讲述自己的故事，师范生从自己的经验中获得知识，同时也获得考察自己“前结构”的机会，加深了他们对“我是谁”“我所经历的教育是怎样的”等问题的思考，以帮助师范生唤醒经验、认识经验、反思经验、重建经验，为日后实践性知识的建构打下良好的基础。

2. 积极开展案例教学，形成教师的实践与理论批判的互动

案例是一种描述性的研究文件，是将某一个特定学校、特定教师所遭遇到的特殊情况、难题或冲突等，以一种叙事文体方法进行描述，且尽量能把情境、参与者与情境实体做平衡与多重面向观点的呈现。案例教学借由案例作为教学材料，结合教学主体，通过讨论、问答等师生互动的过程，让学习者了解与教学主题相关的概念或理论，以培养学习者理论联系实际的能力。

以往的教师教育中，教师们学到的更多的是理论知识，是对“是什么”或者“为什么”的逻辑认识的探究，其逻辑假设是教师获得了这些理论知识后能够理解教育的内涵和意义，会将其作为教育实践的依据，并按照这些理论知识自觉指导教育实践。但是，理论知识的致命弱点就是它是普适性的、原理性的知识，它忽视了情境、细节，也就忽视了教学的本质特征。课堂的教学充满了未知和不确定，任何一个完美的命题都无法囊括所有的教学细节，任何一个原理都无法与课堂多变的情境相对应。教师在课堂上要进行大量的决策和判断，连续的判断过程使课堂充满了紧迫感，教师要不断地、恰当地处理层出不穷的问题，才能顺利地进入下一个情境。而教师一直处于判断的循环中，命题和原理在丰富的、不确定的、回归的课堂情境中常常表现出一定程度的“水土不服”，因为大部分的教育问题是复杂的、变动的，而且呈现了多元的和不确定的解决途径，而规范化、公式化以及先验的知识，很少可以应用到这些模糊和复杂的情境脉络中。而案例知识是以实践的形式呈现，它来自教学生活，来自教师的经历，其呈现方式与教师所遭遇的教学情境比较契合，它是教师实践性知识的主要存在形式。

3. 加强教育实践指导和实习，分享和重构实践性知识

以往的教师教育常常将主要精力放在理论学习上，特别是教育学、心理学和学科教学法的教学上，实践方面的教学比较缺乏，只是在第四学年组织 6～8 周的教育实习。不但实习的时间比较短，而且实习内容简单，通常包括课堂教学、班主任工作和教育调查等；实习往往缺乏细致的管理和指导，使教育实习流于形式。师范生在实习学校中的地位尴尬，往往沦为旁观者或者技能的模仿者，从而难以达到专业教学人员所需要的知识和能力水平。

实际上，教师的工作性质是实践性的，他们往往面临复杂、不确定的实践情境，这就要求他们熟悉学生、教学环境等，这样可以直接转化为师范生的实践性知识并指导他们日后的课堂实践。因此，教师教育者不但要有丰富而深刻的理论知识，而且还应具有丰富的教学或实践经验，他们熟悉中小学的现状，了解教师的生活状态，对当前中小学生的认知水平和心理状态的知识储备比较丰富；他们不是单单的理论研究者，也不是中小学教学的门外汉，而是能够同时胜任中小学和大学教学的专家型教师；他们是师范生教学行为的指导者和示范者，是反思性教练和共同研究者，是实践机会的评价者和组织者。指导教师可以通过各种方法使自己的实践性知识显性化，他们应该有意识地总结自己实践性知识的价值，并将揭示自己的实践性知识作为指导工作的一部分。而师范生应该是探究取向的。师范生将自己看作学生，为了学习，学习者要进行各种学习活动。当指导教师授课时，他们不应该是消极地学习，而应该积极地参与到学习活动中去，决定他们该知道什么，看他们的问题是否能在指导教师所提供的信息和行动中得到回答。此外，师范生还要持续讲课，与指导教师讨论教学，反思教学，这样才能使师范生得到持续的发展。

(二) 在职教师专业发展

1. 加强教师个人实践的展示与共享

每一个教师都是自己教学的创作者，教师以自己的生活经历、教学经验为基础，通过个人的不断感悟和反思所形成的实践性知识，包含着个人对教学的深刻理解，包含着丰富的教学智慧，无论对于教师自己，还是对于实践共同体来说都具有极其重要的作用。但是，实践性知识以一种潜在的方式隐匿在教师的身体里、隐匿在课堂的教学中，不能通过书本学习，也难以用直接的方式传递。因此，要使个人的实践性知识成为实践共同体的共同财富，使个体教师优秀的教学实践转化为共同体的共同认知和实践，就需要教师通过各种方式将自己的实践展示出来，而不是密封在课堂中，密闭在自我的小世界里。

然而，不是任何人的所有的实践性知识都是合理的、正确的，教师的实践性知识中也存在一些不合理成分，这是在长期的教学过程中已经形成的一种不良习惯，缺乏教学的本真之意，在教师的头脑中早已内化、合法化。格里菲斯和坦恩(Griffiths & Tann)指出，教师在长期的教学实践中会形成一些自认为理所当然的个人知识，这些知识如果没有通过对话来公开化，就有可能因为缺乏严格的检视而成为愚昧的理论。个体教师教学实践的展示过程，实际上是将自己的"缄默"的实践性知识转化为外显知识的过程。

日本学者野中郁次郎和竹内光隆(Nonaka & Takeuchi)在其著作《知识创造公司》中以"SECI"来表示四种转化方式[①]。其中"S"是指"社会化"(socialization)，强调缄默知识的交流是通过社会或社团成员的活动来进行的，即个体通过认知师徒制等方式交流和共享缄默知识的过程。"E"是指"外化"(externalization)，是指个体通过努力使缄默知识在一定程度上转化为外显知识，并将之传授给他人，在转化的过程中可能产生新的外显知识，外化是知识创造的关键。"C"是指"组合"(combination)，是一种把概念综合成知识系统的过程。"I"则代表"内化"(internalization)，是从外显知识到缄默知识，这是把外显知识应用为缄默知识的过程，它与活动式学习密切相关。教师展示自己的创造性的教学实践可以使个体实践性知识得到多种方式的相互转化，从而使教师加深

① 陈静静. 教师实践性知识论：中日比较研究[M]. 上海：华东师范大学出版社，2011：149.

对自我实践的理解，同时也使其他教师在观摩的过程中获得更多的经验，并将其应用到自己的教学实践中，从而有可能使实践性知识在教师之间得到学习和发展。

2. 促进实践共同体内的协商和研讨

教师个人的教育实践要经过共同体的讨论和评价，教师可以通过这一过程从不同的角度重新看待自己的教学，引发教师对教学的深刻思考。而且其他的教师也能够在评价和协商的过程中进行自我的反思，并将共同体内的共同愿景转化为自己的实践性知识和自觉的教学行动。霍德(Hood)指出，为了提高个人和组织的能力，共享个人实践，要求同事之间必须对他人的教学实践进行评价和反馈。路易斯和克鲁斯(Luis & Cruz)将其称为“非私人化的实践”，并进一步指出，这种评论不是一个评估程序，而是作为“同事互助”的一个过程。这种活动应受到高度重视，且应有制度保障其经常发生，用一套严谨的程序来引导这种交互作用，使这类活动得以持续不断地进行。这体现了教师之间的相互支撑与合作，通过这种方式才能使每个教师的实践经验得到最大程度的共享，也使得那些不符合共同体实践原则的实践得到更正；而且通过不同教师对某一位或几位教师的评价，可以进一步加深教师对教学的理解，并促进他们的反思，改善自己的教学实践，同时更新自己的实践性知识。

只有通过授课教师的实践性知识的外显，促进授课教师与其他教师之间的对话，在教师实践共同体中形成广泛的对话活动，才能使教学实践得到更加广泛的情感鼓励和技术支持，才能使教师实践性知识中好的方面得到弘扬和发展，并在共同体中得以传播。同时也有助于减少教师个体实践性知识的偏差，保证教师的教学实践更加合理。共同体的协商应该在平等的、安全的对话环境中进行，这个环境是合作性的、情感性的，也是发展性的。在这种环境中教师能够畅所欲言，对自己的教学实践进行客观的、全面的自我解析，有意识地将自己的实践性知识外化、社会化，同时也能够阐释自己在教学当中遇到的难点和问题等，只有在一个安全的、令教师安心的环境中，这种深刻的反思才能成为现实。其他教师不是居高临下的指导者，也不是谨小慎微的学徒，而是授课教师的支持者和合作者，他们通过对课堂中具体情境的分析、评价来加深对教师教学实践的理解，并给予授课教师回话和反馈。同时，教师之间针对一些教育情境可以进行共同分析，允许平等的争论、辩护，在深入的协商之中，新的认知和知识不断地涌现出来，可能会触动、活化教师的实践性知识，从而产生某种感悟心得并获得震撼体验。此外，教师对自己的教育教学观念和教育教学行为积极地进行构建、回顾和观照，对自己的教育教学活动中取得的成就和存在的问题进行反复思考，以求获得最佳效果，而这又会激发新的教学尝试，并成为实践性知识更新的契机。

3. 通过对实践的反思，不断进行自我超越

教师常常是在实践经验中进行学习的，但是波斯勒(Posner)等人的研究表明①，经验和事件本身并不能带来学识，只有通过反思内化到教师头脑中的经验才能真正转化

---

① 陈静静.教师实践性知识论：中日比较研究[M].上海：华东师范大学出版社，2011：156.

为实践性知识。约翰·坎贝尔(John W. Campbell)将反思形容为“一个人内心的对话”,认为人们正是由此获得经验、形成信念、得到感悟。反思过程是教师与自己的“对话”,将自己原有的知识与新的经验进行对比,从而得出新经验中的信息的效用性,并从中进行选择,弥补自己原有知识的空缺或者替换原有的某些知识。教师所从事的是一种创造性的活动,他们面临的问题永远具有新颖性,在大量的教学过程中教师始终在“变”与“不变”、“重复”与“创新”之间保持着一种“创造性的张力”,这是一种建设性的、向上和向前的力量。这种力量使得教师既生活在当下又要着眼于未来,他们总是处在“复制”与“创造”的过渡之中。因此在问及“您对目前自己的教学是否满意”的时候,所有教师的回答都惊人的一致“不满意”,他们感到自己有太多的地方需要改进,他们理想的课总是下一节。①

教师的工作性质决定了他们在寻求一种“可能的生活”,这是一种创造性的生活,其本质在于不断地超越和更新。教师要采用新的眼光来审视自己的教学,不能视原来的经验为理所当然,这需要一种打破和重构的勇气,需要与原有的不合理的习惯进行斗争,要在新与旧的选择和更替中进行挣扎,这是一个异常痛苦的过程,可能要经历对自己进行不同程度的否定,而且这种否定是持续性的。因为反思是持续的,它是伴随教师的新经验不断地进行的,每一个新信息、新情境、新环境的诞生都与教师的反思紧密相连。虽然这种反思并不能立即影响教师原有的实践性知识,也不会立即表现在教师的实践当中,但是反思如同涓涓细流,水滴石穿,它用最柔软的力量冲破最坚固的思维定式,将教师带入不同的境界当中。反思使教师不断产生一种来自心灵内部的超越的冲动,这种冲动是教师专业实践发展的原动力,这是任何来自外部的力量所不能替代的。教师的实践性知识一直处于“肯定—否定—否定之否定”的螺旋式上升的过程中,反思是这种自我超越的必然路径。

案例链接

或许乌龟比兔子更适合当教师

婷和芳同一年分配到某中学任教。婷教政治课,芳教英语课。婷容貌秀丽、身材修长、衣着时尚,芳虽五官端正,但身材较胖,衣着方面常给人以不修边幅之感。在新教师汇报课上,听课领导对婷的课大加赞赏,但对芳的课评价不高,说芳语速过快、英语语音发音不准。

后来的日子,婷轻松上课、管理班级,所带班级秩序井然,很少见她为班上学生烦恼,在办公室时,婷总是边听音乐边在网上浏览视频、查阅资料。婷在任教第一年就参加县里优质课竞赛,获得较好成绩。芳则相反,总看到她或听教学录音带、朗读、矫正发音;或抱着书阅读;或就教学和班级管理方面的问题向其他教师请教……

① 陈静静.教师实践性知识论:中日比较研究[M].上海:华东师范大学出版社,2011:152.

第一学期结束，婷所带班级量化总分位居年级榜首，而芳所带班级是最后一名。婷在所有老教师眼中成了谜，也没见她在班级管理上下功夫，为什么却能将班级管理得这样好？是她天生适合当教师？还是她的美丽在无形中发挥着“亲其师，信其道”的作用？婷和芳的表现简直就是真实版的龟兔赛跑。

后来，领导安排婷写一篇教研论文，婷以懒得写为由拒绝了。领导就安排芳写，芳很快完成了。再后来，同事有问题向芳请教，芳都让同事满意而去。于是，同事们对芳刮目相看。

那一年县里期末统考，芳的班级量化总分明显要好于婷的班。芳所教班级的英语成绩甚至可以和有经验的英语教师的班级相提并论。在流水阅卷时，由于婷的疏忽，漏批了部分试卷，导致婷所教整个年级的学科在县里排名很糟，学校整个年级在县里排名也很差，婷和全年级老师都被扣了很多工资。有人说，就算婷不疏忽，也同样是这种结果。

那段日子，婷很沉默。不久，婷谈恋爱了。渐渐地，婷流露出对工作、前途、生活的消极，让同事很吃惊：花样年华的女孩子，怎会有看破红尘的感觉？芳买了很多书，决定考研，她依然衣着朴素，依然常手捧书本。

婷说，人有两种：一种人聪明而不勤奋，一种人不聪明但勤奋。婷说自己属于第一种。芳说，很多事，结果并不重要，努力的过程本身就是快乐的。

本章小结

教师专业知识是教师职业成为专门职业的基础与前提，也是教师专业发展过程中的一个核心要素。本章首先从教师专业知识观的历史嬗变入手，对实证主义教师知识观与后现代主义教师知识观的内涵特征与发展脉络予以分析；然后对教师专业知识体系的构成要素——学科内容知识、一般教学法知识、学科教学知识、课程知识及教师实践性知识进行解读；最后对教师实践性知识的生成与更新途径予以探讨，并从教师个人求学阶段、师范生职前教育阶段与教师在职教育等阶段提出相应举措。

关键词：学科内容知识；一般教学法知识；学科教学知识；课程知识；教师实践性知识

思考训练

1. 为什么说“良师一定是学者，而学者未必是良师”？
2. 在信息化时代，教师知识传授者的角色正面临着巨大挑战，对此你有什么看法？

推荐阅读

1. [美]唐纳德・A. 舍恩. 反映的实践者——专业工作者如何在行动中思考[M].

夏林清,译. 北京:教育科学出版社,2007.

2. [美]唐纳德·A. 舍恩. 培养反映的实践者——专业领域中关于教与学的一项全新设计[M]. 郝彩虹,等译. 北京:教育科学出版社,2008.

3. [美]克里斯·阿基里斯,唐纳德·A. 舍恩. 实践理论——提高专业效能[M]. 邢清清,等译. 北京:教育科学出版社,2008.

4. [英]艾弗·F. 古德森. 专业知识与教师职业生涯[M]. 刘丽丽,译. 北京:北京师范大学出版社,2007.

5. 徐碧美. 追求卓越——教师专业发展案例研究[M]. 北京:人民教育出版社,2003.

参考文献

1. 叶澜,白益民,等. 教师角色与教师发展新探[M]. 北京:教育科学出版社,2009.

2. 洪明. 教师教育的理论与实践[M]. 福州:福建教育出版社,2007.

3. 季苹. 教什么知识——对教学的知识论基础的认识[M]. 北京:教育科学出版社,2009.

4. [日]佐藤学. 课程与教师[M]. 钟启泉,译. 北京:教育科学出版社,2003.

5. 陈向明. 实践性知识:教师专业发展的知识基础[J]. 北京大学教育评论,2003(1).

第六章
教师专业能力

微信扫码

配套数字资源

※ 学习目标

1. 了解教师专业能力的相关知识；
2. 熟悉教师专业能力的内容；
3. 掌握教师教育教学能力的培养途径。

导入语

教师专业能力的大小直接关系未来人才素质的高低，关系教育改革和发展的推进，及科教兴国战略和人才强国战略的实现。强国大计，教育为本；教育大计，教师为本。教师专业能力的发展，是提高教师个人能力的现实需要，是学校教学改革的发展需要，是国内国际新情况、新形势的变化需要。因此，作为准备加入教师队伍的师范生而言，准确理解教师专业能力的内涵并遵循其发展路径，将对他们未来从事教育事业有着非常重要的作用。

第一节　教师专业能力概述

想一想

孩子眼中的好老师，家长眼中的好老师，校长眼中的好老师，虽然要求不一，但标准是确定的，那就是“好”，即我们在教师评价中所说的“优秀”。那么，一个优秀的教师应该具备哪些专业能力呢？请看下面这两个案例。

【案例1】 甲是一位中学语文教师，为了搞好教学、切实提高学生的学习成绩，她做了大量艰苦而烦琐的研究。为了提高学生的作文成绩，她阅读了大量的优秀学生作文，阅读了大量的作文技法书籍；为了提高学生的语文成绩，她每教一个班级，都要反复研读全国各地历年的中考语文试题。二十多年来，她所任班级的语文成绩年年遥遥领先，所写的教学论文也多次在市、区获奖，但学校教师的认同度不高，认为她所做的是典型的“时间＋汗水”，技术含量不高，不值得一学。

【案例 2】 乙也是一位中学语文教师，为了提高学生的语文成绩，她阅读了大量的有关语文教学理论与实践的书籍。十多年来，她撰写的教学论文多次在市、区获奖，而且被评为了区级“骨干教师”，但她所任班级的语文成绩始终不在人前、不落人后，学校教师的认同度不高，认为她的教学是花拳绣腿，好看不实用，缺乏说服力，也不值得一学。

应该说，这两位教师的情况在当前的中国基础教育界是很具有代表性的。许多一线工作的教师，为了提高自身的素质和能力，为了提高学生的学习成绩，不辞劳苦，加班加点，做了大量的学习和研究。但是，由于他们对教师专业能力内涵理解的不同，导致不同教师学习和研究的侧重点不同，他们的努力往往表现出了截然不同的结果。对此，你有什么看法呢？

随着知识经济时代的发展，人类开始迈入一个新时代——学习化社会。作为该社会的领航人——教师，必然面临着根本使命的转移，即由全知全能的“教育者”转变为“人类学习活动的首席参与者”“学习活动可持续的维系者”。这就在客观上要求教师实现从“知识型”向“专业型”转变。

同时，新课程改革也对教师的专业能力提出了很高的要求，然而在现实中，由于多种因素的影响，我国教师的专业能力还不能完全满足教育发展的迫切要求，教师专业能力已经成为制约教师个人发展的瓶颈。因此，探索教师专业能力的生成、发展、更新一体化模式，不仅是打破职前培养和职后继续教育相脱离状态的迫切要求，也是构建教师专业素质良性发展机制和教师专业生命终身持续增长轨道的必然选择。本章试图从教师专业能力的内涵、教师专业能力的内容、教师教育教学能力的培养途径三个方面来探讨教师的专业能力。

一、教师专业能力的内涵

能力是指在特定组织中为有效执行一个任务所必须具备的知识、技能和特性。①教师专业能力是指教师在从事教育教学活动中，顺利完成教学任务所表现出来的个性心理特征。教师的专业能力是教师在具有学科专业基础知识的基础上，通过教育实践，不断积累经验、完善自我，不断创新发展而形成的一个合格教师所应具备的全部能力。

教师的专业能力是教师专业发展的重要特质之一。我国学者强调对教师专业能力的严密逻辑结构的划分，旨在构建起教师能力的完整结构。随着研究的进展，人们更加关注体现教师专业特性的核心能力，学术界对此说法不一。

林崇德等人认为，教师能力的核心要素是教学监控能力。所谓教学监控能力是指教师为了保证教学的成功，达到预期的教学目标，而在教学的全过程中将教学活动作为

---

① [美]詹姆斯·D. 克莱因. 教师能力标准[M]. 顾晓清，译. 上海：华东师范大学出版社，2007：11.

意识的对象，不断对其进行积极、主动的计划、检查、评价、反馈、控制和调节的能力，它是教师的反省思维或思维的批判性在其教育教学活动中的具体体现。这种能力主要分为三大方面：一是教师对自己教学活动的事先计划和安排；二是对自己实际教学活动进行有意识的监察、评价和反馈；三是对自己的教学活动进行调节、校正和有意识的自我控制。① 叶澜教授认为，理解他人和与他人交往的能力、管理能力和教育研究能力是现代教师的重要特征，因为教育首先被理解为沟通与交往的过程，所以具备这些特征也是作为"研究型教师"所必需的。②

邵瑞珍等学者认为，教师的专业能力应包括思维条理性、逻辑性，口头表达能力与组织教学能力。③ 曾庆捷认为，教师应具有信息的组织与转化能力、信息的传递能力、运用多种教学手段的能力和接受信息的能力。④ 孟育群认为，教师的专业能力包括认识能力（思维的逻辑性、思维的创造性）、设计能力、传播能力（语言表达能力、非语言表达能力、运用现代教育技术的能力）、组织能力和交往能力。⑤ 罗树华、李洪珍认为，教师应具有基础能力（智力能力、表达能力、审美能力）、职业能力（教育能力、班级管理能力、教学能力）、自我完善能力和自学能力。⑥

虽然学者们各自角度不一样，观点也不一致，但他们的讨论为探讨教师的专业能力提供了启发和借鉴。

二、教师专业能力的特点

大量事实表明，教师专业能力的提升是一个缓慢而艰难的过程，需要包括个体在内的多方面的共同努力。这些能力的形成机制较之教师专业素质的其他要素，如专业知识、专业技能、专业思想等更为复杂。这种复杂性与教师专业能力的特点有直接关系。教师的专业能力有以下特点：

1. 个体性

教师专业能力是教师作为个体在日常教学中通过体验、感悟、思考和实践等方式逐步形成的。但这种形成不是教师把普遍的、规范的某种教育知识或教育理论学会之后应用于教育实践的简单过程，而是受教师个体的思维特性、个性、知识储备、自我形象、职业动机以及所处的教育环境等的影响，蕴含了教师将一般理论个性化和个人情感、知识、观念、价值、应用情景相融合的过程。因此，教师专业能力与其他专业能力相比，有很强的个性化色彩。从某种意义上讲，教师专业能力的养成也是教师个体全面发展的过程。

---

① 林崇德，申继亮，辛涛. 教师素质的构成及其培养途径[J]. 中国教育学刊，1996(6)：19.

② 叶澜. 新世纪教师专业素养初探[J]. 教育研究与实验，1998(1)：45.

③ 邵瑞珍. 教育心理学：学与教的原理[M]. 上海：上海教育出版社，1983：265.

④ 曾庆捷. 浅论教师的知识结构、智力结构、能力结构[J]. 教育丛刊，1987(3-4)：6.

⑤ 孟育群. 现代教师的教育能力结构[J]. 现代中小学教育，1990(3)：6.

⑥ 罗树华，李洪珍. 教师能力学(修订本)[M]. 济南：山东教育出版社，2000：7.

2. 情境性

教师的专业能力反映了学校情境中教师的行为模式，带有明显的情境性特点。教育活动的各要素都是交叉互动的，同一教育内容、施教对象，面对不同的受教者，会形成不同的教育情境。教师的专业能力就体现在能将一般的教育教学理论与具体情境相结合，能根据不同的教学条件、教育对象和复杂多变的问题、现象做出相应的判断和裁决，从而采取不同的适合特定情境的行为和方式。因此，教师专业能力的习得需要大量不同教学情境的浸染，通过教学主客体之间的相互作用而实现。

3. 创新性

这是由教育对象的特殊性和教育教学的复杂性、多变性决定的。教师的工作与医护工作之规范、司法工作之独立不同，更多的是需要创造性劳动。从教的活动要素看，教的客体——学生是教师塑造、发展的对象。但作为主体性的人，不同的学生个体有不同的能力、气质、情感、思想，他们的成长、发展有其自身的特性和规律。一种教学策略在甲场合有效，在乙场合未必有效，因为此教学对象非彼教学对象，此教学情景非彼教学情景。这就促使教师要从学生的智慧、情感、意志等多方面考虑教育活动的实效性。

4. 发展性

由于教师的教育教学活动是在极为复杂的关系中进行的，因而教师的专业能力具有高度的包容性和整合性。从个体看，教师专业能力随着教育对象、教育情景的变化显现出动态的、发展的、可变的特点，教师的成长是可持续发展的，其专业能力的发展也伴随着教师个体的成长而不断提升和发展；从整体看，教师专业能力与教育事业的发展是相互联系、相辅相成的，教育在不断地超越、更新和发展，教师专业能力也是处于不断发展、完善之中。因此，教师专业能力的发展是没有“顶点”的，但有一定的方向性，即由低到高，由浅到深。

三、提高教师专业能力的重要性

1. 教师专业化发展的必然要求

教师专业化是指教师以合理的知识结构为基础，具有专门的教育教学实践能力，并能有效地、创造性地解决教育教学领域中的问题。教师的专业成长过程就是教师专业能力提升的过程。教师的专业化更加注重教师专业能力的发展，要求教师在现实的教育教学情景中注重自我认识、自我更新，以求胜任专业化的教师角色。

2. 课程改革与建设的必然要求

教师专业能力的提高是新课程改革的需要，新一轮基础教育课程改革在课程功能、结构、内容、实施、评价和管理等方面较原来的课程有了重大创新和突破，对教师各方面的素质提出了新的挑战和要求。课程改革和建设需要每一位教师的参与和努力。只有提高教师的专业能力，才能让教师对课程改革和建设所涉及的方方面面有更清晰、更彻底的了解，并参与其中，以推动其健康、顺利的发展。

3. 教学质量提高的必然要求

21 世纪以来，在国家的高度重视和推动下，我国教育事业实现了持续快速的发展。今后一个时期，在继续巩固和扩大办学规模的同时，转变人才培养模式，提高人才培养质量，是教育工作的首要任务。教师是教育事业发展的人才基础，是教育改革的实践者和推动力量，是提高教育质量的关键。提高教学质量的基础和重要条件，就是提高教师的专业能力。

4. 职业快速发展的必然要求

信息化社会，职业发展的速度越来越快，职业的内容、职业对人才的需求也随之发生很大的变化，新工艺、新技术等将广泛地应用到社会各行业中。教师如果不能提高自身的专业能力，不断更新自己的知识结构，及时了解职业快速发展对人才要求的新变化，势必很难跟上这些新的变化和新的需求，就很难成为合格的教师。

5. 教师准入制确立的必然要求

2012 年 8 月，国务院印发《关于加强教师队伍建设的意见》，提出“严格教师资格和准入制度，全面实施教师资格考试和定期注册制度”。中小学教师资格考试和定期注册制度逐步建立健全，为严格教师准入，加强教师考核管理，提高教师队伍质量和水平，建设高素质专业化教师队伍提供坚强的制度保障。因此，探讨教师专业能力对制定教师专业能力标准并进而建立教师准入制度有着非常重要的作用。

第二节 教师专业能力的内容

想一想

数学课上 F 老师让学生在课堂上做一道数学题：“买一个篮球是 9 元 5 角，一个足球是 17 元 2 角，合计要多少钱？”同学们都忙着动手计算，只有 W 同学无动于衷。“站起来！”F 老师对 W 同学说，“做出来了吗？”“做出来了。”既然被老师盯上了，W 同学只好硬撑着脸面说。“答案是多少？”“不到 30 元。”“不对！你这是敷衍我。”“怎么不对？9 元 5 角不到 10 元，17 元 2 角不到 20 元。所以，9 元 5 角加 17 元 2 角，不到 30 元。”W 同学倔强地说。“这……这……这没有用！”憋了半天，老师才说出这句话。“怎么会没有用？只要跟妈妈说，买这两个球，不到 30 元，她就会让我买。”W 同学和 F 老师较上了劲。“我说没用就没用。统考时，你不给出准确结果，谁给你分！”F 老师脸都气白了。

请思考，如果你是 F 老师，遇到这样的学生你会怎么办？这个案例中 F 教师的行为对我们理解教师专业能力有何启发？

国内外关于教师能力的研究表明，教师专业能力是影响教育教学效果的决定因素，或者说，教师专业能力与其工作效果有着紧密的联系。那么，作为 21 世纪的教师，其专业能力主要有哪些呢？本文认为，教师的专业能力主要包括两大类能力：通用能力和核心能力。

课程思政

2021 年，教育部印发了《中学教育专业师范生教师职业能力标准（试行）》等五个文件，提出了四大能力：师德践行能力、教学实践能力、综合育人能力、自主发展能力。[①] 请结合实际，谈一谈如何根据《能力标准》要求，"修炼"成为一名"四有"好老师？

一、通用能力

1. 语言表达能力

苏霍姆林斯基说："我觉得，对语言的感受以及想用语言去表达内心世界最细腻的活动的愿望……这是真正的文明素养的重要源泉之一。"[②]当今课堂，各种教育手段日趋现代化，教师的叙述和讲解相应减少，因此，要一语中的、一语解惑、一语启智、一语激情，就需要教师有深厚的语言艺术功底和语言表达能力。语言表达能力，是教师完成教学任务、实现教学目的的基础能力之一，必须认真加以修炼。

表达能力可以分为语言表达能力和非语言表达能力两大类，两者都是教师用来进行人性陶冶和知识传授的重要工具。语言表达特别是口头语言表达能力的强弱，直接影响着教师主导作用的发挥，也直接影响着学生语言和思维的发展。非语言表达主要包括除语言表达之外的其他方式的表达，诸如身体姿势、眼神等。

修炼语言表达能力，是各科教师提高专业能力的共同任务。要做出类拔萃的教师，就要不断修炼语言表达能力，要不辞辛劳、耐心研究、大胆尝试，只有这样，丰富的思想内容和巧妙的语言艺术才会孕育而生。语言表达能力的修炼除了要坚持做到准确、鲜明、生动之外，还要注意：语言除了要合乎逻辑、简明、生动形象、抑扬顿挫、悦耳动听之外，还要具有幽默感和亲和力。

2. 组织管理能力

现代教育视域中的教师管理能力，不应把学生仅仅作为一个抽象的、被动的管理对象，把他们管死，而是要把学生组织起来，积极为他们创设各种有利条件，充分发挥他们每个人的个性潜能或特长，为形成一个有利于每一个学生都能得到生动活泼发展的集体，为人人能在集体中有自己的平等地位，能为集体做出自己的奉献，又能从集体中汲取力量、感受温暖、学会协作而共同努力。教师的管理能力主要体现在能够确立符合实际的活动的预期目标，拟订周密的教育教学工作计划，充分发挥学生的积极性、主动性

---

① http://www.moe.gov.cn/jyb_xwfb/s271/202105/t20210506_529958.html.

② [苏]B. A. 苏霍姆林斯基. 帕夫雷什中学[M]. 赵玮，等译. 北京：教育科学出版社，1983：19.

与创造性，从而保证良好效果的产生。

学生需要快乐而活跃的课堂。这样的课堂是师生、生生相互尊重、相互激励的课堂，是最大限度地满足学生精神需要、求知需要、公平竞争需要的课堂，这样的课堂弥漫着快乐、融洽的气氛，是学生快乐成长的精神家园。然而事实与要求还相距甚远。在北京、上海、广州的一次调查显示，有 60%的受访学生明确表示学校生活并不快乐。试想，一个不能给学生带来学习快乐的课堂能够促进学生健康成长吗？那些只关注分数，不关心学生精神面貌、人际和谐和学生全面发展的教师，真的应该深思了。眼睛只盯着升学考试，是不行的，还应当在创造课堂文化氛围上多动些脑筋。① 事实证明，一所学校在相同的管理体系下，仅仅因为教师采取不同的课堂管理手段，学生的精神状态会有很大的差异。毕竟所有的学生都希望受到尊重，希望在社会认同、自我实现等高层次的需要上得到满足。一个高明的专业化教师一定会把创造快乐、高效的课堂，使学生快乐地实现健全人格的发展，作为自己的追求，真正使自己的课堂成为学生宽松快乐、民主和谐的精神家园，成为学生快乐学习、健康成长的乐园。实现这一目标需要教师具有构建快乐课堂的组织管理能力。

3. 处理教材的能力

教材是学生学习的基本依据，因此教师能否用好教材，直接关系到教学质量的高低。在教材的使用方面，教师要深刻领会课程标准的精神实质，以及学生培养的目标，并把它与教材紧密结合，力争通过教材的运用达到课程标准的目标的实现。

教师首先要有准确把握教材的能力，全面深刻理解教材，明确教材的知识结构、理论体系，贯通教材的知识点，熟知教材的内容，并内化为自己的知识储备，做到胸有成竹、知识渊博。教师还应该结合不同的课题，结合学生的认知水平，结合不同的教学环境灵活运用教材。

课程思政

课程育人要求教师要善于挖掘课程中的思政元素，讲好学科背后故事：学者们追寻真理的“筚路蓝缕”之路、学者们为真理甚至不惜牺牲自己的生命；学者们为自己的祖国鞠躬尽瘁，死而后已(家国情怀)；学者们自强不息的故事……那么，作为课程教师，应该如何挖掘、讲好课程背后的故事？

教师必须具备更新教材的意识和能力。教材内容是相对固定的，教师要及时把最新的知识和理念传达给学生，用最新的案例论证教材，以体现教学内容的先进性和时代性。教师处理教材要与时俱进。

教师要有展延教材的能力。对教材中的难点、重点，以及能培养学生价值观的知识节点，教师应启发学生深入思考，广引博征，举一反三，动之以情、晓之以理，既使学生学

① 田福安，杨连山. 教师修炼系列：教师专业化五项修炼[M]. 重庆：西南师范大学出版社，2010.

到准确而广博的知识，又能触及学生心灵，得到美的熏陶。

教师要有编辑整合教材的能力。教材是死的，而使用和学习教材的师生是具有一定批判和思考能力的。教师要依据课程标准的要求，根据学生的知识水平和知识的难易程度，灵活裁剪和编辑教材（当然不能断章取义，要保持知识体系的完整性）。其原则是去粗存精，去伪存真，由繁到简，条理分明，易于接受，突出重点，提升能力，符合逻辑。教材编辑可以一定的顺序，如时间顺序、空间顺序、思维顺序（是什么—为什么—怎样做）等。

教师要结合教材训练学生的能力。教师根据教学内容和要求，创造性地制作与教材相关的练习，通过练习巩固和强化学生对知识的掌握，提高学生的技能，这对于达到和完成学习目标，是必需的、必要的，是不可替代的。训练方式要形式多样，如试题测试、参观访问、写感想、参与社会实践等（要注意体现三维目标、难易适度、作业量适中、照顾不同层次的学生）。教师使用教材要通过恰当方式落实到学生的行动中，以实现教学的实践性原则。

4. 了解和研究学生的能力

了解和研究学生的能力是指教师对教育对象的个性特征、心理素质、道德行为、学习能力及身体状况等方面具有把握的能力。在多元化社会条件下，学生的道德状况、精神面貌等已发生了一定的变化，因而，教师充分地了解学生的能力在时下显得更为重要。同时，科技的发展也对教育形成冲击，复杂的社会环境、生活背景等主客观条件，使学生的内心意念、学习能力、学习方式方法等千差万别，因此了解学生是教师的必修课，能否有效地了解学生也是教育教学能否最优化的重要前提。现代教育要求弘扬学生的主体精神，开发学生的内在潜能，促使学生在不同方面、不同程度上得到发展。多元智能理论给我们的一个重要启示是：人才是多样化的，所以要有多元的评价标准和多元的成才观。美国哈佛大学心理学教授加德纳（Howard Gander）提出的“多元智能理论”（Theory of Multiple Intelligence）认为每个人至少有 7 种智能，即语言、数理逻辑、音乐、空间、人际交往、身体运动和自我认识，不同的人形成了不同的优势智能和弱势智能的组合，从而在不同的学习环境中表现出不同的学习效益。所以，重要的是怎样构建一种较为理想的教育，让学生有充分展示自己长处的时空，使其能充分发挥自己的才能和尽可能牢牢掌握自己的命运。

了解研究学生的能力离不开观察能力，善于察言观色；离不开发现能力，善于发现学生的优点，以便实施有效的激励；离不开分析能力，善于对所掌握的信息进行科学的分析判断，从中寻找规律性的东西。每个孩子都有自己的长处，也都有自己的短处。正如罗丹所说：“美是到处都有的，对于我们的眼睛，不是缺少美，而是缺少发现。”教师有目的、有计划地观察学生，有助于系统、全面、客观地了解学生的情况。美国著名的教育家巴士卡里雅宣称：“把最差的学生给我，只要不是白痴，我都能把他培养成优等生！”巴士卡里雅有什么秘方呢？他的秘方就是善于观察和发现学生的长处，从而对他们多鼓励，多赞扬。据说，他批改的学生作业本上都写着“写得好”“好极了”“真棒”之类的评语。他的学生人人都从学习中得到一种喜悦，找到了自信，看到了希望，因而学习的兴趣浓，干劲足，进步快。

教师观察分析能力的提高是个循序渐进的过程，需要教师有持之以恒的耐心，有勤于反思和不断挑战自我的精神。

5. 沟通协调的能力

课程思政

有研究认为，教师要具有亲和力和较强的沟通能力。教师应俯下身去，倾听孩子的心声，平等与孩子沟通，营造民主的课堂；倾听家长的声音，积极换位思考。通过积极有效的沟通，营造和谐的师生关系和家校生态，促进学生健康成长、教师愉悦工作。

那么，教师应该如何由内而外地修炼这种能力？

根据“立体化、网络化教育”的特点，教师特别是班主任必须具有接收指令、协调教师、联系家长、社会交际的能力，使学校、家庭、社会彼此配合，形成教育合力。同时，教师和班主任对学生教育的过程，受外界和学生思想变化影响的因素非常复杂，也难以及时准确地把握，因此，可能发生各种意想不到的矛盾：如学生与任课教师的矛盾、与家长的矛盾、与班干部的矛盾，本班与兄弟班的矛盾……解决这些矛盾不仅需要科学的方法，更需要很强的协调能力。

现代教学论认为：教学过程是师生交往、积极互动、共同发展的过程。没有交往，没有互动，就不存在或未发生教学，那些只有教学的形式表现而无实质性的交往发生的教学是“假”教学，是一种抽象的工具性存在，而没有其应有的生命活力与创造性意蕴，是一种本真人的缺失或空场，而没有对人性的尊重与张扬。

良好的交往能力是教师适应环境、做好工作、实现自我价值的需要。教师不仅必须具有理解学生并与学生进行有效的交往与沟通的能力，而且还需要建立与家长合作和相互支持的关系、与社区有关机构人员的关系。

应该强调的是，教师和班主任的协调能力不但是一种方法技巧的问题，它与教师的人格影响力、感情的亲和力有着密切的关系，因此，要提高自己的协调能力，还必须不断增加自己的人气指数。

6. 自我监控的能力

教师自我监控的能力，是指为保证教育教学的成功，达到预期的教学目标，教师在教学的全过程中将教学活动作为意识的对象，不断地对其进行积极主动的计划、检查、评价、反馈和调节的能力。教育过程的复杂性，决定了教师的自我监控能力也较为复杂，但主要体现为教师对自己教育活动计划及实施的有意识的监察、评价、反馈、调节与校正。教师的教育行为是否合理，对教育活动的效果起着关键作用。虽然我们强调教师的知识、观念、热情对其教育活动的作用，但这些因素最终还是要通过教师的教育行为体现出来；学生也是通过观察教师的教育行为，来理解、判断教师的意图和要求，从而形成自我感受的。因此,教师学会自我监控并调整自己的教育行为,就成为教育活动成败的关键。

教师自我监控能力表现有以下三个方面:一是教师对自己教学行动上的事先计划与安排;二是对自己进行的教学活动进行有意识的监察、评价和反馈;三是对自己的未完活动进行调节、校正和有意识地自我控制。教师自我监控能力的生成,可面对变化的环境,灵活自如地处理教学过程中可能遇到的问题,从而保证教育教学的正常进行。

教师自我监控能力的培养,可从以下几方面入手:① 以教师的角色改变为目的,鼓励教师投身教育科研,有意识地培养教师的自我监控能力;② 以教学反馈技术为手段,通过教师自我反馈、学生反馈和同行反馈等形式,促使教师更客观地认识和评价自己教学活动的过程和效果;③ 采用专家指导的方法,帮助教师针对不同的教育活动情境选用最佳的教育策略,以达到最佳的教育效果;④ 通过小组讨论、观摩学习等形式向他人学习,以提高教师的自我监控能力。

7. 终身学习的能力

知识经济给教师带来了挑战:一是学生获取信息、知识的途径与数量大大增加,培养学生对信息判断和鉴别的能力更为重要;二是培养学生思维方式、学习方法以及提高学生思维能力和学习能力更为重要;三是教师必须不断学习、更新知识,不断提高自身教学能力尤为重要。在这样一个新的时代,教师要胜任自己的岗位,完成培养下一代的任务,必须与时俱进,率先投入学习,而且应在全社会发挥示范作用,为建设学习型社会贡献力量。《中小学教师职业道德规范》(2008)第六条也要求教师要"终身学习",与时俱进。因此,在学习型社会中,教师要勤于学习,做终身学习的模范,使自己真正成为"读书人"。在学习过程中,教师要重视专业知识的积累,在不断更新知识结构上下工夫;重视专业理论的学习,在高度上着力;重视文学艺术、历史哲学、自然地理的学习,在人文素养上加强修炼。教师要通过学习提高生命质量,提高教育教学能力,提升教学质量。

教师肩负着教书育人、管理育人、服务育人之重任。俗话说:"教育者先受教育""育人先育己"。教师要闻道在先、术有专攻、胸中无惑才能从事"传道、授业、解惑"的重任。这当然需要学习。如何看待学习,怎样实施学习,实际上是一名教师如何实现专业成长的问题。只有坚持学习,才能旁征博引;只有坚持学习,才能创造性地使用教材,才能赢得自身专业素养的迅速提高。因此,教师要坚持活到老学到老,只要生命不息,学习就不能停止。

课程思政

有研究指出:时代在发展,世界教育改革发展在加速,教师要具备终身学习能力和改革创新能力。只有通过终身学习,教师才能紧跟时代发展,才能不断吸纳新的教育理念、方法,并结合学生的变化、社会发展对人才要求的变化等不断改革与创新教学理念、方法,才能真正成为人民满意的教师。

结合新时代要求,谈谈教师应该如何进行学习?

终身学习能力是教师从事教育教学工作的基础能力，其中包括获取与筛选信息的能力、把知识运用于教学实践的能力、组织信息使之系统化的能力，等等。教师的终身学习，不能停留在以教学科目为本位、以教材为本位上，因为以学科和课堂为本位的教育已经落后于时代对教师的要求。信息化社会和新课改的需求，要求教师在学习中要有整合能力和课程意识，而这一切的实现，必然以教师专业素养的提高为前提。

育人先育己，那么如何育己？这是容易被教师忽视，却又不容忽视的问题。没有教师专业素养的提高、生命质量的提升，就很难有教育教学质量的提高；没有教师的精神解放，就难以解放学生的精神；没有教师的专业成长，就不可能有学生的主动发展。教师走专业化道路，是需要终身学习的。这种学习内容和方法是十分广泛的。正如《中庸》所说："博学之，审问之，慎思之，明辨之，笃行之。"博学是第一位的，不仅要学习与学科相关的专业理论，更要对文学、历史、哲学、经济、自然地理的书籍有广泛涉猎。这个学习的过程，不仅要关注知识的积累、知识结构的更新，更重要的是不断提高自己的人文素养和专业能力。

"腹有诗书气自华"，作为教师，有了心灵与书的对话和感悟，气质会变得优雅，头脑会更加聪颖智慧。教师以这样的状态出现在课堂上，就不再是有着丰富知识的"教书匠"，更是一位有着丰富文化底蕴的智者，拥有常人难以企及的人格魅力。他的课堂也会开阖自如，挥洒灵动，使学生如沐春风，如入极具魅力的知识殿堂。

二、核心能力

没有教师参与的教育不能成为教育，没有核心能力的教师是没有生命力的教师。如今，教育界对教师核心能力的研究还十分缺乏，而在很大程度上，教师核心能力决定教师素质，教师素质决定教育质量。因此，要使教师"明白自我"、走出困境，当务之急就是研究和建构适应素质教育需要的教师核心能力。

教师核心能力是蕴涵于教师能力内质中、在教师能力系统中起主导作用，能使教师持续发展并在竞争环境中占据优势的专业能力。教师核心能力最能体现教师能力的作用和价值，具有核心价值性、独特性、发展性、综合性等特征。在现代教育活动中，教师核心能力的基本内涵是引导学生自主学习与自主发展。

教师核心能力主要包括教师的教育教学能力、教育科研能力和教学反思能力。这三大能力随着教育目标、内容、情境的不同，发生这样或那样的联系，形成教师核心能力。

（一）教育教学能力

《教师教育课程标准（试行）》明确指出，教师教育课程应强化实践意识，关注现实问题，体现教育改革与发展对教师的新要求，引导未来教师发现和解决实际问题，创新教育教学模式，形成个人的教学风格和实践智慧。从教育教学实践的维度，教师应该具备以下几方面的专业核心能力：

1. 组织开发和利用课程资源能力

教科书不是唯一的课程资源，课程资源既包括校内各种文本、媒体、实验图书等静态文化资源，又包括教师与学生在教学活动中学习与思考氛围的营造、学习共同体的创建、探究活动的设置等各种动态信息的捕捉。根据课程资源的功能，可划分为素材性课程资源和条件性课程资源；根据空间分布的不同，可分为校内课程资源和校外课程资源；按照课程资源的性质，可分为自然课程资源和社会课程资源；根据存在方式，可分为显性课程资源和隐性课程资源；等等。所有的课程资源具有潜在性、选择性、多样性、动态性等特点。

新课程把教育置于本真的生活世界，教师是课程资源开发的重要力量。在基础教育改革中，教师应充分利用社会教育资源、生态环境资源、学生生活经验资源，正确遴选鉴别课程资源，让学生在实际生活中去体验、感悟、反省、批判、创造，让师生在真实的教育情境中共同求知，共同探索，共同研究，共同解决问题，共对问题情景，共赴教学目标，这既有利于学生学习方式的转变，也有利于教师的专业成长。

课程思政

2017 年 8 月，教育部印发《中小学德育工作指南》，明确要求"发挥其他课程德育功能"，要根据不同年级和不同课程特点，充分挖掘各门课程蕴含的德育资源，将德育内容有机融入各门课程教学中。语文、历史、地理等课要利用课程中语言文字、传统文化、历史地理常识等丰富的思想道德教育因素，潜移默化地对学生进行世界观、人生观和价值观的引导。数学、科学、物理、化学、生物等课要加强对学生科学精神、科学方法、科学态度、科学探究能力和逻辑思维能力的培养，促进学生树立勇于创新、求真求实的思想品质。音乐、体育、美术等课要加强对学生审美情趣、健康体魄、意志品质、人文素养和生活方式的培养。外语课要加强对学生国际视野、国际理解和综合人文素养的培养。综合实践活动课要加强对学生生活技能、劳动习惯、动手实践和合作交流能力的培养。

根据你所学专业，谈谈如何挖掘各门课程蕴含的德育资源，并将德育内容有机融入各门课程教学中?

2. 教学设计能力

教学设计能力是指教师根据教学对象的特点和要求，运用系统方法研究教学需要，分析教学中的目标与任务，确定合适的教学起点与终点，系统优化地安排教学诸要素，形成教学方案的能力。基础教育课程改革要求教师在系统理论和学习理论的指导下以学习者为中心，不仅关注知识的传授，更关注学生的情感和态度、情趣和体验及知识内容的重组和呈现；能够为学生敞开意义建构的空间；教师的认知世界和内心历程能够融入对课程的理解；课堂应变决策及课后反思发挥对教学方案的补充作用。相对于传统的教师备课能力，教学设计能力强调有效的教学系统创设，以教学过程为研究对象，设计教学问题的方法和步骤，并对教学效果做出价值判断的过程和操作程序。通过教学设计，指导帮助教师目标更明确(知道要做什么)、程序更清晰(知道应怎样去做)、针对性更强(知道为什么要这样做)和灵活性更大(知道在什么样的具体情况下该做什么和怎样去做)。因此,教学设计本质上是对教师课堂教学行为的一种事先筹划,是对学生达成教学目标、表现出学业进步的条件和情境做出精心安排。

3. 组织实施教学能力

组织实施教学能力是指教师在一定深度和广度的专业知识和教育理论的基础上,经过教育实践积累一定的教育经验的过程中,根据教材的内容和学生的心理特点,采用多种方法措施,把学生的注意吸引到教学内容中去,让学生体验学习过程、享受学习过程。基础教育改革要求教学过程必须注重培养学生的学习态度和自主学习的能力,关注学生的学习兴趣和经验,精选终身学习必备的基础知识和技能,引导学生转变学习方式,掌握以自主探究、互助合作、体验感悟为特点的新的学习方法。因此,组织实施教学的过程要求教师要制订科学合理的课堂教学计划,正确选择运用教学方法,调节课堂气氛、调动学生的积极性,有意识地为学生创设学习的认知情境和氛围,恰当地组织和引导学生的学习活动;创造一个环境、一个场合、一种气氛,使学生能很快进入探究学习的情境中,让学生在情境中感受学习的乐趣,领悟人生的哲理,开发学生创新的潜能。

在组织实施课堂教学过程中,尤其要注意提升课堂驾驭能力。驾驭课堂的能力是一位优秀教师必备的条件,只有在课堂上面对突如其来的敏感而又尖锐的问题,能够用自己的智慧使问题迎刃而解,及时把握住生成性教育的教师,才是新时期下的合格教师。要提高课堂驾驭能力,教师应注意以下几点:

(1) 灵活把握教材

在备课时,要吃透教材,而课堂中教师必须有灵活把握教材的能力。教材内容和学生的学习在课堂上往往表现出互动性。虽然教师在备课时吃透了教材,但面对课堂中学生的学情,如果不灵活应用教材内容,就会出现生搬硬套的情形,这会阻碍学生的学习积极性。

(2) 善于预见问题

在课堂上,学生的学习活动中会出现什么问题,在备课时往往能预见一些,但不能全部预见。在课堂上,学生在活动过程中,会不断出现新问题,尤其是学生对所要解决的问题的理解程度和寻求解决问题时的思维方式及行进方向,往往会发生偏差。

(3) 精心设计活动

课堂上的教学活动,虽大多是在备课时设置的,但在新问题出现时,特别是当备课中未曾预见的问题出现时,预设的活动未必就能用得上。

(4) 积极互通学生

在课堂上,面对所要解决的问题以及针对问题所做的引导,不是每个学生都能完全理解的。学会处理突发事件:比如实验课上的小小受伤事故的及时处理;学生回答问题偏离了自己设计的“航线”,如何进行科学评价并把他“拽回来”等。

(5) 恰当引导学生

课堂引导学生,要讲求技巧性。针对预见的问题和学生学习过程中提出或出现的问题,教师要有区分地对待。分层次、有序地进行启发式、互动式的隐性点拨引导。正如孔子所言:“不愤不启、不悱不发”。同时要点到为止,让学生心领神会即可;要做到因材施教，一样的问题可以做出不同的要求。

(6) 学科综合素养

教师在课堂上纵横捭阖、游刃有余地点拨和引导学生，光靠某一科目的专业知识是不能自如的。教师必须要在围绕所教学科的多学科领域里，有一定范围的知识涉猎和必要的基础掌握，才能在课上信手拈来，驾轻就熟；使点拨和引导趣味横生，恰如其分，起到举一反三的作用；使引导深深印在学生心里。

总之，新的教育形势下，对教师的综合能力要求越来越高，但驾驭课堂的能力是首要的，也是最为重要的能力。

4. 教学评价能力

教学评价能力是指教师按照目标多元、方式多样、注重学习过程的原则，将定量评价和定性评价相结合，构建一个多元、连续、注重表现的评价体系，从知识与技能、过程与方法、情感态度与价值观等方面对学生进行全面评价的能力。基础教育改革要求建立评价主体多元、评价内容全面、评价方式多样、能促进学生全面发展的评价体系，用多种方法收集和评价学生的表现，展现学生成长轨迹，让学生看到自己的成长和进步，激发其内在的学习动力。评价的实质在于促进人类活动的日趋完善，是人类行为自觉性与反思的体现；实际上评价应渗透于人类有意识的活动之中，是活动的一个有机组成部分。

课程思政

中共中央 国务院印发的《深化新时代教育评价改革总体方案》，明确要坚持以德为先、能力为重、全面发展，坚持面向人人、因材施教、知行合一，坚决改变用分数给学生贴标签的做法，创新德智体美劳过程性评价办法，完善综合素质评价体系，切实引导学生坚定理想信念、厚植爱国主义情怀、加强品德修养、增长知识见识、培养奋斗精神、增强综合素质。

教师如何基于上述要求，发展自身的评价能力？

良好的教学评价能力是教师专业发展的重要因素，有利于教师的自我提高，能够为其专业发展提供支持。教师在课堂上对学生的评价是教师将所学的评价理论及时转化为教育实践行为的过程，能帮助教师将理论和实践结合起来，发现教学中存在的问题，从而寻找解决问题的方法，这就促使教师在教学策略和课堂评价方式上不断创新。

（二）教育科研能力

课程思政

教师要研究什么？应该研究如何帮助学生树立正确的世界观、人生观和价值观，研究如何通过课程教学，引导学生了解世情国情党情民情，增强对党的创新理论的政治认同、思想认同、情感认同，坚定中国特色社会主义道路自信、理论自信、制度自信、文化自信。引导学生深刻理解中华优秀传统文化中讲仁爱、重民本、守诚信、崇正义、尚和合、求大同的思想精华和时代价值，教育引导学生传承中华文脉，富有中国心、饱含中国情、充满中国味。引导学生把国家、社会、公民的价值要求融为一体，提高个人的爱国、敬业、诚信、友善修养，自觉把小我融入大我，不断追求国家的富强、民主、文明、和谐和社会的自由、平等、公正、法治，将社会主义核心价值观内化为精神追求、外化为自觉行动。

请谈谈对教师研究的重要性。

教育科研能力是指教师对教学工作中所出现的问题，能够在正确的教育观念指导下，运用科学的方法，通过实践解决问题，探索真理，揭示教育的本质和规律的能力。

教师的教育科研能力包括捕捉问题的能力、理论思维能力、创造创新能力、实际动手能力、分析评价能力、组织协调能力等六个方面，具体如下：

1. 捕捉问题的能力

即教师应具有在大量的、纷繁复杂的教育问题中，准确地抓住有研究前景和发展可能的问题，确定自己研究领域和方向的能力，也可称选向能力。根据自己的分析，准确做出两种判断：一是看这个领域的问题研究有没有价值，值不值得做。二是根据自己的研究兴趣和专长，看自己能不能做。一旦认准了就要坚定不移地朝着这个方向努力前行。

2. 理论思维能力

即教师善于从众多的教育现象、教育问题中透过现象发现和提炼出问题的实质，善于从理论上穷根溯源，做出理性的思考和回答，善于通过逻辑推理把复杂的问题简单化、把抽象的问题具体化。如新一轮基础教育课程改革提出要构建的“知识与能力、方法与过程、情感态度与价值观”三维一体课堂教学目标，为什么要构建？如何构建？构建过程中教师应具备什么样的能力？采取什么样的教学策略？有些教师不仅在课堂教学实践中把握得很好，而且在理论上还有自己独特的见解，反映出良好的思维品质。

3. 创造创新能力

即教师发现新问题、运用新方法、产生新思想、创造新事物的能力。开展教育科研需要教师善于和富于想象、突发奇想，充满探究的欲望和激情，勇于走前人没走过的路；或在前人的基础上，弃旧扬新，提出新观点，产生新成果，开辟新领域。

课程思政

授人以渔，首先自己要有“渔”。培养学生的创新思维、创新精神，教师首先要有创新创造能力，唯有如此，才能实现思维碰撞、教学相长，形成创新创造的氛围，推动创新型社会建设。请谈谈，教师的创新创造能力应该如何培养？

4. 实际动手能力

即教师运用某种知识和方法，采用一定的手段进行有意识、有目的解决问题的实践活动能力。包括以下两个方面：一是基本能力。如：阅读能力、写作能力、检索文献资料的能力、交流能力、计算机的应用能力及操作技能。二是具体操作能力。如：确定论文题目、制订研究计划、进行课题论证、观察与访谈、设计调查问卷表、使用测验量表、进行教育统计分析、撰写和评价分析研究报告。

5. 分析评价能力

即教师对自己和他人的研究过程或研究成果做比较客观公正的评价和分析判断的能力。比如，做文献综述、研究现状述评、研究结论的分析与讨论、成果的评价与鉴定等活动，都在一定程度上反映研究者的评价分析能力。

课程思政

教师应该通过研究，回答如何改革教学、评价，凸显对学生全面发展的关注，基于德育、体育、美育、劳动教育等角度，对学生进行综合评价。还要回答如何通过教学改革和创新，提升学生的"获得感"，实现教育教学对学生发展的最大的"增值"，进而推动"人民满意的教育"建设进程。请结合您对教师研究的理解，谈谈教师应该如何开展这些方面的研究。

6. 组织协调能力

即教师的科研规划、协调、管理、控制能力。比如，科学地制订、实施课题研究计划，组织协调好课题研究团队，筹措研究经费，开展学术研究活动，指导阶段性成果的总结，对课题进行有效的自我管理等。

7. 教学反思能力

所谓教学反思，是指教师对教育教学实践的再认识、再思考，并以此来总结经验教训，进一步提高教育教学水平。教学反思一直以来是教师提高专业能力的必经之路，也是提高教师专业素养的一种有效手段，教育上有成就的大家一直非常重视这一方法。现在很多教师会从自己的教育实践中反观自己的得失，通过教育案例、教育故事或教育心得等来提高教学反思的质量。教师教学反思的过程，是教师借助行动研究，不断探讨与解决教学目的、教学工具和自身方面的问题，不断提升教学实践的合理性，不断提高教学效益和教学科研能力，促进教师专业化的过程；也是教师直接探究和解决教学中的实际问题，不断追求教学实践合理性，全面发展的过程。

（三）课程思政教学设计、实施能力

2021 年 4 月，教育部印发了《中学教育专业师范生教师职业能力标准（试行）》等五个文件，分别明确了中学教育、小学教育、学前教育、中等职业教育和特殊教育专业师范生教师职业基本能力。五个文件明确了师范生教师四大职业基本能力：师德践行能力，

包括遵守师德规范、涵养教育情怀两方面，强调知行合一，从知、情、意、行等方面引导师范生贯彻党的教育方针，努力成为“四有”好老师；教学实践能力（其中学前教育专业为保育和教育实践能力），主要从掌握专业知识、学会教学设计、实施课程教学（学前教育专业为开展环境创设和游戏活动、实施教育活动）等方面，对师范生教育教学实践所需的基本能力提出了细化要求；综合育人能力，主要从开展班级指导、实施课程育人、组织活动育人等方面强调教育“育人为本”的本质要求，落实立德树人根本任务；自主发展能力，从注重专业成长、主动交流合作两方面，突出终身学习、自主发展，以及在学习共同体中不断提升专业水平的意识和能力。值得注意的是，课程思政能力也在其中得到体现：五个文件中，均有“挖掘课程思想政治教育资源”或“有机融入社会主义核心价值观”的明确要求——“理解学科核心素养，掌握课程育人方法和策略。能够在教育实践中，结合课程特点，挖掘课程思想政治教育资源，将知识学习、能力发展与品德养成相结合，合理设计育人目标、主题和内容，有机开展养成教育，进行综合素质评价，体现教书与育人的统一”（中小学）；“理解活动育人的功能，能够在保教活动中有机融入社会主义核心价值观、中华优秀传统文化、革命文化和社会主义先进文化教育，为培养幼儿适应终身发展和社会发展所需的正确价值观、必备品格和关键能力奠定基础”（学前）。

培养什么人、怎样培养人、为谁培养人是教育的根本问题。落实立德树人根本任务，必须将价值塑造、知识传授和能力培养三者融为一体、不可割裂。全面推进课程思政建设，就是要寓价值观引导于知识传授和能力培养之中，帮助学生塑造正确的世界观、人生观、价值观，这是人才培养的应有之义，更是必备内容。推进课程思政建设，要紧紧抓住教师队伍“主力军”、课程建设“主战场”、课堂教学“主渠道”。[①] 它不仅是对高校教师[②]的要求，也是对中小学教师的要求。随着中小学“学科德育”向课程思政的转向，推动大中小学课程思政一体化建设成了一项重要而紧迫的任务。[③] 显然，中小学教师要具备课程思政设计与实施能力，即依赖“课堂教学”这一“主渠道”，将思政教育融入课堂教学全过程和各环节。

1. 课程思政开发能力

课程思政开发能力主要包括课程思政内容、目标、教学方法三个方面的开发能力。第一，教师要围绕政治认同、家国情怀、文化素养、宪法法治意识、道德修养等重点，基于不同学段的要求，结合不同课程特点、思维方法和价值理念，深入挖掘和深入梳理，形成专业思政知识图谱。通过科学规划和设计，形成具体课程的思政教学大纲，并以“有机融入”为基本要求，结合对课程思政知识点的二次深度开发，形成特色课程的思政教学案。此外，要通过对专业育人目标的具体化（具体到各门课程）、专业的思政教学目标的

---

① 教育部关于印发《高等学校课程思政建设指导纲要》的通知［EB/OL］. http://www.gov.cn/zhengce/zhengceku/2020-06/06/content_5517606.htm.

② 缪子梅. 高校思想政治理论课教师教学能力发展研究［M］. 镇江：江苏大学出版社，2019：46.

③ 陆道坤. 新时代大中小学课程思政一体化的内涵、难点及优化路径［J/OL］. 新疆师范大学学报（哲学社会科学版）.［2021-08-26］. https://doi.org/10.14100/j.cnki.65-1039/g4.20210712.003.

分解和细化，形成具体课程的思政知识图谱。第二，设计专业课程的思政教学目标。教师要从思政知识、能力、情感、态度、价值观等维度，对专业课程的教学目标进一步细化，即遵循"具体章节的思政教学目标设定—章节的思政教学目标的逻辑梳理—形成课程的思政教学大纲"路线，通过再次"深入梳理"，研制形成具体章节的教学目标。第三，开发课程思政教学方法体系。课程思政教学方法的创新，应既包括"成法"新用，也包含对"新法"的二次开发。在创新基础上，遵循"循证"要求，"持续优化"形成"特色课程思政"的思政教学方法体系，如情境法、讨论法、无领导小组、辩论法、案例法、情景模拟法、研究性学习等。

2. 课程思政实施能力

提高"课程思政内涵融入课堂教学水平"，关键在于"课堂教学管理"。因此，必须立足课程思政"高效课堂"建设，塑造"民主""有温度""有思考张力""有亲和力"的课堂氛围，让课程思政教学过程流畅，发挥最佳育人效果。第一，课程思政教学能力。教师要采取科学的设计，使思政主题呈现有法、体量有度，确保"融入"顺畅。要结合对学生学习效果、教学方法、切入点与时机的综合考量，进行探索与尝试。同时，要以不断优化教学流程，降低学习的复杂程度和进入难度，使思政元素由增加的"体量"要素变成课程知识自身调节要素，使学习过程更为紧凑和流畅。要确保思政主题导入有道，"融入"自然，"融入"高效，提升学生的"学习体验"和"学习效果"。第二，课程思政教学评价能力。"人才培养效果是课程思政建设评价的首要标准"。因而，立足学生过程性科学设计学生评价、立足学生发展科学设计课堂教学评价，并基于评价开展科学的反思与改进，是教师课程思政教学评价的主要内容。就学生评价而言，应立足学生的思政知识、能力、情感、态度、价值观方面的发展情况，充分及时反映学生成长成才情况，凸显评价的人文性和综合性。在评价主体选择上，应选择多主体评价，以提升评价的有效性。在评价结果呈现上，应以描述为主，注重对学生发展的"描述"，客观反映课程思政教学中知识传授与思想启迪、价值引领的结合程度，以科学评价提升教学效果。就课堂教学评价而言，应采取基于"听课"模式的"观察者"评价、诊断式课堂教学观察、"客户"（学生）评价等模式。就评价运用而言，应凸显反思与改进特征。

第三节　教师教育教学能力的培养途径

想一想

初一班的A老师正在上"为你打开一扇门"一课，突然，从窗外传来一阵急促的"哇呜哇"——"哇呜哇"的声音，一阵接一阵，紧接着，像有谁下了一道命令："大家做好准备"……安静的教室里顿时喧闹起来，所有的学生都朝窗外看去。这是怎么回事，原来是两辆红色的消防车从窗前驶过。

教室里恢复平静后，A老师灵机一动，便放弃了原来的教学内容，而让同学把刚才的所见、所闻、所想说出来，写下来。结果，同学们个个情绪高涨，说得头头是道，写得也很精彩，乐得老师满脸堆笑。

初二班的B老师面对以上的情境板起面孔，维持纪律，让学生回到座位上，继续原来的教学。而学生却余兴未止，沉浸在刚才的氛围中……B老师不愿意放弃原来的教学内容，否则他认为自己“没有完成教学任务”。

以上A、B两位老师的做法有何不同？你赞同哪位老师的做法？为什么？

人类教育发展史表明，凡是任职教师无不具有一定的教育教学能力，否则就是不称职的教师。《国家中长期教育改革和发展规划纲要(2010—2020年)》指出：“教育大计，教师为本。有好的教师，才有好的教育。”一名合格教师必须具备多方面的素质，而教育教学能力则是“教师专业化的核心内容，是教师教育的重要任务，是教师职业准入的关键指标”。

教学是以知识、技能和伦理道德规范为媒介的师生之间的双边活动。在此活动中，影响教师作用的核心是其教育教学能力。教师的教育教学能力是由诸多知识和智能综合构成的系统，是教师完成教学任务的基本条件。教师的教育教学能力直接影响到教学活动的效果，因此，探讨教师的教育教学能力，不仅有利于提高职后教师的教育教学水平，也对构建职前教师的能力结构具有重要意义。

一、教师教育教学能力的构成

教师的教育教学能力是一个动态的发展过程，如果按阶段可分为职前阶段、职业适应期(从教1～5年)、职业成熟期(5年以上)。在每个阶段，其表现特征是有区别的。有研究者对在校师范生、中小学教师和中小学校长进行了问卷调查，并在此基础上提出教师教育教学能力的基本构成框架(见图6-1)。

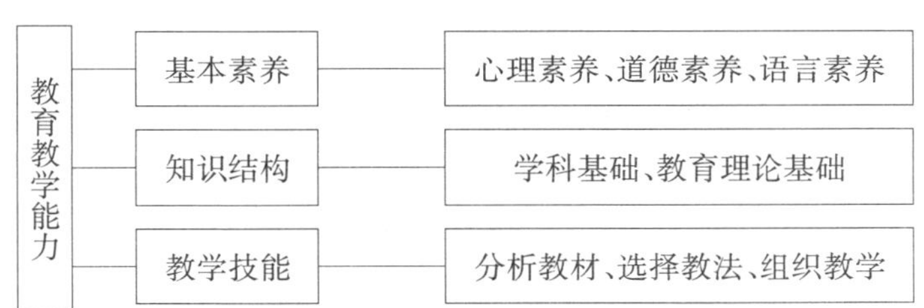

图6-1 教师教育教学能力的基本构成

1. 职前阶段教师教育教学能力的基本构成

在职前阶段，一个准教师并没有实践教学经验。虽然在师范院校中，学生系统学习了教育教学理论，并经历了短暂的微格教学、说课和教育实习等实践过程，但这些训练过程都只是初步的、表面的。而且在教师资格制度的实施过程中，许多申请者并没有经过教学实习过程。因此，对职前教师的教育教学能力的考察，要注重考察其潜在能力素质和心理素养，因为这些因素将在其今后的教师职业生涯中起决定性的作用。

2. 职业适应期教师教育教学能力的基本构成

这一阶段教师教育教学能力的基本特征，体现为经过1～5年的教学实践，其教学能力基本形成并呈稳定状态。表现出知识结构、教学设计能力、课堂讲授能力、调动学生主体性的能力、教学测评能力与教育教学能力的综合化和一体化的特征。一般而言，教师的教学能力主要由教学设计能力、教学组织能力、教学管理能力和教学反馈能力四方面组成。影响教学能力的因素有：教师的知识结构、实践经验和个性品质。

教师的教育能力体现在教学的全过程中。合理运用教学方法，根据学生的特点，调整自己的教学，努力使教学效果达到最优化，是这一时期教学能力的综合体现。同时，教学能力不仅体现在教师的专业知识的掌握上，还体现在根据教学对象的不同，不断完善教学技巧，这也是衡量教师职业素质的一个重要标尺。

3. 职业成熟期教师教育教学能力的基本构成

这一阶段，在教育教学能力的考察上已呈现出三个方面的变化：从重视教师一般教学技能，向重视教师的综合素质和能力变化；从单纯重视课堂教学能力，向关注学生个性、促进学生发展变化；从重视教师一般的教学能力（处理教材、编写教案、选择教法等），向重视教师研究教学能力变化。其能力结构，呈现出一种多层次的网状结构。

二、教师教育教学能力的培养

课程思政

如何深入贯彻习近平总书记在全国教育大会上的讲话以及有关教育的论述，结合《中共中央关于十四五规划和二〇三五年远景目标的建议》《中国教育现代化(2035)》《深化新时代教育评价改革总体方案》《新时代爱国主义教育实施纲要》等文件精神，不断拓新教育观念？

1. 教师的教育观念要更新

教师教育教学能力的发展需要教师思想观念的转变，因为发展教师的能力，特别是发展那些随着时代的发展必须具备的能力，必须要有全新的理念来支撑，有了全新的教育理念，才可能产生相应的教育行为，才可能会促成相应教育结果的生成。教师须遵循科学发展观，树立现代教育思想和理念，在教学中运用教育教学的原理和方法，尊重教育教学规律，注重培养学生的创新精神和创新能力。

思想是行动的先导，有什么样的教育思想，就有什么样的教育行为。教师必须具有正确的、先进的教育理念来指导自己的教育教学。很多老教师的教育理念不更新，教学中存在诸多的陈旧思想支配着教育行为，结果学生对其教育教学行为易产生抵触，造成不良的效果。教师要改变十几年甚至是几十年来形成的教育行为与习惯，使自己的教育能力能够跟上时代发展的需求，才能培养现代化的各级各类人才。教师在紧张的教学中，要学会不断地调试自我，要经常关注教改前沿，要主动探索教育教学的需要，做到使自己的教育教学与时俱进。

课程思政

有研究指出，在世界经济与科技竞争日趋激烈的大背景下，要我国实现科技创新领域的“领跑”，实现关键核心技术的突破，还需要在原始创新上持续发力。“加大基础研究和应用基础研究支持力度，强化原始创新，加强关键核心技术攻关”，基础研究是整个科技创新的总源头，也就是人们用什么方法来认识和探索自然、探索自身。作为教师，应该如何立足自身的教育教学推动基础研究人才的培养？

为实现教师教育能力的不断提升，教师要转变学习观念，在教学中注意从教育者到学习者角色的转变。虽然职称级别越高的教师的教育能力越强，但有多数高级教师在高级职称评定以后，教育能力提高不大，其中原因之一是学习劲头减弱。所以教师应有终身学习的理念，俗话说“活到老，学到老”，终身学习是21世纪的通行证。只有终身学习才能保证教师的教育能力不落后，并能够得到及时的提升。

2. 教师要能够积极主动地进行自我学习

教师教育能力的提高需要教师自身的努力，首当其冲的是教师教育观念的改变和与时俱进，而教师教育观念的转变与更新离不开教师自身的学习和认识的提高。现今社会是个学习型社会，“在学习型社会中，提供所有社会成员在一生的任何时间均有充分的学习机会，因此，每个人均得通过学习充分发展自己的潜能达成自我实现”①。每位教师都是从曾经的学习者转化过来的，这并不意味着成为教师，就不再需要学习。相反，现代社会的教师在教育过程中需不断地进行学习，在学习中不断进步，通过学习来提高自己。

联合国教科文组织在《1998年世界教育报告——教师和变革世界中的教学工作》中就指出：“大多数国家的师范教育虽然仍把重点放在教师的前期培养上，但教师的在职培训或进修在最近30年显得日益重要。人们逐步认识到教师同其他职业一样，是一种‘学习’的职业，从业者在职业生涯中自始至终都要有机会定期更新和补充他们的知识、技巧和能力。”在知识和技术更新飞快的知识经济时代，教师如果不经常学习，知识的源泉就会枯竭，不学习就落后，不进步就会被淘汰，知识就是力量。由此可见，教师在教学生涯中，应不断地进行学习，要学习先进的教育教学理论和知识，并且要利用一切可能和机会，不断提高自己的文化素养，不断重建知识结构，为自身的能力提高奠定理论知识基础，才有可能把知识转化为能力；没有哪一位缺乏丰富和先进的教育理论知识的教师会有较高的教育能力，教师在教育教学过程中应积极学习，积累知识，运用所学知识提高和拓展教育能力；只有不断学习，完善知识结构，提升自我，提高教育能力，才能适应现代教育中教学发展的需求、教育对象的变化和需要。因此，现代社会的教师，不再只是知识的传递者，应成为学生的指导者、引导者，这就需要教师不但要学习，而且

① P. Javis. An international dictionary of adult and continuing education. London: Routiedge, 1990:199.

要学习社会生活的各个层面，才能成为学生的良好导师，胜任教师职业。

处于一线教学的教师的学习方式有很多，教师可通过合作学习的方式来提高自己的教育能力，互相学习，取长补短。合作学习应该基于教师之间的开放、互信与支持，对于教师专业发展，尤其当与校本课程开发结合起来时，对教师教育能力的发展是一种很好的方式。在现阶段的教育教学现状中，教师之间的合作往往是用行政强迫的，教师只是迫于命令而勉强合作，合作的结果往往会流于形式，并没体现合作的真正意义。

教师的合作学习应是以教师的教学和发展需要为基础的、以教师自主和自愿为前提的自然合作。在这种合作学习中教师按照某种合作方式，在互动过程中相互开放、信赖、协作、支持以达成一定目标，从而促进教师的共同发展。在合作的文化氛围中，自由的、开放性的对话和讨论会使每位教师的思想得到启迪，教学行为得以改善。合作学习促成较好同事关系的建立，使教师之间能够在信息上充分交流、共同分享，在思想、信念、态度等方面相互影响和促进，从而为教师教育能力发展创造有利条件，而同事的思想和良好的建议会成为教师专业发展的重要资源。当然这种合作应该是有深度的，在合作中既要有竞争，又要有合作，在竞争的同时，要进行充分的合作。

在合作学习中，教师之间形成共同的价值观，对教育观念具有广泛的认同，能容纳不同的观点，这种和谐的氛围会激发教师对学校的认同感和责任感，无形中形成群体的合力，成为教师发展的动力。教育实践证明，由具有不同背景、经验的学校教育工作者构成的学习共同体对教学、科研及学科发展问题所进行的研究及探讨，能够为教师教育能力的持续提升提供比单个教师的努力更为实际和有效的基础。因此，教师处于这种学习共同体中，对提高自己的教育能力将大为有效。

此外，教师在教学的同时要积极进行反思，通过反思，不断内省，去获取知识。反思是一种思维，也是一种人生态度。早在1916年，杜威在其著作《民主主义与教育》一书中就多处谈到了"什么是思维"这个问题。在此书中，谈及思维，他说"所谓思维或反思，就是识别我们所尝试的事，和所发生的结果之间的关系"。他还指出"思维发生的情境是一个可疑的情境，所以，思维乃是一个探究的过程、一个观察事物的过程和一个调查研究的过程。在这个过程中，获得结果总是次要的，它是探究行动的手段"。在《我们怎样思维》一书中他还指出："思维是探究、调查、熟思、探索和钻研，以求发现新事物或对已知事物有新的理解。总之，思维就是疑问。"通过对杜威"思维"的有关论述的理解，可以发现杜威所说的思维是由一种存在疑惑或由不确定的情境引起的，它是有意识的探究行动与结果之间的特定的联系的过程；它是一种明智的学习方法；它是一种工具，通过探究、调查、探索和钻研等，以求得发现新事物和对新事物的理解；反思性思维是思维的最好的方法。思维的功能在于求得一个新境界，即解决困难、排除疑虑、解答问题的新境界。

人们常说，一个教师的成长，就是教学经验加上教学反思。只有进行反思，才能树立起强烈的责任感和使命感，才能增强主体意识，发挥艰苦、勤奋的治学精神；只有进行反思，才能看到自己的不足，然后有针对性地进行学习，以完善和提高自己。当然，学习要从教师的角色出发，以提高自己的教育教学水平为目标。

总之，学习的方式很多，教师要利用一切机会，结合自己的实际，进行多种学习方式的优势互补，更好地促进自身教育能力的全面发展。教师的教学工作是繁重的，如何在繁忙的教学之余进行有效学习，这就需要教师能够善于挤出时间，善于利用一切可能提高自己的机会来学习，同时，教师要注重学习方法和方式，进行创造性的学习。

3. 教师要坚持不断地参加教育实践

知识与能力是相互依存和相互促进发展的，两者都是学习的结果，能力的形成和发展离不开知识的积累，而知识的积累又会更好地促进能力的形成和发展。知识是能力形成的基础和前提，没有知识的积累和吸收，能力形成便是无源之水、无本之木；知识能促进能力的发展，但是能力对知识的获得又有一定的制约作用，能力越强，获得知识会越多、越快。就知识与能力的关系而言，教师具有全新的教育理念，并能够积极主动地学习先进的相关教育理论知识，这只是为教育能力的提高奠定了基础；教师教育能力的发展不是一次就能完成的，而是一个逐步发展的长期的过程，这就说明教师光通过理论知识的学习还不够，必须通过教育实践的锻炼来自我完善。

教师教育教学能力是教师在教育教学活动中逐步培养和发展起来的，并通过教育教学活动表现出来的，直接影响教育教学活动的成效和质量，对教育教学活动起调节作用的个体心理特征。它是教师从事教育教学活动的必要条件，关系到教师能否胜任教育教学工作，影响教师工作的效率和质量，最终影响人才的培养。教龄越长的教师其教育能力越强，说明教师的教育能力是随着教龄的增加而逐渐提高的，教龄越长，其教育实践机会就越多。所以，教师必须主动学习，树立终身学习的观念，重要的是要积极投身于教育实践，在实践中增长才干，提高教育能力，同时教育实践的良好效果又能够促进教师教育能力的提升。

此外，教师积极实践，要投身到教育科研的实践中去。首先，教师要认真备课、授课，这是作为教师最基本的一项职责。其次，教师要积极参与到各种教学活动中，通过这些教学实践活动，博采众长，不断进步。教师要积极参加教学大赛活动，通过大赛，能够正确地认识自己的教学水平，优化教师的知识结构，增强教师的创新能力；教师经常上公开示范课，通过其他教师的点评发现不足，然后有针对性地提高自己的教育能力；教师还可以开办专题讲座、积极参加教育科研等，了解国内外学科教育发展的最新动态，接受新的思想和观念，弥补自身知识，将其与教学结合，在研究中教育，在教育中研究，提高教育教学能力。

“一切实践的最终含义就是超越实践本身”，教师应积极地在实践中探索、学习和成长。教师只有勇于实践，勤于研究，用先进的理论指导实践，在实践中提高教育教学能力，日趋完善，才能成为新时代的新型教师。

本章小结

教师专业能力是指教师在从事教育教学活动中，顺利完成教学任务所表现出来的个性心理特征。教师专业能力的提高是教师专业化发展、课程改革与建设、教学质量提高、职业快速发展、教师准入制度确立的必然要求。

教师的专业能力包括通用能力和核心能力，通用能力主要是指七种基本能力：语言表达能力、组织管理能力、处理教材能力、了解学生的能力、沟通协调能力、自我监控能力、终身学习能力；核心能力主要有三种：教育教学能力、教育科研能力和教学反思能力。

教师教育教学能力是由诸多知识和智能综合构成的系统，是教师完成教学任务的基本条件，它直接影响到教学活动的效果，因此，探讨教师教育教学能力的发展路径，不仅有利于提高职后教师的教育教学水平，也对构建职前教师的能力结构具有重要意义。

关键词：教师专业能力；通用能力；核心能力；教育教学能力；发展路径

思考训练

1. 教师专业能力有哪些特点？提高教师专业能力有何作用？
2. 教师专业能力包括哪些？
3. 如何提高教师的专业能力？
4. 如果你以后想成为一名合格的教师，你应当如何提高自己的专业能力？
5. 在今后的实习中，需要为提高自己的教育教学能力做哪些准备？
6. 案例分析题：

【案例一】 教学设计一：在教学生求平行四边形面积时，教师讲授如下：连接 AC，因为三角形 ABC 与三角形 CDA 的三边分别相等，所以，这两个三角形全等，三角形 ABC 的面积等于 1/2 底乘以高，所以，平行四边形 ABCD 的面积等于底乘以高，命题得到证明。然后，教师举出很多不同大小的平行四边形，要求学生求出它们的面积，结果每个问题都正确解决了。下课前，教师又布置了十几个类似的问题作为家庭作业。

教学设计二：教师引导学生分析问题，即如何把一个平行四边形转变成一个长方形，然后组织学生自主探究，并获得计算平行四边形面积的公式。

请问：两则教学设计中教师的教学方法有何不同？两种教学方法对学生的学习将产生怎样的影响？

【案例二】 新课程实验区某小学任教美术的蓝老师在上“让我的飞机上蓝天”这一课后，深有感触地谈道：“我虽然课前尝试了几种飞机的折法，但让我觉得尴尬的是，课堂上我示范折好一个飞机，试飞给孩子们看时，却意外地没飞起来。这时，好多孩子在下面就说了，蓝老师，我会折，让我来帮你。先后上来了六个孩子，他们每人折的飞机都不一样，而且都能飞上一段距离。于是，我就请孩子上来当小老师演示折法。所有的学生都显得很兴奋，听的孩子很认真，讲的孩子很带劲，‘小老师’在帮助不会折的同学时也一丝不苟。到操场放飞纸飞机时，基本上每个孩子的飞机都飞上了天。有个孩子跑到我跟前天真地对我说：‘蓝老师，我来教你折个更好看的飞机。’多可爱的孩子！孩子们的飞机既飞得高，又漂亮，而且种类多样，这显然是孩子们相互交流、合作的结果。这种效果是我课前没有料到的。”

在这个案例中，这位老师处理教与学的关系的方式对我们提高教师专业能力有什么启示？

推荐阅读

1. 周广强.教师专业能力培养与训练[M].北京：首都师范大学出版社，2010.

2. [美]丹尼尔森，[美]麦格里.教师评价：提高教师专业实践能力——教师专业发展策略译丛[M].陆如萍，等译.北京：中国轻工业出版社，2005.

3. 朱欣欣.教师教育教学能力构成的研究[J].教育评论，2004(5).

4. 林崇德，申继亮，辛涛.教师素质的构成及其培养途径[J].教师教育研究，2004(6).

5. 李方.新课程对教师专业能力结构的新要求[J].教育研究，2010(3).

参考文献

1. 顾明远，孟繁华.国际教育新理念[M].海口：海南教育出版社，2003.

2. 朱益明.中小学教师素质及其评价[M].南宁：广西教育出版社，2000.

3. 周广强.教师专业能力培养与训练[M].北京：首都师范大学出版社，2010.

4. 田福安，杨连山.教师修炼系列：教师专业化五项修炼[M].重庆：西南师范大学出版社，2010.

5. 罗树华，李洪珍.教师能力学(修订本)[M].济南：山东教育出版社，2000.

微信扫码

配套数字资源

第七章 教师专业实践与反思

※ 学习目标

1. 教师专业实践的内涵、类型、内容；
2. 教师专业实践智慧及形成；
3. 教师反思与反思型教师的修炼。

导入语

教师的专业实践是一个经验积累和智慧生成的创造性活动。在实践中，教师通过不断总结和反思，实现实践经验的凝聚和提炼，逐渐形成自己的实践智慧，塑造自己的教育风格并上升为教育艺术。

第一节 教师专业实践概述

想一想

张瑞同学很荣幸地通过了某市进编考试，光荣地由“同学”变成了“老师”。在学校里品学兼优的他，为成为一名合格乃至优秀的教师，做了认真的准备。但开学伊始，小张老师面对自己的课程、学生，觉得无所适从，甚至有点自卑——课本上所学的、老师所教的，都好像是天上的云彩，与自己的教学无法一一对接。小张原先所想的，是快速进入教学状态，并迅速成为一名优秀的教师，但现实与理想的反差却如此之大，小张老师陷入了深深的思考中……

小张为什么会有如此之烦恼？

一、教师专业实践的内涵

教师的专业实践是围绕着教师的教育教学工作而开展的一系列实践活动，通过这些实践,教师能够不断完善专业知识、丰富专业情感、提升教育教学效能,进而实现科学、高效的专业成长。

(一) 教师专业实践的定义

关于教师的实践,当前尚未有统一的界定。本文认为,教师的实践不仅仅是教学实践,还包含了以下几个方面的内容:课堂教学、教育管理、教育研究、教育研修、教育反思等。其中教学实践是核心,其他的教育实践主要是围绕教师的教学实践开展的。教育管理实践是教学实践获得成功的基础,教育反思、教育研修、教育研究等都是教师自我提升和发展的手段,是教学实践获得成功的主要保障。

(二) 教师专业实践的特点

第一,围绕教育教学能力的提升而展开。广义上的教师专业实践涉及了教师生活的方方面面,不仅包含教师在课堂教学、班级管理等方面的内容,还包括教师教育研究、教师培训研修等内容,甚至还可以延伸到教师的生活实践等方面。当然,所有的专业实践,都是围绕着教师的教育教学能力的提升而展开的。

课程思政

荀子说:师术有四,而博习不与焉。尊严而惮,可以为师;耆艾而信,可以为师;诵说而不陵不犯,可以为师;知微而论,可以为师。意思是说,教师必须具备这样一些基本条件:有尊严,使人肃然起敬;有崇高的威信和丰富的教学经验;表达问题条理清楚、逻辑性强、语言简练、规范,且不违背师德;能体会"礼法"的精微之处进行恰当的阐发。那么,如何在实践中不断提升自己的能力?

第二,具有明显的阶段性。国内外关于教师的专业发展阶段的分类可谓林林总总,但都基本上认同这样一个事实:教师的专业发展是一个呈现阶段性特征的过程。与发展阶段对应,不同阶段的教师专业实践往往表现出不同的特征,这就是教师专业实践的阶段性。如吴卫东等人认为:"教师群体可以依据不同线索划分为不同的群体,按发展水平的差异以及职业年龄特征,我们可以把教师群体分为新手型教师(0～5年教龄)、适应型教师(5～10年教龄)、成熟型教师(10～20年教龄)和专家型教师(20年以上教龄)。当然,这种划分只是针对教师群体的总体假设,对不同的教师个体而言,又有其特殊性。不同教师群体在反思能力的不同方面表现出差异性。"[①]因此,对于不同阶段的教师,其发展重点就会有所区分。

第三,体现"实践—反思"的逻辑。在实践中不断总结、在教育教学中不断反思、在反思中逐步提升,是教师专业发展的一个规律。很多教师往往在专业发展上,专注实践而忽视了反思,日复一日地重复着既有的实践模式,很难实现自我提升。实践证明,教

① 吴卫东,骆伯巍.教师的反思能力结构及其培养研究[J].教育评论,2001(1):33.

师只有在实践中不断反思，才能发现实践的不足，进而对实践进行改善和提升，提升实践的效能，并在“实践—反思”中自我提升。

（三）教师专业实践的类型

教师的实践包含了多个方面，涉及教师活动的方方面面。根据教育部颁布的《幼儿园教师专业标准（试行）》《小学教师专业标准（试行）》和《中学教师专业标准（试行）》等文件的解读，可以将教师专业实践概括为以下三个方面：教学实践、教育管理实践和自我发展实践。这三个方面相互联系、相互影响，并紧密交织在一起。其中，教学实践是教师专业实践的主体和核心，教师的自我发展和教育管理都是围绕这一工作而开展的。

课程思政

教师的实践工作千头万绪，课堂教学、班级管理、学生个性化指导……教师的世界中，满满都是教育。有人说，一旦成为教师，随处都是教育工作，生活、家庭很难与教育教学工作分得开，人在校园围墙之外，心仍然在班级、课堂、学生身上。只有深入实践、沉浸于实践，才能真正明白，教书育人不仅仅是一份工作，而是一种生活，要想真正爱上它，首先要做的就是在生活的画卷上涂上“奉献”的底色。您是如何看待这一观点的？

1. 教学实践是教师专业实践的核心

毋庸置疑，教学在教师专业实践中的核心地位是不可动摇的。科学地设计、组织和实施教学，是教师职业的基本要求，也是教师专业发展评价的重要指标。教学活动涵盖了教学设计、课堂教学、课后辅导、作业批阅、考试评价等多个环节，随着教学改革的不断推进，课程设计、课堂教学在内涵、形式上也不断发生变化。其中，教学设计活动涵盖了教学目标设计、教学内容设计、教学方法（策略）、教学评价设计等多个方面。课堂教学活动涵盖了教学组织、课堂过程控制、评价与反馈、解答等环节，在种类上有新授课、练习课、复习课、实习课、测验课、评讲课、综合课；形式上有班级授课、现场教学等。课后辅导主要是针对学生个体所进行的有针对性的交流互动与答疑解惑。

教学既是一门科学又是一门艺术，教学实践中不仅涉及对教学的相关因素的分析、处理，同时也包含了对教学中各种关系的处理。因此，教学活动对教师的专业发展来说，具有“生命之基”的意味，教师只有在实践中不断摸索、反思，才能够真正获得成长。

2. 教育管理是教学实践科学、高效开展的重要保障

教育管理活动是围绕着如何提升学校教育教学效果而进行的一系列管理活动。在教师专业发展语境中，主要指教师为了提升学校教学的效果，而进行的计划、组织、指挥、协调及控制活动。从微观层面来说，就是进行班级管理。学生群体特点的不断变化，要求教师要有自己的管理思想并在实践中形成自己的管理艺术。与以往的结果导向不同，当前的班级管理正体现出过程导向的特色，要求教师能够从系统的角度设计每

一个细节并评估每一种管理手段的实用性和风险。严格地说，管理和教学密不可分，一个不会管理的教师很难成为一个在教学上有所成就的教师，也很难在专业发展上有所成就。

课程思政

德育是班级工作的一项重要内容，在班级管理中，应努力让德育在学生的心灵感动中进行，学生才容易产生积极的、健康的、热烈的心理体验，最终促进学生德育素质不断提高。班级管理中的德育渗透就是在班级管理中贯穿德育，把管理和育人结合起来。那么在实际班级管理工作中如何将德育教育贯穿其中？

3. 教师的自我发展是教学实践活动开展的重要基础

教师的自我发展包含了前后一体相连的两个阶段：教师的职前学习和教师在职阶段的培训研修。对于准备进入教师队伍的师范生以及其他符合条件的拟进入者来说，除了学科方面的基本素养要求外，还应该在以下方面做好准备：形成初步的具有符合基础教育改革发展和时代要求的先进教育理念及终身服务基础教育的理想和信念；初步的组织、设计课程的能力以及教学研究素养；基本的教育技术素养等。对于在职教师的自我发展来说，更新教育理念、知识体系以及技能体系，探索教育教学规律、形成自己的教育风格和艺术将是自我发展的重点。无论是哪一个阶段的发展，都是围绕着进一步提升教育教学能力、教研能力、培训和指导青年教师的能力而展开的。

二、教育实践中的几个关系

教育实践与教育反思、教育科研以及教师的职业生涯有着密切的关系，如何处理这几个方面的关系，对教师的专业发展有着至关重要的影响。

（一）教师专业实践与教育反思

教育实践与教育反思联系紧密，在实践中反思、在反思中提升，将反思的“所得”运用于指导新的教育实践，是二者相互影响、相互作用的根本路径。随着研究的深入，反思性实践、反思性教学等新词汇逐渐产生，无一不强调反思和实践结合的重要性。实践是教师的智慧之源，而反思是形成教育智慧的主要工具，缺乏反思的教育实践，往往会限于机械地重复。教师在实践中积累经验，在反思中发现、分析和解决问题，并将反思的成果用于指导实践，提升实践的效能。如此，反思和实践将有机地结合起来，形成反思性实践。与此对应，教师就成为反思性实践者。

并非每个教师都能成为教育家，但每个教师都能成为具有主体精神和创新意识的好教师，读书、反思和实践，是锻造好教师的有效途径。读书，使教师成为明师。教师读书获取专业理念和专业学识，完善专业行为，提高职业素养，提升教学智慧；教师读书获得健康情感和积极心态，领略河山之美，感悟精彩人生，增添专业乐趣；教师读书收获生活哲理和深沉思想,感受生命真谛,参悟人生意义:使教师成为明师,享受专业幸福。反思,使教师成为导师。自我反思使教师由“局外人”转为“局内人”,成为一个不断反思的研究者或参与观察者,更成为教学的自我诊断者、自我促进者、自我发展者。自我反思促进教师的自我觉察与自我反省,引起教师对原有专业实践认知和行为之间的不平衡,实现对原有认知与行为假设动机的批判与质疑,促使教师自我改进和自我完善,提高教师的教学自我诊断能力,使教师成为导师,享受职业幸福。学习能力、创新能力与实践能力是本世纪最重要的三大能力,读书、反思与实践是提升这三大能力的重要方法。教师只有提高自身的专业水平和职业素养,多读书、勤反思、重实践,才能满足当前教育教学改革的现实诉求,才能成为一名好教师。①

(二)教师专业实践与教育科研

教育科研是提升教育实践水平的重要工具,也是教育经验上升为教育智慧的重要手段。在教育实践中,教师实现了经验的积累。但缺乏科学梳理、总结、比对、思考的经验,无异于一堆杂乱无序的“原材料”,未能成“器”,很难对教育教学产生直接的“效益”,对教师的专业发展也作用甚微。而教育科研既是对经验的科学整理、加工、思考,也是实现教育智慧凝结的重要手段。教育科研不仅能够帮助教师反求诸己,更能够帮助教师“抬头看天”,了解外部的进展,避免进行重复尝试和无谓创新。教师在教育实践中,对学生、教材、课堂以及其他方面都会有所思,甚至在某些方面开展主动的创新,但这些所思、所想以及点滴的改进,往往都会因为缺乏系统思考和梳理而很快消失。

著名语文特级教师于漪把备课作为研究,“一篇课文,三次备课”。第一次,独立备课,“绝不做照搬照抄教学参考资料的人,要独立思考,刻苦钻研,力求自己真懂”。第二次,广泛涉猎、仔细对照,“看哪些东西我想到了,人家也想到了。哪些东西我没有想到,但人家想到了,学习理解后补进自己的教案。哪些东西我想到了,但人家没想到,我要到课堂上去用一用,是否我想的真有道理,这些可能会成为我以后的特色”。第三次,边教边改,每课必写“教后记”,“一登一陟一回顾”。经过对上百篇课文的独立钻研,对教材有了一种“庖丁解牛”的本领,为自己的教学奠定了深厚的基础和超凡的能力。

北京十一学校的王春易老师为了“把课堂还给学生”,针对工作中出现的问题,提出假设、实践反思、总结经验,不断地推动工作持续发展。在自主课堂上,学生不会自学,她尝试“学习规划书”,引导学生自学;课堂中学生不会讨论,她培训小组长,实施团队评价,提高学生自学能力;学生自主学习、小组合作、探究实验,课时不够,她探索“大单元教学”,把相关的知识整合起来;大单元教学,没有教材,她组织教研组老师改教案、编教材;课堂上教师不讲了、少讲了,如何体现教师的指导作用?她把知识问题化,用问题来导学,创造了生动活泼的教学模式,提高了学生的学习质量。

---

① 尹达,载《教师》,2014(14):1-5.

“新学校行动研究”团队在教育教学研究中，“把行动拿出来研究”，研究的具体内容就是学校工作中的优势、问题和矛盾；“把成果付诸行动”，他们的研究成果不是追求写研究报告、论文，而是解决方案、操作模式、行为改进，把研究作为自己解决问题的方法、推进工作的动力。

无论是于漪老师的备课就是研究，还是王春易老师和“新学校行动研究”的工作即研究，都是基于教师工作、解决教师问题、促进教师发展的研究。这样的研究难道不需要教师“人人去做”吗？我们应积极提倡教师“在工作中研究，在研究中工作”，根据自己的实际情况做研究。我们反对的是为了花样文章做课题，搞劳民伤财的形式；我们反对的是脱离自己的工作，盲目追风、求新、凑热闹；我们反对的是把研究作为评职、评优捞分的手段，弄虚作假，背离中小学教师做研究的基本价值。①

（三）教师专业实践与教师职业生涯规划

教育实践能否给教师带来成就感以及成就感的程度，对于教师的职业生涯规划有着决定性的影响。首先，教师的职业成就感来自教育实践。教师职业的性质决定了教师的活动与教育实践无法分开，对于教师来说，其快乐主要来自自身在教育活动中取得的一点一滴成绩。因此，可以说教师的喜怒哀乐皆与教育活动有着密切的关系。在实践中付出，在实践中收获，教师通过自身的实践体会职业的成就感。对于那些不愿意付出或者态度不端正的教师来说，他很少能够感受到职业的成就感和幸福感，很难在职业生涯中取得发展。其次，通过在实际中不断总结和提升，教师可以不断地实现职业的阶段性目标。从新手到成熟再到专家型教师，教师要经历多个具有明显特征的阶段，想要顺利地向下一个阶段过渡，必须在实践方面狠下功夫。值得注意的是，实践以及教育反思还是帮助教师顺利度过教师职业生涯“高原期”的主要手段。当然，对于教师来说，最高的职业境界就是实现自我，而实现自我的根本手段就是教育实践。

三、在实践中主动发展策略

（一）开展多种方式的学习活动，提升教育理论水平

教师专业实践水平的提升，必须以坚实的教育理论素养为保证。很难想象一个缺乏教育理论或者教育理论水平较低的教师能够在教育专业实践方面取得优秀的成果。对于职前教育阶段的师范生来说，其提升的主要途径则是在校学习。而对于在职教师来说，脱产学习是非主要的学习方式，教师的自主学习成为主要的学习方式。除了前述两种学习方式之外，依托培训平台的学习、依托校本研修的学习、基于教育反思的学习等在教师的理论水平提升中也占据着重要位置。

① 麻晓春.中小学教科研关键在于怎么做[N].中国教育报：2012－09－04(部分).

通过学习，让我对教师职业道德的内涵有了更深刻的认识；明确了有效观课议课的方向、如何教学生进行写话和写作；使我知晓了如何合理运用教学评价，引导学生有效学习，如何提高课堂实效……真实的案例、生动的语言、新颖的理念、灵活的教法、科学的理论，一次次撞击我的思维，让我不断思考，不断总结，不断进步。可以说，每一次学习都是一次精神洗礼。在学习过程中，我如饥似渴地观看众多名师的精彩讲座，欣赏着生动的教学课例，品味着专家们精辟独到的点评。我对每一个模块都百看不厌，每一次听都有不同的收获。①

（二）形成反思能力，提升教育实践的效能

美国心理学家波斯纳(G. J. Posner)提出了教师成长的公式：成长＝经验＋反思。相反，如果一个教师仅仅满足于获得经验而不对经验进行深入的思考，那么，即使是有“20 年的教学经验，也许只是一年工作的 20 次重复；除非……善于从经验反思中吸取教益，否则就不可能有什么改进”②。只有具备一定的反思能力，才能主动研究教学中的信息，以质疑的态度来分析教学方法的价值，积极找寻解决问题的方法；才能在不断自我反思中获取自己专业成长的养料，提高反思的效能，并不断地提升自己，完善自我，从而促进自身职业生涯的快速成长。因此，具备反思能力和潜质已成为教师不可缺少的重要条件。

课程思政

马克思主义认为，实践是认识的目的，是检验真理的唯一标准。教师知识应该从实践中来，并回到实践中去，接受实践的检验，这也是教师实践性知识的形成路径。因此，什么是好的教育、什么是好的教学，都需要教师在实践中总结、检验。

面对大量引入的西方教学理念、方法“水土不服”现象，你觉得应该如何基于实践的角度加以对待？

（三）参加教育培训，提升综合素养

终身学习理念下，教师的在职提升已经成为一种共识。进入 21 世纪以来，我国各级教育行政部门和学校十分重视教师的在职培训。现已经形成国培、省培、市培、县培、校培五级培训体系和市、县区、学校三级落实推进体系。培训的覆盖面逐渐扩大，培训项目分类不断细化，培训效果也不断提升，惠及全体教师、提升全面素质、促进全程发展、实现全力服务的中小学、幼儿园教师培训体系正在形成。各级教育培训已经为教师

① 李依阑.“国培”感悟[EB/OL]. 载中国教师研修网. http://www.teacherclub.com.cn/tresearch/contribute/show.jsp? cid=00001&contributeID=20120125002100762.

② 张立昌. 试论教师的反思及其策略[J]. 教育研究，2001(3).

的自我提升，提供了多样化的资源和平台，对于广大教师来说，依托培训平台，实现自我提升已经完全成为可能。在基础教育改革迅速推进的背景下，各级教师的培训提升也已经成为必需。

表7－1以某省省培2014年项目为例，简要说明教师培训的覆盖面和项目的渗透深度。

表7－1　某省2014年中小学教师和校长省级国内培训项目

一、高端教师和校长高级研修		
1	特级教师高级研修	
2	省市合作特级后备高级研修	
3	“长三角”名校长高级研修	
4	“京苏粤”优秀中青年校长高级研修	
5	骨干校(园)长高级研修	
二、高中学科教师和校长提高培训		
6	高中校长(书记)专题培训	
7	四星级高中校长暑期研修	
8	四星级高中校本课程开发研修班	
9	高中学科骨干教师培训	
三、省市合作农村教师和校(园)长培训		
10	农村义务教育教师提高培训	
11	农村校(园)长助力工程	
12	名师送培	
四、特殊教育学校教师和校长培训		
13	特殊教育学校学科骨干教师培训	
14	特殊教育学校校长和管理干部培训	
五、远程网络和信息技术应用能力培训		
15	远程网络教师培训	
16	远程网络辅导员培训(省教师培训中心另行通知)	
17	中小学教师信息技术能力提升工程创新实验区教师培训	
18	电教骨干教师培训	
19	初中校园网管理人员培训	
20	英特尔未来教育培训	
21	全省中小学教师心理健康知识网络竞赛	
六、引智培训		
22	英语教师暑期引智培训	

(续表)

23	幼儿教师引智培训	
七、其他专题专项培训		
24	德育教师专项培训	
25	义务教育音体美骨干教师培训	
26	县级教师发展中心建设和校本研修管理研修班	
27	教研员培训	
28	培训管理者专项培训	
29	经典诵读书写教育教师专项培训	
30	幼儿园教师普通话专项培训	

项目细化、高渗透性以及个性化已经成为各类培训的主要特征。对于各级各类教师而言,这一发展趋势无疑是一个重大的喜讯,随着以培训为载体的各种学习平台的搭建,培训平台已经成为最为便利的教师专业发展载体。

(四) 不断凝练,形成个性化教学风格

所谓教学风格是指教师在长期的教学艺术实践中逐步形成的富有成效的教学理念、教学作风和教学技巧的独特结合,它是个性化的教学艺术达到稳定状态的一种标志。① 李如密认为教学风格的形成分为几个阶段:模仿性教学阶段——教师开始教学时,总是模仿别人的教学方法、教学语言和教学风格;独立性教学阶段——教师基本上摆脱了模仿的束缚,能够独立地完成教学工作的各个环节,能将别人成功的经验通过吸收消化,变成自己的东西;创造性教学阶段——在独立性教学的基础上,教师的创造性在教学中不断表现出来;有风格教学阶段——教学风格在教学过程各个环节、各个方面都有独特的稳定的表现,使教学带上了浓厚的个性色彩,处处闪烁着创造的火花。② 在教学风格的形成过程中,间接和直接的经验,都显得尤为重要。在经验的基础上,进行有效的学习,并在名师的指导下,通过凝练和创造,教师才能不断地向风格化教学迈进。也唯有如此,教师才能在迈向名师的道路上不断发展。

课程思政

于永正老师从一个普通的农村孩子成长为一个人民爱戴的教育家,他靠自己的不断学习、摸索、反思与创新,形成了自己的教学艺术,他认为教学艺术来自准确把握教学内容。教学是科学,也是艺术。什么是教学艺术?简单地说就是高明的

① 季银泉.课程与教学论[M].南京:南京大学出版社,2009:236.
② 李如密.略论教学风格的形成[J].中学教育,2002(5):31-33.

教学方式、方法，让学生乐学、易学，使知识得以掌握，能力得以培养，智慧得以启迪，情操得以陶冶，等等，总之让学生能有所得。于永正老师的观点对你有何启示？

（五）有意识培养管理能力，提升教学效果

2008 年 6 月 12 日，安徽长丰县吴店中学两名学生在课堂上发生打斗，其中一名学生死亡，而正在上课的杨老师几乎没有对打斗加以制止，杨老师被网友戏称为“杨不管”。[①] 这类现象的产生，就牵扯到了一个重要问题：教师是否肩负着管理的任务？无疑，管理是教育教学中的一个重要组成部分，而实际上教师的管理意识和能力常常无法匹配这一要求。

阿克·卢斯伯格（Arch Lustberg）认为，“教师作为管理者”，应当承担以下工作：监管员——负责看管学生；精神科医生——注意学生心理状况；代理父母——像父母一样关心学生；交通警察——指引学生的方向；成绩记录员（考勤记录员、打分的人、给论文评级的人，以及决定哪些学生不及格的人）——对学生各方面的情况进行考察；信使——向学生传达各种信息；食堂保安——维持学生秩序；其他许多角色——你能够想象的其他各种角色。[②]

课程思政

电影《放牛班的春天》中校长对于“问题学生”采取“关禁闭”的惩戒方式，而马修老师采用的是“照顾被打伤的人，直到其康复”的惩戒方式。结合这两种方式谈谈你对教师惩戒的认识。

教师的管理能力不仅限于班级管理（班主任工作）、课堂管理，同时还涉及人际关系的管理、自我管理等方面。作为课堂管理者，教师要形成良好的课堂管理能力，以保证教学效果的达成；作为班级的管理者，教师要在实践中逐步形成自己基本的班级管理能力和风格，以保证班级的正常运行；作为家校沟通的主要参与者，教师要能够形成与家长的良好沟通能力和人际关系管理能力，以实现家校的良好互动、合作，提升教育教学的效果；作为学习者，教师要能够结合实际工作，高效地开展学习活动，不断提升综合素养，以适应不断发展的教育改革。

（六）培养科研意识，提升教育研究能力

基础教育领域的改革，对教师的教学能力提出了更高的要求，仅仅停留在“把课上

① 字秀春. 教师“杨不管”堪比“范跑跑”被停职赔 10 万[EB/OL]. http://politics.people.com.cn/GB/7511380.html.

② [美]阿克·卢斯伯格(Arch Lustberg). 一生只做一件事[M]. 北京：中国盲文出版社，2002：154.

好”的思想已经难以适应教育领域改革的要求了。提高教师的教育科研意识和教育理论水平，改变教师的角色，使教师的教育、教学工作由“经验型”转向“科研型”，教师角色由“教书型”转向“专家型”与“学者型”是今后教师教育的基本趋势。对于广大教师来说，“在教学中研究，在研究中教学”将成为教师教育活动的主要方式。因此，科研意识已经成为评价一位教师的重要指标。科研意识的培养和科研能力的提升，主要立足于中小学教育教学的实践。

郑金洲在《教师做科研的十条建议》中特别指出了立足教育教学实践问题，提升教育科研水平的重要性。十条建议分别是：平常心态使研究成为一种教育生活、好奇心是研究的基本动力、相信研究的价值与能力、把科研当作一种教育责任、宽容他人就是支持自己、“小学问”需要细心来“大”做、先当好学生后做好先生、持之以恒才能有所突破、让自己处于主动状态、教育科研最终是为了实践的改造。他认为中小学教师的教育科研，总体上说，是小题大做的研究，需要从细微处着眼，从教育教学的小处着手，需要做“小学问”。教师在教育教学实践中，要细致入微考察疑难问题，不放过教育教学中有可能存在的任何纰漏。教育科研要真正为教育实践服务，切实解决教育教学过程中的疑难问题，使得教育教学水平呈现出新的状态。因而，教师在从事教育科研活动过程中，要注重将研究成果转化为教育教学实践，结合教育教学的新情况、新矛盾加以认识，使研究成果成为教育教学走出困境的钥匙。①

第二节　教师的实践智慧

想一想

课堂上，孙老师正在板书“爱”字，最后“一捺”刚落笔，一个小朋友就大声指正：“错了！错了！”

“好孩子！真勇敢！”孙老师回眸一笑，虚心请教，“请你到上面写一写这个字，好吗？”

在孙老师的“怂恿”下，他端端正正地写下了一个大大的“爱”(繁体)字。

“哦！一样的！”孙老师说：“一个是简体字，一个是繁体字。”

“不一样的！”他像发现“新大陆”似的说，“繁体字‘爱’比简体字‘爱’更好！”

“好在哪里？”孙老师很欣赏那可爱的样子，“能说说你的看法吗？”

“繁体字有‘心’，而简体字没有‘心’。”他脱口而出，“没有‘心’怎么爱？”

“没有‘心’怎么爱？！”那一刻，全场掌声雷动，孙老师也兴奋地把那个“伟大发现”的

① 郑金洲. 教师做科研的十条建议[J]. 人民教育，2008(5).

孩子抱起……

像孙老师这样，摈弃话语霸权，建构民主、平等、和谐的课堂对话平台，是一种实践智慧。①

那么，实践智慧是怎么生成的呢？

一、教师实践智慧的内涵

实践智慧，顾名思义，是来自实践的智慧，是对实践经验的提炼和总结。教师的实践智慧，是教师在教育教学实践活动中形成的关于教育工作的规律性把握、创造性驾驭和深刻洞悉、敏锐反应，以及灵活机智应对的综合能力。教师的实践智慧是教育科学与艺术高度融合的产物，是教师在探求教育教学规律基础上长期实践、感悟、反思的结果，也是教师教育理念、知识学养、情感与价值观、教育机智、教学风格等多方面素质高度个性化的综合体现。

简而言之，教师的实践智慧主要表现为：组织课堂教学的智慧、促进学生品德发展的智慧、学校心理辅导的智慧、尊重学生个别差异的智慧、优化学校人际关系的智慧、处理偶发事件的智慧、运用现代教育技术的智慧。② 当然，从教师的工作内容来分类，也可以分为教学的智慧和育人的智慧。从教学角度来看，教师的实践智慧往往表现为教学机智。

二、教师实践智慧的特征

课程思政

著名教育家李镇西在给一位班主任回信中写道："班主任的智慧从何而来？从实践中来！"没有实践肯定不会有智慧，但只有实践也不会有智慧。因为智慧除了从实践中来，还从以下几个方面来：从学生中来——从教师成长的角度，向学生学习也是非常有必要的；从反思中来，优秀老师和普通老师的区别，其实不在做，而在思，即对自己的实践进行研究、审视、咀嚼、解剖、追问……反思，其实就是"向自己学习"；从阅读中来，读什么呢？除了读自己的学科专业书，还应该阅读五类文字：教育报刊、教育经典、文史读物、学生读物、名师著作；从同行中来，向身边的优秀老师和国内名师学习。可见，作为一名教师，想要形成教育智慧，必须在实践中孜孜以求。李镇西老师的回信，对您有何启发？

---

① 本案例来源于杭州文海教育集团网站。

② 参考：范国睿，程灵.诗意的追求——教师实践智慧案例导引[M].上海：华东师范大学出版社，2007.

1. 实践生成

实践智慧即实践中生成的智慧，它是教师实践积累的最为重要的成果，也是教师专业发展的重要标志。实践生成体现出以下特征：第一，实践智慧的生成是一个持续的过程，不是一蹴而就的。实践智慧来自点滴积累和不断总结提炼，实践智慧的生长是一个持续发展和不断提升的过程，同时也是一个自我完善的过程，实践生成决定了实践智慧不一定是系统的和完整的，甚至出现碎片化特征。第二，实践智慧所体现的不一定是普遍的真理性的认识，它具有一定的适用范围和时限。第三，实践是实践智慧的土壤，实践智慧必须回到实践，并在实践中不断完善。实践生成的特征说明，实践智慧并非名师和大师的"专利"，每一位教师都可以在实践中生成和提炼自己的实践智慧。

2. 动态发展

"变化"是教师实践活动的重要特征，无论是教育环境、学生、教材、评价制度还是教师自身，都处于不断的发展变化中。这种变化有的是明显的、剧烈的，有的是微小和潜移默化的，无论哪一种变化，都会对教师的实践活动产生影响。变化对于教师的实践来说，既是一种考验也是一种推动，它要求教师在具体的教育情境中随机应变，这一应变过程也是教师实践智慧的展现过程。

3. 个性特色

不同的教师个体在知识储备、成长经历、生活背景、教学经验、教育理念、价值观等方面有所不同，由此产生的教育体悟也各有差异。同时，不同的教师个体在思维方式、思辨能力等方面存在差异，对经验和体悟的加工方式、认识深度也就存在差异。由此，教师的实践智慧就体现出明显的个体性。正所谓"一龙生九子，九子各不同"，即使在同一所学校、同一门课程、同样的时间段，教师的实践智慧也有所区分。教师以其个性化的实践智慧，指导和优化自己的教育实践，因此也展现了教育实践领域的"百花齐放"的特征。

同样是语文教学，以下教师的实践智慧就有所不同：

著名的特级教师魏书生，在初中语文教学实践过程中，不断思考和探索，逐步形成了一套教学方法，包括定向、自学、讨论、答疑、自测、自结六个步骤，即"六步课堂教学法"。著名特级教师李吉林逐步在语文教学中，潜心探索，实现了由"情境教学法"到"情境教学论"，再到"情境教育论"的升华。全国著名青年特级教师王崧舟在其语文教学中逐步探索出"诗意语文"的教育教学方法和理论。四川中学优秀语文教师黎见明提出了导读教学的主张，阐述了"导读"的理论基础、基本原则和方法；上海著名特级教师钱梦龙几乎在同时提出了"三主"(学生为主体、教师为主导、训练为主线)、"四式"(自读式、教读式、练习式、复读式)语文导读法。此外，张伟的"球形教学"，孙双金的"美丽课堂"，薛法根的"智慧教学"，孙建锋的"享受语文"，李卫东的"感悟语文"，盛新凤的"两极之美"，刘云生的"滋育心根"，陈建先的"本位语文"，吉春亚的"爱在语文"，等等，都体现了教师实践智慧的个性化特征。

三、教师专业实践智慧的形成

实践智慧的提炼是一个较为漫长的过程，同时也是一个系统的过程。实践智慧是实践经验、知识的高度浓缩，是教育理论的重要表现形式。因此，实践智慧的提炼实际上就是一个从"实践—初步的理性认识—实践检验—理性总结（理论）"的过程，在某种程度上是一个"肯定—否定—否定之否定"的过程。因此，实践智慧的凝聚需要在理论的指导下，在反复的实践验证（及校正）中，通过理性思考和提炼，在教师的教育和研究中逐渐形成。

1. 理论学习和经验借鉴

在实践智慧的凝聚中，理论不仅仅起着一定的引领和指导作用，同时也能够提供一定的方法论支持。教师的实践智慧往往是在理论智慧的指引下逐渐萌发和产生的，无论对于刚刚踏入工作岗位的新教师还是工作后有一定实践经验的老教师而言，教育理论的学习和理论智慧的积淀都是必需。教育理论智慧的积淀方面，尤其需要关注新理论和新方法以及教育研究前沿。同时，教师还必须注意学习他人的经验以及他人的研究，以达到"采他山之石以攻玉"的效果。

值得一提的是当下最受提倡的教师学习方式——读书。对于教师来说，读书是一项最为重要的自我提升方式，也应当成为教师的最基本的生活内容。选择读哪些书，对于教师来说非常重要。一般而言，教师首先要读的是教育经典著作。当然，一些人文经典著作，也应当成为教师书架上的重要部分。著名教育专家朱永新认为：人类几千年的教育历史中，创造和积累了许多宝贵的教育思想财富。这些财富保存的载体主要就是教育的经典著作，阅读经典，与过去的教育家对话，是教师成长的基本条件，也是教师教育思想形成与发展的基础。教育智慧的形成，在一定意义上说，就是跨越由这些经典构成的桥梁的过程。这是一个不可超越的过程……教师读书不仅是寻求教育思想的营养、教育智慧的源头，也是情感与意志的冲击与交流……读书会让我们的教师更加善于思考，更加远离浮躁，从而让我们的教师更加有教育的智慧，让我们的教育更加美丽。① 此外，教育经典案例中往往隐藏着丰富的实践智慧，通过经典案例学习同样可以帮助教师形成实践智慧。

2. 在名师指导下催生教育智慧

访名师、求教专家学者，通过与他们的对话，提升实践智慧的凝聚能力，对一线教师来说，显得尤为重要。对于处于摸索中的年轻教师来说，名师、专家学者的点拨或者启发，都往往能够催生教育智慧，虽然名师以及专家学者的智慧对于受指导者不一定有直接作用。当然，对于那些教育智慧的积累达到一定"火候"的老教师来说，名师和专家学者的启发，往往具有"点破窗户纸"的作用，可以使受指导者快速实现突破，形成自己的教育智慧体系。他人的成功经验往往对教师的智慧生长有重要的启发作用，因此教师

---

① 李慕南. 师德是教师的灵魂[M]. 沈阳：辽海出版社，2011：77.

应当通过各类专家讲座、教学研讨会等形式，开阔视野，增长见识，启迪智慧。

"体积单位间的进率"，这部分内容看起来非常容易，可让学生真正地理解却较为困难。因此，这部分内容必须借助操作，否则就会有隔靴搔痒的感觉。但让人为难的是学生没有操作的材料，而让学生利用一个晚上制作 1000 个 1 立方厘米的小正方体又是不现实的。没办法，我只好自己用萝卜切成小方块，让学生来演示。但我又发现了一个新的问题，那就是学生演示操作的时间太长，这样只会使课堂气氛沉闷、课堂节奏拖沓。怎么办呢，带着一个个的为什么，我请教了著名特级教师陈今晨。在我叙述完自己的设计意图后，陈老师幽默地说："你不妨来个萝卜串。"哦？萝卜串，好一个有创意的说法！我的思维一下子被激活了，不就是在学生一个一个地摆完一排后，再十个一串地摆吗？这样既节约了教学时间，又使得学生的思维体现了层次性。"运用之妙，存乎一心"，名师的金点子来源于对孩子的充分理解，来源于对教学的准确把握。

（来源：http://blog.sina.com.cn/s/blog_4e6754a5010088g8.html）

3. 在反思中提升智慧

反思是对教师实践的充分、深入、系统的回顾与总结、提升，是教师实践经验和感悟的浓缩、凝聚的过程。教师只有养成了良好的反思习惯，才能获得可持续发展。实践证明，反思是优秀教师的一个重要习惯（详见本章第三节：反思与反思型教师的培养）。

课程思政

范梅南指出，教育机智使教育者有可能将一个无成效、无希望的，甚至是有危害的情境转换成一个从教育意义上说积极的事件。机智表现为对孩子的理解，表现为"润物细无声"，表现为临场的天赋。它保留了孩子的空间，保护了孩子身上那些脆弱的东西，它使好的品质得到巩固和加强，促进了孩子的个性成长。"机智能够识别孩子的独特性和差异性，并加强它。"那么如何实现这些教育机智呢？要通过言语来调和，通过沉默、通过眼睛加以调和，甚至还要通过身体和动作、通过气氛来调和。在教学过程中，机智变得尤其重要。而教育机智的形成，需要基于对孩子的爱，通过优秀的反思实现。请谈谈您对"教育机智"的认识。

第三节　反思与反思型教师的培养

想一想

对一个教师来说，推动其教育事业发展的应该有两个轮子，一个叫作"情感"，一个叫作"思考"。教育情感使他热爱孩子，忘我地工作，并从中体验到奉献的自豪；教育思考使他明确自己的教育方向，科学而理性地设计、实施自己的教育，同时不断总结、提炼、升华自己的教育实践。

“反思型教师”，通俗地说，就是带着一颗思考的大脑每天从事平凡工作的教师，就是通过思考、解剖自己日常教育实践而不断超越和提升自己教育境界的教师。“反思”绝不仅仅是“想”，而是与一系列的“做”相联系。一个真正的反思型教师至少应该具备四个“不停”：不停地实践，不停地阅读，不停地写作，不停地思考。

——著名特级教师李镇西

那么，如何成为反思型教师呢？

一、反思与教师反思能力

20世纪80年代，随着教育改革的兴起，技术型教师观和胜任为本的教师教育模式逐渐显现出其无法克服的“先天不足”，在这一背景下，提倡培养教师反思能力的教育思潮逐渐兴起，并由美国、英国教师教育波及世界。在实践中反思，在反思中提高，被认为是教师专业发展的重要路径。

（一）反思的概念

关于反思的概念和内涵的研究，自洛克开始，就一直没有停止过。有研究认为，反思的发展可以分为两个阶段：第一阶段是从哲学和心理学角度对其研究，如洛克、斯宾诺莎、黑格尔等；第二阶段是将反思运用于教师的教学和教师教育实践中的应用性研究，如杜威、萧恩等。同时有研究认为反思具有以下特征：第一，思维必须是具有批判性的，必须包括对自己思维的思考；第二，这种反省思维必须满足高标准，必须是非常好的反思性推理；第三，这种思维本质上是真实的，只有在解决真实问题而不是假想的问题时，反思思维的本质才会开始起作用；第四，反省思维需要有理智，没有确保不会出错的推理规则，也就是说，不管规则多么安全，也不能够保证你的推理一定会成功。有一些指导方针，有时甚至有一些“规则”，但是这些是需要仔细思考的，不能死记硬背。①

（二）教师反思的概念

具体到教育领域，反思主要指教师的反思。冉乃彦认为，“反思”就是“对思考的再思考”。它主要包括两个层次：实践之后的思考和对已有思考的重新思考。所谓实践之后的思考包括三个方面：对教育现象、学生表现的思考，对教育行为、措施的思考，对教学行为、措施的思考；所谓对已有思考的重新思考，也包含了三个方面：对教育观念的重新思考，对经验、教训的重新思考，对自我成长的指导思想、自我意识、人生观与价值观的重新思考。② 本文认为，教师的反思实际上就是对教育教学实践现象、经验等方面的

---

① 王春光. 反思型教师教育研究[M]. 长春：东北师范大学出版社，2010：53－55.

② 冉乃彦. 给年轻教师的建议[M]. 上海：华东师范大学出版社，2012：66－67.

深入、系统的思考的过程，是教师专业发展的重要手段。

(三) 教师反思能力及其特征

教师的反思能力是指教师以自己和自己的教育教学活动为思考对象，对自己的决策、行为、方法以及由此产生的结果进行审视、分析、调整的能力。从教师工作的思考对象上划分，反思能力可以分为自我反思能力、德育反思能力、教学反思能力、课程资源开发反思能力和生活反思能力，等等。反思能力是教师个人可持续发展所必备的素质之一，具备了对教育教学中多个领域的反思能力，教师就会对自身的教育教学思想和行为不断地进行矫正，不断探索和走向新的境界。

教师反思能力具有以下特征：

第一，教师的反思以解决实际教育、教学问题和困惑为出发点。教育是一项实践性活动，在教育实践中，教师随时会遇到各种难题。教师的教育反思旨在解决教育教学生活中的实际困难，实现科学的育人目标。教师的反思不是空洞抽象的，而是与教育实际紧密相关的。

第二，教师的教育反思具有个性化的色彩。教师的教育反思是建立在自身经验基础上的，教师的教育观念及以往的生活、学习和教学的经验都会影响教师反思。此外，教师所面对的教育对象是千差万别的，教师的反思同样也会针对不同对象，去探究有针对性的解决办法，从而更加合理有效地完成教育、教学任务。

第三，教师的反思不仅是思维的过程，而且是一个主动学习的过程。教师的反思以追求教育、教学行为的满意度作为根本的动力。教师反思的主要动因是为了改进自己的行为，这实际上是他们实现更合理、更有效的教育、教学境界的一种努力。当人们努力地追求行为的满意度，并且为此提出了假设，去主动地、持续地和周密地思考，以形成对行为结果的新期待时，反思思维就随之产生了。在对自己教育、教学进行计划、检查、评价等过程中主动发现自身知识结构方面的欠缺，采取教育理论研修、与同行或专家交流等途径，不断提高解决问题的能力。①

课程思政

教学反思是指教师为了实现有效的教育、教学，在教师教学反思倾向的支持下，对已经发生或正在发生的教育、教学活动以及这些活动背后的理论、假设，进行积极、持续、周密、深入、自我调节性的思考，而且在思考过程中，能够发现、清晰表征所遇到的教育、教学问题，并积极寻求多种方法来解决问题的过程。反思是创新的前提与基础，教师只有通过反思，才能在教学中不断创新，进而成为反思型教师和创新型教师。那么教师应该如何形成反思习惯？

① 刘兴富，等. 教师专业化发展的理论与实践[M]. 北京：光明日报出版社，2010：221－222.

二、反思型教师及其特征

20世纪80年代肖恩(Schon)推出了关于反思型实践的著作，对教师教育界产生了很大的影响，反思型教师教育思潮也由此逐渐在美国等国兴起，反思型教师也逐渐成为研究的关注点。21世纪初，我国学界逐渐引入反思型教师的概念以及反思型教师教育理论。近年来，反思型教师的培养已经成为我国教师教育的重要组成部分。

(一)“反思型教师”提出的背景

我国学者的研究认为，发生在20世纪末的反思型教师教育思潮，主要基于以下几个方面的原因：第一，教育改革要求教师教育发生相应改变，以培养出能够推动教育改革的教师。知识经济和信息社会对人才的需求发生了变化，从而引发了教育和学校的变革，尤其是教学方式的变革。这一切引发了教师角色的变化，教师被视为学习的促进者、问题解决者、批判性思考者、实践反思者。第二，教师专业化运动推动反思型教师教育思潮的产生，为反思型教师的养成提供了动力。发生在20世纪60年代的教师专业化运动，旨在提高教师的专业地位，反思型教师的培养正好符合这一要求。第三，认知心理学的发展和教师思维研究的深入把人们的注意力由教师在课堂的所作所为转向了他们的思维方式，为反思型教师教育思潮奠定了心理学基础。第四，行动研究为反思性教学做好了前期方法论准备和实践探索工作。第五，学校探究文化为反思型教师教育思潮提供了一个良好的文化背景。学校探究文化以学生和教师的好奇心为基础，鼓励教师和学生进行思考，寻求改进教学和学习的方法，尤其是促进教师向学者型教师转变。探究的文化气氛为反思性教学提供了理想的温床。①

(二)反思型教师的概念

我国许多优秀教师和教改先行者的成长历程显示，优秀的教师首先是反思型教师。著名的语文教育家于漪老师说，是年轻时“一篇课文三次备课”的功夫成就了今天的她。于老师年轻时，每拿到一篇课文，她都先不看任何参考资料，凭着自己的理解备第一次课。“这样的教案当然不能拿到课堂上去上课，于是我一定会再一次备课”，于老师这样说。第二次备课时，于老师会找来所有和这篇课文有关的资料，仔细对照，“看哪些东西我想到了，人家也想到了；哪些东西我没有想到，但人家想到了，学习理解后再补进自己的教案。哪些东西我想到了，但人家没想到，我要到课堂上去用一用，是否我想的真有道理，这些可能会成为我以后的特色。”于老师说：“上课和设想的东西不是一回事，所以我会根据上课的具体情况，不断区别哪些地方顺利，哪些地方困难，对设想进行调整，再

① 周钧.美国教师教育认可标准的变革与发展：全国教师教育认可委员会案例研究[M].北京：北京师范大学出版社，2009：184－186.

备第三次课。”①

那么何为反思型教师呢?

特级教师李镇西认为,“反思型教师”是“带着一颗思考的大脑从事每天平凡的工作,就是通过思考、解剖自己日常教育实践而不断超越和提升自己教育境界的教师”。这一表述揭示了反思型教师的核心特质,即通过“反思”实现自我“超越”和“境界”提升。因此,本文认为,所谓“反思型教师”就是指那些在不断更新教育理论和理念的基础上,科学地对间接和直接教育经验进行加工、提炼,形成自己的教育智慧,并用以指导教育实践,进而实现自我超越和提升的教师。②

(三) 反思型教师的特征

具体来说,反思型教师具有以下几个方面的特征:

1. 认知特征

第一,思维的多元性与开放性。要成为反思型教师,在思维方式上要做好以下五个转变:由经验思维向科学思维转变;由单向思维向全方位思维拓展;常规思维向超常思维飞跃;直觉思维向理性思维渗透;个体思维与群体思维结合。

第二,教育观念的正确性与创新性。教育观念的形成和转变是教师角色转化的前提;教师的教育观念是教师教育教学行为决策的内在依据;更新教育观念是树立正确的教师观念的内核。

第三,思维的批判性。教师在自己的思维中应体现批判思维的品质,反思型教师应拥有批判的、反省的思维,不迷信、盲从、守旧,以审慎的心态质疑、洞察、分析和评判教育教学理念及在实践中的各种因素。反思型教师应该在反思实践中进行批判与重构,将一般的教育教学理论转化为教师个人的实践理论。通过反思实现自我认识、自我更新与自我超越,获得自主发展。

第四,知识结构的理论性与实践性。教师知识的性质、范式、组织和内容是教师进行反思的基础。研究表明,教师知识分为三个方面,分别是本体性知识、实践性知识和条件性知识,其中教师的实践性知识是教师自主发展的实践基础。

2. 情感特征

第一,具有积极开放的心态。反思型教师要拥有一种开放的心态,即包含一种愿望,倾听多方面的意见,留意来自各种渠道的事实,注意到各种可供选择的可能性。反思型教师能够以开放的姿态看待事物,易于接受新思想,并不断地对教育教学中出现的困惑进行深入的反思。

---

① 联合国教科文组织国际教育局.教育展望:国际比较教育[M].上海:上海教育出版社,2009:117.

② 鱼霞.反思型教师的成长机制探新[M].北京:教育科学出版社,2007:123-125.

课程思政

批评和自我批评是党的优良传统和作风，同样适用于教师发展和教师队伍建设。基于对教育教学以及自身发展的教师反思与自我批评，能够帮助教师实现快速发展，而基于教师团队的互助——帮助同伴教师进行反思与自我批评，能够有效推动教师集体发展。因此，教师尤其是党员教师，应将批评与自我批评这一党的优秀传统和作风运用到教育教学和自我发展中。请结合实际，谈谈教师应该如何将批评与自我批评这一党的优秀传统和作风运用到教育教学和自我发展中？

第二，具有敢于剖析自己的勇气。反思型教师在面对问题时，要有勇气去反思自己的思想与行动，在考察环境、学生等因素的同时也积极地从自身去寻找问题的根源，这样才能更好地解决问题。

第三，具有强烈的师爱情怀。教师在情感方面对学生的爱，能促使教师愿意并善于观察，善于发现问题，做出反思，调整自己的观念与行动，从而使自己的教育教学实践永远保持鲜活。

第四，具有承担挫折的责任心。教师还需具有担当挫折的责任感，如果一个教师没有责任心，就很难成为反思型教师。

课程思政

党的十九大报告提出：中华民族是历经磨难、不屈不挠的伟大民族，中国人民是勤劳勇敢、自强不息的伟大人民，中国共产党是敢于斗争、敢于胜利的伟大政党。艰难困苦，玉汝于成，教师要继承这一优秀传统，有承受和面对挫折的能力，要敢于和勇于直面自己的不足，反思自己的不足，在反思中成长。

你是如何看待这一优秀传统的呢？作为一名师范生，应如何继承这一优秀传统？

3. 意志特征

第一，持之以恒的坚持性。反思本身是一个艰苦的过程，当教师对自身进行批判与重构时，意味着教师必须对自己头脑中那些早已根深蒂固的观念重新进行审视，确定哪些观念是正确的，哪些是错误的。教师要成长为反思型教师，就需有对问题“刨根问底”的坚持性与自制力，才能够将反思过程进行下去。

第二，专心致志的专一性。专一性要求教师形成反思的习惯，坚持不断地对自己的教育教学实践行为与自己的教育观念进行反思。那种“三天打鱼，两天晒网”而没有专一性的教师是无法成长为反思型教师的。

4. 行为特征

第一，反思型教师是“活到老、学到老”的终身学习者。思维方式的转变、教育观念的更新、合理知识结构的获得以及反思型教师在认知、情感和意志上的反思特性，决定了反思型教师必然成为一名终身学习者。

第二,反思型教师是善于分享的对话者。对话,特别强调教师与自己内心世界的对话,是反思型教师在行为上的又一个特征。教师要主动地与学生进行心灵对话,用理解而不是僵硬的教案和法则对待学生;要以学生的主动学习与发展为出发点,通过与学生对话,使自己的教学与学生的发展真正同步起来。

第三,反思型教师是关注问题的行动研究者。反思型教师是行动研究者,其研究立足于自己日常熟悉的教育教学实践,其任务是通过对自身教育实践活动的分析和思考,以自己在教学实践中经常碰到和亟待解决的问题为突破口,在学习、借鉴已有教育理论和教学经验的基础上,对这些问题进行反复观察、思考和深入分析,力求提出创造性的解决方案,以提高教学实践活动的有效性和合理性,引导学生更好地发展,这类研究在本质上是一种以反思形式进行的行动研究。①

三、如何成为反思型教师

(一) 国外关于反思型教师培养的研究

国外研究者在反思型教师培养上做了系统而深入的探讨,本书仅选取其中部分供参考。

1. 布鲁克菲尔德的反思型教师成长的四种途径

美国学者斯蒂芬·布鲁克菲尔德(Stephen D. Brookfield,2002)以教师的教学实践为基础,以自身的经历、学生的视角、同事的合作和教育理论的学习为切入点,提出了培养反思型教师的四种途径:

第一,通过自传式反思,培养反思能力。自传式的反思就是指教师对自己过去和现在的亲身经历的一种自我反思。反思教师的自传,常常是形成反思能力的第一步,是教师获取教学洞察力的一个重要源泉。具体而言,可以从下面几个方面着手:让教师经常性地努力学习一些新的或困难的东西、撰写教学日志、角色模型、生存忠告备忘录、录像反思等。

第二,从学生的眼中认识自己。那么如何从学生的眼中获得有价值的信息,以促进自己的反思,进而对自己的教学行为进行必要的调整呢?具体而言,可以从以下方面着手:体验教师权力的影响、分享学习日志、提出学习建议、批判事件调查表。

第三,在与同事的合作中,提高自己的反思能力。反思是一种社会实践的活动,没有这种社会性的交流和探讨,教师的发展将受到制约。同事之间的对话为教师的实践反思提供了新的可能性,为教师分析和回答问题提供了新的方法。以下两种方式能有效地促进教师之间的对话:循环式问答活动、合作解决问题。

第四,从理论的视角,提高教师的反思能力。教师了解和反思自己实践的最后一个视角是理论视角。教育理论可以帮助人们检验实践者的直觉、本能和默认的知识,它不

① 鱼霞.反思型教师的成长机制探新[M].北京:教育科学出版社,2007:127-146.

仅可以帮助人们更好地理解自身的行为和想法，而且还能够提出实践的多种可能性。具体而言，可以从以下两个方面着手：让理论帮助人们反思；批判的阅读，质疑理论。

2. 迈克尔·康内利和琼·克兰迪宁的研究

加拿大学者迈克尔·康内利和琼·克兰迪宁(Michael Connelly & Jean Clandinin)把教师反思分为两大类：一是自我反思，二是与他人合作反思，教师可以通过这两种方法实现走上反思型教师之路。

第一，自我反思方法。主要包含以下几种途径：记日记(可以是对行为、学生、事件的描述，也可以是你在教学过程中和教学后的反应。要记录你在实践中的感受，以及发生的各种各样的事件。特别要留意那些在你脑海中浮现时，能够引起你情感和道德上强烈反应的经历和事件)、写传记、使用图例(图例有助于教师们理解他们平时所用的各种概念的意义。例如，研究者曾经在与教师以及他人一起工作时采用了这项技术，帮助他们反思一些变化的概念的意义，如课程、工作、合作研究以及问题儿童等。这种方法在反思个人化实践知识的任何时间都可以使用)、档案分析(包括学校时事通讯、班级计划簿、课程纲要及时间表)。

第二，与他人合作的反思方法。主要包含以下几种途径：讲故事(故事中要有作为教师本人的参与，而且要注重故事的情节；教师与他们信任的另一位教师一起分享，并针对他的故事提出一些问题。主要问题有：我有什么样的学生观、教材观和教学观？如何看待教与学的关系？如何看待教育的情境？)；写信——同行对话；教师访谈(访谈的问题主要是课程所关注的中心问题，诸如情境、教学设计、教材、教师对儿童的看法以及教与学的过程，等等)；参与式观察(所谓的参与式观察可以被大致界定为：参与其他班级的正在进行的课堂活动，观察学生和教师的活动、对话、使用的教学工具，课堂发生的事件，等等；同时也要观察你自己的活动)。①

(二) 反思型教师的养成

综合国内外的研究成果，并结合当下正在进行的探索，本文认为，反思型教师的养成，应该从以下几个方面着眼：

第一，多维度地学习。坚实和完善的知识体系是反思型教师养成的前提，科学的思维体系是反思型教师养成的核心，而丰富的实践经验积累是反思型教师养成的重要基础，三者缺一不可。结合实践需要，不断完善教师的知识体系，是教师学习的重要内容，也是教师反思素养的重要构成部分。不仅如此，教师还要关注教育研究进展并及时汲取最新的理论研究的“养料”。“反思”思维的养成，还要求教师必须有反思的思维能力和方法体系，即教师必须自觉地学习哲学、心理学、社会学等学科知识，不断训练自己的反思能力，丰富自身的思维方法体系。当然，实践经验的“积累”则是反思的“源泉”，缺乏实践经验积累的反思，只是无本之木。因此，教师要不断积累经验(包括直接经验和

① 王春光.反思型教师教育研究[M].长春：东北师范大学出版社，2010：97－108.

间接经验)，并注意经验的逻辑化和体系化，为反思提供物质基础。

第二，养成反思习惯。养成反思习惯是反思型教师养成的重要步骤。反思习惯的养成有益于改变自己的思维方式、学习方式和工作方式。从整个教育活动而言，对自身的反思、对教材的反思、对学生的反思、对教育环境的反思、对学校管理的反思甚至对考试制度的反思，都是教师反思的重要组成部分，可谓是反思无处不在，无时不有；从教学角度而言，课前反思、课中反思、课后反思都是非常必要的。教师的反思习惯的养成，就在于时时去思考，事事去钻研。

课程思政

“活到老，学到老，教到老，做到老”是陶行知先生的座右铭，他指出：我们做教师的人，必须天天学习，天天进行再教育，才能有教学之乐而无教学之苦。要想学生好学，必须先生学好，唯有学而不厌的先生才能教出学而不厌的学生。他还强调教师不但要勤奋好学，而且要拜人民为师，要向学生、儿童学习，为此他专门写了一首诗：“民之所好好之，民之所恶恶之，教人民进步者，拜人民为师。”请结合反思习惯的养成，谈谈您的理解。

第三，开展案例研究。案例中蕴藏着教育智慧，案例研究是提高教师反思能力、培养反思型教师的一种行之有效的方法。案例研究是将教育的案例作为研究对象，通过科学解读和分析，获得教育感悟、思考，进而启迪教师教育教学新方法、新思想的探索。通过各种案例研究，教师能够对教育情境、教育问题形成新的认识，进而不断提升对问题的认识水平与分析能力。因此，案例研究一直为国内外理论界和实践界所推崇。

第四，开展合作提升。合作是当今世界发展的一个关键词，也是教育领域的一个重要发展取向。反思型教师的培养强调教师的反思意识和反思能力两个方面，但这不可能由个体单独完成，而是需要一定的社会和文化环境作为支撑。教师之间的合作就有助于教师个体反思能力的提高。所谓教师合作就是教师们为了改善学校教育实践，以自愿平等的方式，就共同感兴趣的问题，共同探讨解决的办法，从而形成的一种批判性互动关系。学校可以通过人际途径，围绕教师们感兴趣的课题来构建交流平台。在这里，每一位教师都可以与他人就共同关注的问题，以会谈、专题研讨等形式进行合作。在这种合作过程中，教师可以充分表达自己的观点和看法，可以互相间进行信息、经验与资源的共享和交换。

课程思政

陶行知指出：一个学校的教师之间只有团结协作，“共学，共事，共修养”，才能培养出真善美的真人。师生之间要“谦逊豁达，协作合群”，“教师对学生，学生对教师，教师对教师，学生对学生，精神都要融合，都要知无不言，言无不尽。一校之中，人与人的隔阂完全打通，才算是真正的精神交通，才算是真正的人格教育”。可见，合作是教育的应有之义，合作反思是实现教师发展的重要途径。

第五，通过教学档案自我评估。学校管理者可以指导教师在自己的工作中建立教学档案，及时记录教师在学习教育理论过程中的所思所想，在自身教育实践过程中所遇到的问题及困难，自身的教育信念及教育素养的成长和发展状况，等等。这样的一个建档的过程也就是教师自我评估、自我反思的过程。在这个过程中，教师可以对反思的结果进行归纳，用自己的语言记述在档案中，以此来指导和改善自己的教学行为。学校可以组织教师相互借鉴、相互评阅，以促进教师理论素养的提升以及合作意识的增强。①

本章小结

本章围绕教师专业实践这一核心问题，对教师的实践内容、形式进行了详细探讨。基于教师专业实践活动的不同阶段，对如何在实践中发展做了深入研究，对初任教师、成熟教师和专家型教师的实践发展，都具有一定的指导意义。在教师专业实践中，教师不断地积累相关经验和案例，并通过不断的提炼，逐步凝聚出实践智慧。此外，作为教师实践智慧形成的重要手段，反思在教师的实践发展中起着重要作用。本章专门探讨了教师发展能力的培养以及反思型教师的培养等问题。

关键词：教师专业实践；教师专业实践智慧；反思型教师

思考训练

1. 结合自身实际，谈谈如何形成实践智慧？
2. 谈谈如何成为反思型教师？

推荐阅读

1. 张康桥.在教育家的智慧里呼吸（与大师心灵对话，重温和回归教育的本义）[M].上海：华东师范大学出版社，2012.

2. 李镇西.做最好的老师——著名教育家李镇西25年教育教学精华[M].桂林：漓江出版社出版，2008.

3. [美]坎波伊（Campoy，R.）.课堂问题分析与解决：成为反思型教师[M].赵清梅，等译.北京：中国轻工业出版社，2007.

参考文献

1. [美]帕森斯（Parsoms，R. D.），[美]布朗（Brown，K. S.）.反思型教师与行动研究——基础教育改革与发展译丛·反思型教与学系列[M].郑丹丹，译.北京：中国轻工

① 刘朝锋.新视角下反思型教师培养三因素[EB/OL]. http://www.jyb.cn/Teaching/jxsd/201106/t20110621_438299.html.

业出版社,2005.

2. 李金巧,杨向谊.思考·追问·探究——培养反思型教师的探索[M].上海:复旦大学出版社,2006.

3. 单中惠.教育小语:100位中外教育家的智慧感悟[M].上海:华东师范大学出版社,2006.

4. 范国睿.诗意的追求——教师实践智慧案例导引[M].上海:华东师范大学出版社,2007.

5. 张肇丰,李丽桦.教师智慧的20个分享(一线教师小团体教科研活动经验精华)[M].上海:华东师范大学出版社,2014.

微信扫码

配套数字资源

第八章 教师职业生涯规划

※学习目标

1. 理解教师职业生涯发展规划的含义、意义以及所经历的发展阶段；
2. 能够根据发展阶段理论来学会分析一些成熟教师的职业生涯；
3. 尝试设计自己的职业生涯发展规划。

导入语

为了做一名合格的教师，我们需要经历多年的学习与积累，其间不断憧憬和规划着自己作为教师的形象与故事。获得从业资格、走向工作岗位以后，我们像众多的教育前辈一样，会经历成功与失败、迷茫与平静、热情与沮丧、成长与停滞、自信与怀疑……一路蜿蜒曲折，有汗水、泪水、笑容、掌声。为了更有准备地迎接挑战和机遇，我们需要给自己的从教旅程做一个规划，做自己职业的向导。

教师的职业生涯发展规划就是教师个人根据社会的需求、学校的发展目标和自身的实际情况，对自己的职业生涯所做的预设，即自己准备在这个职业领域里面达到怎样的水平、做怎样的定位，以及为实现这一预设而计划做什么、怎么做。每个人的职业规划是有差别的，这在一定程度上也决定了一个人在一个领域里的角色、地位与成就。

课程思政

顾明远指出，教师要达到像王国维在《人间词话》中总结的做学问的那三重境界。第一重境界，“昨夜西风凋碧树。独上高楼，望尽天涯路”，是说教师要对教育、对教师职业有一个正确理解，有一个愿望。第二重境界，“衣带渐宽终不悔，为伊消得人憔悴”，就是说教师要不忘初心，虽经磨炼，终身无悔。第三重境界，“众里寻他千百度，蓦然回首，那人却在灯火阑珊处”，这就是教师幸福之所在。看到儿童的成长、学生的成长，教师会感到无比的幸福。所以我说，教师是幸福的职业。这三重境界，说的是教师的成长路径。经过这三重境界，每个教师都能成为好老师。① 请谈谈您的理解。

第一节　教师职业生涯规划概述

想一想

任何一种社会职业都需要从业者去“悉心经营”才能有所贡献与成就，教师职业亦是如此。如何经营我们的“教育人生”？如何度过在岗的几十年时光？如何能够在机遇与挑战前做一名“有准备的人”？这些都需要我们对自己的职业道路有所预设与规划。何为教师职业生涯规划？做好规划的意义何在？

教师专业发展是一个动态的、伴随职业生涯始终的过程。教师的职业生涯规划，是对有关教师职业发展的各个方面进行的设想和规划。《礼记·中庸》中“凡事预则立，不预则废”的古训告诉我们，做好职业生涯规划对教师的成长与发展来说尤其重要。

一、教师职业生涯规划的含义

教师职业生涯是指一个人作为教师身份从事教师职业的整个过程。教师职业生涯规划就是教师从自身优势和特点出发，根据时代、社会的要求和所在学校的共同愿景而做出的能够促进教师有计划的可持续发展的预期性、系统性的自我设计和安排。② 它是对有关教师职业发展的各个方面进行的设想和规划，具体包括：对教师职业的选择，对教师职业目标与预期成就的设想，对工作单位和岗位的设计，对成长阶段步骤以及环境条件的考虑等。

二、教师职业生涯规划的意义

教师进行职业生涯规划对自身的发展具有特别重要的意义，它可以使教师的行为具有计划性、指向性和目的性，具体表现为以下几点意义③：

1. 充分发挥自我潜能

职业生涯规划可以引导教师认识自身的个性特质、现有和潜在的能力，把自我的发

① 顾明远. 每个教师能成为好老师[N]. 中国教育报，2021-04-03(03).

② 金连平. 中小学教师职业生涯规划：概念、问题及对策[J]. 上海教育科研，2010(9).

③ 连榕. 教师职业生涯发展[M]. 北京：中国轻工业出版社，2008：10.

展计划与教育改革、课程教学改革、学校的发展等目标相结合，更好地促进自身发展。

2. 拥有更高的教学效能感和专业魅力

教学效能感是指教师对于自己影响学生的学习活动和学习结果的能力的一种主观判断。良好的生涯规划在促进自身发展的同时，能够让教师更加从容、更富创造性地从事教育教学工作，增加了教师教学中的专业魅力，让他们在逐步实现梦想的道路上充满自信和期盼。

3. 促进教师个人的全面发展

随着生活水平和受教育程度的提高，教师同其他人一样，渴望拥有健康、幸福、和谐的家庭，良好的人际关系以及成功的事业。而职业生涯规划是人谋求全面发展的重要手段，我们所追求的成功的职业生涯，最终就是要获得个人的全面发展。

4. 有利于学校教师队伍的建设

教师的职业生涯规划与专业发展对于其所在学校的发展来说意义重大：

一是教师在对学校发展背景和发展前景熟悉的情况下，合理制订自身的职业生涯发展规划，能够有利于学校教师队伍的建设。师资建设是学校发展建设的关键，教学质量的提高需要教师自身教学能力的不断提高，需要教师自觉规划与发展，进行创造性的工作，既实现个人生涯发展的规划，又实现学校教师专业化发展的目标。因此，教师职业生涯规划是教师个人的需要，更是学校发展的需要，没有教师的专业发展，学校的发展无从谈起。

二是学校有效指导教师制定职业生涯发展规划，有利于学校师资力量的梯队建设。既可以将成长与发展中的教师进行合理“归队”，让他们在一起同质成长，又可以为不同发展阶段的教师赋予不同的教育教学任务，支持他们的有序成长，为他们提供发展的平台和团队力量。实现每一位教师职业生涯发展的过程，同时也是实现学校发展规划的过程。

另外，教师进行职业生涯规划也是社会促进教师专业发展的需要。随着素质教育的不断深化和课程改革的不断推进，基础教育教师专业发展的问题显得日益重要而迫切。促进中小学教师专业发展的策略、手段、方法、途径很多，但帮助他们形成并执行自己的职业生涯规划，确实是一个充分发挥教师发展自主性的良策，完善发展规划的过程就是帮助他们不断自我认识、自我反思、自我调整、自我总结、自我更新的过程。大量的实践已经证明，中小学教师自觉而经常的自我更新更能有效促进教师的专业发展和成长。

第二节　教师职业生涯周期

对教师职业生涯周期的关注从20世纪60年代左右就已开始，国内外关于这一领域的研究结果也较为丰富。各种生涯周期理论中都对教师的“职业人生”做了不同角度

的归纳、分析与描述。回忆我们自己的老师，或翻阅名师档案与传记，不难发现，他们的从业生活虽然各有千秋，但都会出现阶段性类似。这就是具有共性的周期特点吗？已有研究中都有哪些著名的周期理论和阶段描述？

一、教师职业生涯周期理论

自20世纪60年代末美国学者富勒(F. Fuller)以其编制的著名的《教师关注问卷》揭开了教师发展理论研究的序幕以来，其相关理论研究已成为一个蓬勃发展的新领域。该理论是一种以探讨教师在历经准备入职、在职与离职的整个职业生涯发展过程中所呈现的阶段性发展规律为主旨的理论。许多学者从不同的角度对此进行了研究，由此产生了异彩纷呈的教师阶段发展论。在此选取较有影响力的四种理论进行简要介绍：

（一）"关注"阶段论

"关注"(concern)阶段的研究是教师专业发展阶段研究中较早出现的一类，以富勒为代表。富勒通过对教师关注问题的研究，提出了教师专业成长过程中的四阶段模式：第一阶段为任教前关注阶段。此阶段是师资养成时期，师范生仍扮演学生角色，对于教师角色仅是想象，没有教学经验，只关注自己；不仅如此，对于给他们上课的教师的观察，常常表现出不同表情，甚至是敌意的。第二阶段为早期求生存阶段。此阶段是初次实际接触教学工作，所关注的是作为教师自己的生存问题，所以，他们关注对课堂的控制、是否被学生喜欢和他人对自己的评价。故在此阶段，他们都具有相当大的压力。第三阶段是关注教学情境阶段。此阶段所关注的是教学和在这种教学情境下如何完成教学任务，所以在此阶段较重视自己的教学，所关注的是自己的教学表现，而不是学生的学习。第四阶段为关注学生阶段。虽然许多教师在职前教育阶段表达了对学生学习的关注，但是却没有实际的行动，直到他们亲身体验到必须面对和克服较繁重的工作时，才开始把学生作为关注的中心。

（二）教师职业生命周期论①

休伯曼(M. Huberman)等人通过对教师职业生涯周期的研究，把教师职业生涯过程归纳为以下五个时期：

1. 入职期(Career entry)

入职期是教师教学的第一至三年，可将这一时期概括为"求生和发现期"。其中，"求生"和"现实的冲击"相联系，课堂环境的复杂性和不稳定性、连续的失误使得对自己能否胜任教学而感到怀疑；同时又由于有了自己的班级、学生，又表现出积极、热情的一面。

① 杜春美.关于教师职业生涯周期的探索[J].福建论坛(人文社会科学版)，2007(S1)：235－236.

2. 稳定期(Stabilization)

时间大概在工作后的第四至六年。此阶段教师初步掌握了教学法，由关注自己转向关注教学活动，不断改进教学基本技能，形成了自己的教学风格，表现出自信、愉悦和幽默。

3. 实验和重估期(Experimentation and reassessment)

大约在工作后第七至二十五年。随着教育知识的积累和巩固，教师们开始不满于现状，并重新审视自己所从事的职业。他们试图进行教改实验，不断地对自我和职业进行挑战。但也有一部分因年复一年单调、乏味的课堂生活或者连续不断的改革后令人失望的结果而引发危机，从而重新评估和怀疑自己。

4. 平静和保守期(Serenity and conservatism)

时间在教学的第二十六至三十三年左右。长期的教育工作使之成为资深教师，许多教师在经过怀疑和危机后开始平静下来，他们所拥有的教育经验和技巧使之对教师工作充满自信，同时也失去专业发展的热情和精力，志向水平开始下降，对专业的投入也减少，教师变得较为保守。

5. 退休期(Disengagement)

时间为在工作后的第三十四至四十年前后，即教师职业生涯的逐步终结阶段。

休伯曼的这个理论揭示了不同教龄的教师只要心理发展水平接近，仍可能达到相同的专业发展水平。而且这种理论框架也能更好地解释教师专业发展中的实际情况。

(三) 教师生涯循环论

美国的费斯勒和克里斯森在对教师的成长、组织环境、激励措施、个性化专业发展等方面进行诊断性思考和实证性研究的基础上，提出了动态的教师职业生涯周期模型，并在模型的基础上将教师职业生涯分为了八个阶段①：

1. 职前期

教师角色的准备期，即教师的培养期，也包括教师接受新角色或工作时的再培训期。

2. 职初期

这是教师任教前几年，努力学习教学日常工作，努力寻求学生、同事和领导的认可。

3. 能力建构期

在此阶段的教师积极寻找新的资料、方法和策略，都渴望建立一套属于自己的教学体系，经常接受与吸收新的观念，学习欲望强。

---

① [美]Ralph Fessler & C. Christensen. 教师职业生涯周期：教师专业发展指导[M]. 董丽敏，高耀明，等译. 北京：中国轻工业出版社，2005：36－43.

4. 热心与成长期

教师在此阶段，已经具有较高水平的教学能力。热爱工作，不断寻求进步，不断创新、改进、丰富自己的教学，有较高的职业满意度。可以说，热心成长与高度的工作满足感是这一阶段的要素。

5. 职业挫折期

此阶段通常在职业生涯中期，教师工作上遭遇挫折，工作满足程度逐渐下降，开始怀疑自己选择教师这份工作是否正确。许多相关文章中所探讨的“倦怠”大多数都会出现在本阶段。

6. 职业稳定期

这一阶段的教师存在着“做一天和尚，撞一天钟”的心态，只做分内的工作，不会主动追求教学专业上的卓越与成长，只求无过，不求有功，可以说是缺乏进取心、敷衍塞责的阶段。

7. 职业消退期

这是准备离开教育岗位的低潮时期。在此阶段，有些教师感到愉悦自由，因为他们曾有过辉煌的教学成绩并在心中留下美好回忆；对另一部分教师来说，则会以一种苦涩的心情离开教育岗位，因为他们是被迫离职或迫不及待地想离开工作岗位。

8. 职业离岗期

这是教师离开教职岗位的时期。

费斯勒的教师生涯循环论，特别是其对教师发展的阶段描述，提供了一个较为完整的纵贯教师生涯的理论架构，具有重要的理论参考价值。

（四）教师社会化发展阶段论

我国台湾学者王秋绒将教师的专业化发展分成师范生、实习教师和合格教师三个阶段分别加以考察。

1. 师范生的专业社会化

师范生的专业社会化包括：探索适应期（第一年），刚走进师范院校，关键在于增进人际关系，适应新的环境；稳定成长期（第二、三年），社会关系稳定，有了恰当的社会角色，重点在于学习；成熟发展期（第四年），重点在于将已有的教学知识与技能应用于教学实践。

2. 实习教师的发展阶段

我国台湾地区的实习教师与大陆的“师范教育期间进行的实习安排”不一样，他们指的是入职阶段，相当于大陆普遍施行的教师试用期阶段。实习教师的发展阶段包括：蜜月期——带着不切实际的乐观进入教学实践情景，有美好的愿望，非常投入；危机期——理想与现实冲突，有力不从心的感觉，遭遇挫折，有焦虑感；动荡期——遭遇现实的震撼，是最危险的时期，有的教师重新进行自我预期，趋于妥协，有的准备脱离教学岗位，放弃教师职业。

3. 合格教师的专业化

合格教师的专业化包括：新生期（前二、三年）——经过了实习期，处理问题的能力有所增长，又产生了对教学工作的胜任感和成就感；平淡期（二、三年后）——基本适应了教学工作，觉得工作不再有挑战性，而是感到逐渐变得平淡；厌倦期（工作多年后）——有的教师乐于为教育奉献一生，而多数教师对教学产生厌倦，失去了教学的动力。

二、教师职业生涯周期理论分析

教师职业生涯周期，也称作教师发展阶段，作为理论研究经历了一个逐渐进步、完善，逐步由照搬西方理论到形成国内本土研究的过程。首先在研究范畴上，从点——教师的关注点（教师发展的一个侧面）到面——教师发展全程的表现的拓展。在研究成果上，也是一个不断发展超越的过程。从富勒的"教师的关注"这一侧面到休伯曼以教师年龄与发展为研究维度，再到 20 世纪 80 年代中期，费斯勒弥补了二者的不足，认识到教师会在漫长的职业生涯中遭遇挫折甚至陷于停滞，周期理论愈来愈趋于完善和严密。在研究方法上，也是一个由单一到多样，且渐进科学的过程，从前期的访问法、问卷调查法、观察法以及参考轶事性资料为主到后来的数据处理法及社会学的研究方法，使得研究的成果更具科学性。各周期理论、发展阶段论同中有异，异中有同，但均能完整地看待教师的发展历程，将职前师资培育与在职教师的发展联系起来，视为一个连续的过程，并且凸显了教师在不同发展阶段具有不同的专业发展水平、需求、心态、信念等。

以上教师职业生涯发展周期模型是众多研究中较有代表性的模型，他们都认为教师的成长既具有阶段性，又是一个持续不断的过程，并不是所有的教师都能随着职业生涯年龄的增加而最终成为专家。除了时间和实践经验的积累，还有教师自身的反思、充分的指导和培训等这些因素的综合作用，才能使教师得到持续的专业成长。这些理论对教师的职业培训形式和内容、培训的标准与规范、如何使教师的知识与实践经验更好地整合、如何培养更多的专家型教师等，有重要的指导意义和参考价值。

上述理论也仍有需要进一步探究与完善的地方。如教师发展周期理论多偏向于对教师实际上所经历的发展情形或实际上所表现出来的发展情形的描述，而对教师最理想的发展历程与发展情形的描述未做应有的关注。教师专业发展阶段论如能对理想的教师发展进程予以勾勒、描述，则将更为完善且具有更大的理论与实践的参考价值：一方面可以为教师提供发展目标与努力方向，同时也可使教育行政机关等更加明确，应依据教师理想的发展进程，为不同发展阶段的教师提供相应的协助。

第三节 教师职业生涯发展

想一想

教师在职业生涯发展的道路上，不同的阶段会呈现出具有代表性的行为与观念，如教师在新入职不久会出现诸多的困惑与迷茫，也会获得丰富的实践智慧；在工作多年以后往往又会出现职业倦怠感与情绪消沉……教师的职业人生中一般会经历哪些典型的阶段？每个阶段又会呈现怎样的发展态势？如何走过低迷阶段，又如何在稳定发展的阶段获得成就？学校、家庭可以为处于不同发展阶段的教师给予哪些支持或帮助？

《论语·为政》中有这样一段耳熟能详的话语，即"子曰：吾十有五而志于学，三十而立，四十而不惑，五十而知天命，六十而耳顺，七十而从心所欲，不逾矩"。这是孔子自述他一生致力于学习与修养的发展过程。由此可见，他的一生随着年龄的增长，思想境界与行为方式也在循序渐进地改变与提升。孔子作为圣人，能够深刻领悟生命发展的真谛，同时作为教育家，也能够以此来启发人们关注生命周期与职业生涯的阶段性发展。

一、教师职业生涯发展阶段

作为一名进入师范院校学习，将来欲从事教育事业的教职人员，合理期待与规划自己的职业生涯对个体专业发展大有裨益。从上一节中举例的经典职业生涯发展周期理论中受到启示，并结合当前我国教师教育发展现状与教师职业的专业化发展水平，本节将教师的职业生涯分为：职业认同与准备期、入职适应与迷惘期、稳定发展与反思期、高原维持与创造期、退缩停滞与离岗期五个阶段，并在每一个阶段中讲述影响本阶段发展的教师个体因素与学校组织等环境因素，以此来帮助准教师更加全面地认识教师职业、更加科学地规划自己的职业生涯并有效设计自己的发展路径。

课程思政

"祝伟大祖国繁荣昌盛！我爱你，中国！为中国而教！"2019 年新年到来之际，我校用一场青春洋溢的快闪活动，表白祖国。千余名师生掩饰不住喜悦和激动，一同唱响了《我和我的祖国》。央视以"陕师大：'西部红烛'为祖国闪耀"为题，报道了这场超燃的快闪活动。"这种精神，是学校牢记使命担当、矢志教师教育办学历程的生动写照，更体现了学校胸怀祖国，奉献西部，自强不息，教书育人的办学情怀。这种精神在我校薪火相传、历久弥新，融入每个师大人的血脉，成为广大师生和校友共同的价值追求，也是新时代推动学校继续拼搏赶超、追求一流，当好振兴国家教师教育排头兵，为建设教育强国贡献智慧和力量的动力源泉。"陕西师范大学校长游旭群说。请谈谈你选择师范的理由。

（一）职业认同与准备期

只有当人们能够认可并热爱自己的职业时，才会愿意为之付出各项准备以期能够担当这份职业责任。教师职业亦是如此，职前准备阶段是师范生成为教师的“预备期”，在这一阶段中，应当完成对师范生职业认同的引导，并能够培养他们必要的教师专业知识与能力。准备期的时间一般是指选择教师教育专业以后直至师范毕业以前的这段时间。

课程思政

有研究认为，在师范生培养中，首要的是思想品德的培养。在对师范生进行思想品德培养过程中，应积极打造学校全面育人的文化，不仅要做到全员育人，而且要做到全课程育人、全环境育人、全过程育人。学校的校风、教风、学风以及管理人员、后勤人员的工作作风是育人文化的核心，在师范生的思想品德形成过程中有着非常重要的、潜移默化的影响作用。① 请您结合对师德、教师职业发展的理解，谈谈对这一观点的理解。

1. 职业认同的引导与培养

职业认同是指个体对于所从事职业的肯定性评价，一般是指个体在多大程度上认为自己的职业角色是重要的、有吸引力的，与其他角色是融洽的等，这是一个心理学概念。培养师范生的职业认同感，就是培养师范生认同、接受和悦纳教师职业并引导师范生进行专业承诺的思想教育与实践活动过程。所谓专业承诺就是指学生对所学教师教育专业有着积极的认同感，愿意承担教师角色应负的职责，履行教师角色应尽的义务。这既是一种内在的心理状态，又是通过外在行为表现出来，是师范生认同所学专业并愿意付出相关努力的积极态度和行为表现。②

培养师范生的职业认同感应当成为高校教师教育专业思想教育的重要内容之一。一方面，高校应正确分析师范生对教师职业所做出的选择，通过杰出校友与知名教师的事迹来影响学生对教师职业已有的感性认识。另一方面，作为师范生，也应当理性认识教师职业所需要的专业知识与能力，以此考量自身是否适合从事教师职业，以及发现自己应当在当下与未来中做出哪些方面的努力和改变。应当说明的是，并非只有在达到职业认同后才开始做出专业准备，可以一边学习专业知识、训练专业技能，同时心理上也在不断地加深对教师职业的理解，从而不断思考是否认同本专业和将来所要从事的职业。职业认同也并非一经形成而不再改变，或许经过教育实践的磨砺以后，师范生开始发现自己与本职业的天然隔阂，如无法热爱儿童等，从此决定放弃该职业选择。这些都是“准备期”可能历经的心理动荡和表现。

---

① 苏君阳. 新时代师范生培养之路[N]. 中国教师报，2019-06-05(13).

② 连榕，杨丽娴，吴兰花. 大学生的专业承诺、学习倦怠状况及其关系[J]. 心理科学，2006(1).

2. 专业素养的初步形成

师范生在高校进行教师教育专业学习的阶段即教师职业的准备期，是一个对师范生进行定向性素质教育的过程，其主要任务是为毕业后从事教师职业打下必要的思想和业务基础。这个阶段的主要活动是专业准备和学习，以获得书本知识为主，初步形成教师职业所需要的知识和能力，使之首先具有时代对大学生普遍要求的素质，如迅速获取和分析知识信息的能力、开拓创新的意识、继续学习的能力、与他人交往和协作的能力，等等。其次是要掌握扎实的学科专业知识，精通自己将来所要教的知识。同时，通过微格教学、案例教学以及见习和实习等形式，熟悉教学情景，初步掌握教学技能。这一阶段的培养任务主要由高校承担，可以邀请其他教师教育部门如幼儿园、中小学、教育行政管理机构等参与培养目标的制定和培养计划的实施等，以期培养出有较强适应性的新教师。整个培养过程都是有组织、有系统、有目的地设计，是教师发展中最有力的阶段。

我国教师教育机构包括中等师范学校、师范专科学校、师范学院、师范大学以及综合性大学的教育学院等，一般将所有的类型统称为教师教育机构，在本文中简称高校。3～5 年的职前准备阶段的发展决定了新教师的质量以及他们今后可能的发展方向，是奠定未来发展的基础阶段，是教师专业化整体历程的起始点。

以四年制本科师范院校为代表，其发展历程为：大学一年级是师范生发展的适应期和探索期。大学新生的心理特点和处于青年初期的高中生的心理特点很相似，不过，由于已进入大学，其环境条件、主要目标、所处的社会地位以及人们对他们的看法等都对其心理产生了新的巨大影响。其中，过渡性、闭锁性、社会性、动荡性是大学新生具有代表意义的典型心理特征。因此大学一年级发展的重点就是让自己如何处理好人际关系，如何适应师范院校的环境，如何自我抉择，同时如何通过广泛性的陶冶，为未来校园生活和专业发展做好准备；大学一年级同时也是专业思想教育、专业情感陶冶、职业认同教育的重要时期。

大学二、三年级是师范生发展的生长期，是学生完成学业的重要阶段，也是开阔视野，完善个人价值观与人生观的重要时期。这一时期，在课程安排上要加重教育类课程和学科类课程的学习，并进行系统化的专业技能训练和综合能力培养。通过二、三年级两年的发展，师范生一般可以为今后的教师职业奠定必要的知能基础。此时师范生已经适应了学校环境，是比较稳定的发展时期，也是师范生可以形成专业承诺的最佳时期。

大学四年级是职前教师专业化的成熟期，经过了三年的职前学习，已经具备一定的教育专业素养与学科专业素养。高校开始安排学生进入教育实践环节，如课程教学论研究、微格教学、教育实习、毕业论文写作等。其中，教育实习是教学计划规定的重要实践教学环节，对未来的实际教学行为影响最为深远。师范生进行教育实习，一方面可以将现有的知识与能力应用于实际教学环境，检验自己的职业准备状况。另一方面也开始积累对教育实践活动的感性认识，对教育情境中的儿童和教材的全面认识，同时反思自己已经形成的一些较为稚嫩和并不稳固的教育理念、检验自身与教师职业要求的契合程度，并从中积累丰富的教师实践性知识。教育实习是师范生从学生到教师，从学习到工作的一个角色初步转化过程。在实习阶段，师范生面对的是现实和理想、保守和进步、实际和理论之间的矛盾。这些现实的冲突常常使实习教师难以充分运用在高校学到的理论知识和专业技能，使他们感到茫然、失落，甚至已经形成的职业认同也开始渐渐动摇。

经过了教育实习阶段的师范生，对教学情境和教师角色的认识从理想的专业认知转为适应实际情境的倾向。这时的师范生在发展中应注意思考如何将所学知识和形成的能力应用于实际教学情境中，同时协调理想和现实的矛盾冲突，初步认识、接受现实的教学情境，并适当改变自己的职业理想、形成新的专业理念等。

可见，经过职前教育阶段的学习、模仿与初步教学实践，师范生从一名学生变成了一名准教师，掌握了系统的专业知识和能力，培养了教师职业道德和专业情感，学会了分析和处理教学情境、课程内容等，并掌握了一定的课堂管理能力与师生交往互动能力，能初步胜任教师职业。

案例链接

当我站在讲台上时，内心是激动的，同时也是紧张的，激动的是那一刻我是以教师的名义站在那儿，面对的是真正的学生而不是微格教室里的扮演者；紧张的是自己初出茅庐没有教学经验，能否教好这一批学生。

接下来的日子我全身心地投入教学中，在指导老师的帮助下我学会了很多很多。比如，作为一名教师应该如何听课、如何对待习题课等。当然，有了老师的指导后，自己也没有懈怠，而是积极探索如何教学、怎样教学，最终转化为好的成果。

在这段时间里我成长了很多。备课整理教案、课间督导、管理教室卫生、组织学生站队及集体活动等。在这我所做的每一件事都充实了我的生活、丰富了我的阅历、增长了我的见识，更使我尝到了先苦后甜滋味的那种幸福感、满足感。我们这个团队在教学上每个人都有自己的见解，我们互相学习、团结合作，更好地进行教学。课上面对那一双双渴望知识的眼睛，我那仅有的担忧也消失了，我有信心教好在座的每一位学生，正所谓经验是一点一点积累的嘛！在未来的教学中我会积极备好课、教好书、为人师表，树立好的形象，做一名合格的教师。

（武阜衡实习团队博客，本文引用时略有删减）

（二）入职适应与迷惘期

职业生涯周期的这个阶段一般是指进入教师岗位后的1～3年的时间，是教师在学校系统中的社会化时期。作为一名新教师，他会有意识地去努力践行自身的教育理想，同时学会围绕学校提出的发展目标尽心工作，去争取学生、同事和教学督导人员、管理人员的认可，并且试图在处理日常问题和事务性工作中表现出娴熟和得当。但由于一切都是处于“适应”与“摸索”的阶段，当然会产生许多与自身愿望与理解不相符合的迷惘，这都是不可避免的，甚至应属于正常的现象。

与任职已久的教师相比，入职期教师一般将他们的关注点集中在作为教师的胜任和存活能力上，如顺利地完成教学任务、较好地控制班级、受到学生的喜爱以及得到肯定的评价等。只有首先做好了这些工作，入职期教师才能进入更成熟的阶段，才可能开始关注自己教学方法的改善与学生的学习有效性的提升。

1. 教学实践的适应与迷惘

入职期教师进入教师岗位后很快会发现，教学中的许多实际问题仅仅依靠预备阶段所具有的知识和有限的教学技能是难以解决的。在观察和处理课堂情境中出现的问题时，他们往往照搬规律与原则，具有刻板性，缺乏变通和灵活性。赵昌木老师在对196名教师所做的调查中发现，在他们最初教学的几年里，经常遇到的困难或问题依次是(依据教师回答问题出现的频率排序)：① 教材不熟，重点、难点把握不准；② 教学方法不灵活，难以调动学生的学习兴趣和积极性；③ 教学管理能力差，难以维持课堂纪律；④ 不能与学生进行有效的交流、沟通；⑤ 不了解学生的学习状况和学习需求；⑥ 对学生提出的疑难问题难以解答；⑦ 不能妥善处理课堂偶发事件；⑧ 教学材料匮乏；⑨ 难以处理与同事的关系；⑩ 教学设施简陋；⑪ 教学语言不流利，有时出现口误；⑫ 板书不规范等。这些问题显示出初任教师实践知识和智慧的缺乏。[①]

对入职期教师来说，他们对教材内容、学科知识进行了解、熟悉和内化，或许内容很简单，甚至觉得这些内容根本不需要一节课的时间，但把教学内容变成学生易于理解和掌握的东西，把一节课中学生的注意力都集中在自己的教学内容上却并非易事。他们所关心的是在既定的时间和空间的界限内完成教材规定的教学任务，备课是按照课程与教学论教程规定的原则去把将要完成的教学任务逐一穿插进去，上课是按自己教案中规定的程序完成教学内容的输出……同时，他们为了掌握学生的知识基础和每个学生的学习特点，或者试图了解学生之间的人际关系、班级的常规活动与氛围等，尤其对于担任高年级教学工作的教师来说，都是比较困难的。因为他们没有多少实际教学经验，对于教学活动和教学环境只有非常有限的专业领悟和理解力。

正是由于入职教师缺乏对课堂情境的认知能力，缺乏敏锐的洞察与判断，无法激发教育智慧，所以对他们的教学可能出现的问题也缺乏应有的预见；他们也无法恰当地使用语言或非语言的行为吸引或调控学生的注意力；更难以采用灵活多变的教学方法和手段，较持久地维持课堂教学的基本秩序；并对课堂的偶发事件进行机智巧妙的化解，反而在处理问题行为时可能会激化矛盾，导致课堂冲突，长时间中断教学，无法完成教学任务。因此他们会经常为意想不到的事件和问题而感到不知所措，实践智慧的匮乏致使一些入职教师在传统、保守的教学观念支配下，主张控制，崇尚严格管理，让学生无条件地服从自己。这更有可能造成学生心理上的过度紧张、焦虑和压抑，引起抵触情

---

① 赵昌木. 教师成长论[M]. 兰州：甘肃教育出版社，2004.

绪，产生冲突对立，使师生之间的交流难以进行。

如果入职教师的专业素养较为丰富，再加之自身对教师职业的喜爱与适切性，他会很快发现自己在教学工作中的优势。如相较年长教师，发现自己在现代教育技术应用中的特长、在语言表达上的活泼与张力、和学生心理距离上的接近……有些新教师就会合理发挥自己的所长以避己之短，从而不断找到自信，较好地逾越迷惘期，顺利度过适应期。

2. 教育理念的徘徊与重建

入职教师在教学初期，由于在专业技能和学生管理中不断"捉襟见肘"，因此经常在各种受挫与迷惘中开始反思自己的个性与职业的吻合程度，开始反思自己已经形成的教育理念。例如由自己课堂管理的不得要领开始去反思师生关系的处理方式，到底是应当遵奉立竿见影的师道尊严，还是应当发扬平等与民主？到底是应当追求学的快乐还是应当追求学海无涯、高分才是硬道理？自身教育理想和学校教育现实之间必须取舍、无法兼容吗？"尽管学生的课桌和教师的讲台之间，只有很短的一段距离，但可能有一段最长的心理距离。这些年轻的成人要在如此短的时间内跨越它。"①这些在高校的理论熏陶中形成的教育理念开始动摇与徘徊，使得教师进入深度的迷惘与反思状态。

入职教师们拥有的信念、知识、价值观和有限的技能，在复杂多变的教育实践场域中显得无力、无助和无奈。再好的教师教育课程，也无法准确地代表真实的教学。在现实的冲击下，教师们需要对自己原有的理想、信念、观念等进行梳理和反思，决定是否予以修正以及修正到何种程度。这取决于他们教育理想、信念、观念预先形成和稳定的程度，或者取决于新教师从专家同行那里获得的新经验和新认识的数量与程度，还取决于入职教师对新的工作环境的融入程度，同时还依赖于新教师的愿望和能力。史密斯(G. D. Smithy)对此做了生动的描述："开始从教时，对于做什么样的教师、想怎样实现我自己，我可能怀有明确的想法。我或许通过避免所教过我的教师的缺陷来建构自己，或许我以自己曾十分钦佩的某个教师为榜样加以模仿。也许我热爱自己心目中的教师这一角色，想以独特方式与学生打交道，极力想把课上得十分活跃，甚至可能认为学生会特别喜欢上我的课。这类自我建构，开始时可能起点作用，但久而久之都会化成灰烬。"②

虽然入职教师在承担这些角色的过程中会遇到种种困难和迷惘，但是随着时间的推移和教学经验的积累，多数教师会逐步适应并承担起这些角色，这就是教师的社会化。教师社会化是教师在学校系统中逐步了解和认识自己的专业地位和身份，并习得与该地位有关的角色期望与规范，以表现出合宜的角色行为的过程。教师从教之前的各种准备为其社会化奠定了基础，而教师社会化的完成主要是在从事教师职业之后。教师工作的学校条件、管理方式、校园文化以及学校之外的社会文化结构是形成社会角

---

① [美]Ralph Fessler & C. Christensen. 教师职业生涯周期：教师专业发展指导[M]. 董丽敏，高耀明，等译. 北京：中国轻工业出版社，2005.

② [加]史密斯. 全球化与后现代教育学[M]. 郭洋生，译. 北京：教育科学出版社，2000.

色期望与规范的环境力量，这些环境力量通过角色期望与规范对教师的角色态度、价值与行为产生重要影响。事实证明，新教师在任教数月后，其教育观念、态度和价值取向与任教学校同事的相似性就已大于受教学校的相似性，任教学校在促进其社会化方面是具有更重要影响的社会化场所。

虽然在本阶段教师经历了诸多的迷惘与反思，但是入职教师由于有了属于自己的班级、学生，可以按照自己的想法设计教学，并成为专业组织中的一员，所以又表现出积极、热情、坚韧的一面。有些入职教师也不乏新的教育理念和创新能力，并在课程与教学改革中尝试新的教学方法和策略，也因此会获得赏识与发展的良好机遇。

案例链接

她毕业才一年，但言及教师这个职业，却已是满腹牢骚。她说她讨厌这个职业，她说她在这个职业中找不到存在的价值，她说她想逃离这个职业。听着这些话，我不知道什么感觉。我知道，这几日她确实是辛苦了，连日来的磨课改课，不仅让她声音嘶哑，身体疲累，最累的是一个人的精神压力无法疏解。我本想问她，早知道有今日，这一年里为什么不好好钻研教学？为什么不多观摩其他人的课，多学习一些教学经验充实自己？就不至于今天这样手忙脚乱，底气不足。然而，回顾她这一年的教学经历，这样的话我怎么也说不出口。这一年，她每周要正常上完18节课，每天课后要进行田径队、篮球队的训练，同时还要参加新教师的各类辅导和考核。比赛期一到，要一个人带着队伍去参加竞赛，并努力取得好成绩。一年来，持续如此，没有停歇的一天。这对于一个二十出头的女孩子而言，并不是一件轻松的事情。在如此忙碌的工作中，她还有什么精力去研读各类的教学书籍？还有什么心情去深入钻研教学？照她的话说："老师，我恨不得把我一个人掰成三个人来用。"我知道，她说的话没有虚言在内，因为我自己也是这么过来的，这一段经历的感受如何，我和她有着相同的体会。（来自一位入职体育教师的导师指导手记）

（人在旅途，行行且停停的博客，http://blog.sina.com.cn/s/blog_627a481f01010bj3.html）

课程思政

有人说教师是红烛，是春蚕，"春蚕到死丝方尽，蜡炬成灰泪始干"；有人说教师是人梯，言传身教，为他人的成功奠定良好的基础；也有人说教师是辛勤的园丁，无私奉献，培育美丽的花朵。请谈谈对上述比喻的理解。

（三）稳定发展与反思期

走过入职期的教师在专业能力和专业角色认同方面都开始步入稳定发展的阶段，这一阶段往往从教师工作的第三年左右开始，而后很长的一段时间内保持平稳或有序提升，直到进入消退阶段。教师的成长历程与专业发展水平，在这一阶段中开始分化，有的教师一直处于“合格”的状态，而有的教师却在这一阶段中极力通过自身的努力，获取更多发展机会，从而让自己达到一个较高水平的职业层级。这一阶段的时长也因人而异，有的教师入职适应能力较弱，从而导致 5～8 年以后还像一位新教师一样对自身发展毫无规划、工作了无激情，对待教学任务也一直是低水平重复的应付状态，是一项工作重复做了八次而不是积累了八年从教经验，当初跟他处于同一起跑线上的新教师早已发展成熟，并开始给自己新的挑战。另外还有一些教师，先于他人进入职业消退期，过早地失去工作的热情与不断进取的动力。这两类教师的稳定发展期就会比较短暂，所以这是一个相对存在的阶段，它所占据教师职业生涯的时间由教师的自身发展状态而定。

1. 在尝试与反思中积累实践智慧

随着教育经验和教学知识的积累，教师对教学生活逐步驾轻就熟，并且对教学环境已有了充分的了解与熟悉，教学能力和教学智慧进入迅速且稳定的发展期，并且有相当一部分教师逐步形成了自己的教学风格。教学风格就是指教师教学活动的特色，是教师的教育思想、个性特点、教育技巧在教育过程中独特的、和谐的结合和经常性的表现。教学风格的形成是一个教师在教学艺术上趋于成熟的标志。入职期教师在掌握了一系列教学方法和技能后，能够依据教学目标、学生的具体需要和教学情境，适时、灵活地运用这些教学方法和技能，并将更多的认知资源分配到其他的重要任务上去，开始有精力去了解学生的复杂性，并寻求新的教学技巧与解决问题的新方法，以满足学生的各种需要。

一般说来，处在本阶段的教师，在教学过程中不同程度上具有了较强的课堂情境与发展态势的认知、引导与监控能力，能够通过不断观察学生的面部表情、定期提问查明学习的进展情况，甚至可以通过捕捉学生在学习活动时表现出的感叹、兴奋、满意及喜悦的情绪等信息来调控教学进程。正是在对课堂情境进行敏锐观察和判断的基础上，教学活动才能速度适宜、节奏合理，内容衔接自然，讲者富有激情，学者兴趣高涨，在教与学的交流、互动中达到理想的境界。

此阶段教师逐步有了一定的专业见解和判断力，不断创造和尝试新的教学策略，同时，易于接受新观念，经常参加各种交流会和教师培训计划，工作热情，能获得工作的满足感和成就感。随着实践知识和智慧的逐渐增长，教师在适应阶段的基础上，逐步能够按照个人的教学理念比较自由地处理事情，依据自己的计划对所选择的信息做出反应，对所做的事情承担更多的职责。情境性知识和功能性知识日趋丰富，能够综合地识别情境的相似性，更精确地预测事件，对教学情境有了直觉的把握，理智地做出合适反应。有些专业发展较快的教师，开始逐步摆脱教学常规的羁绊，将教学的有关规则内化，能够依据具体情况灵活掌握规则，教学中还不时表现出愉悦和幽默，充满自信和安全感。

然而，需要指出的是，在本阶段，并非所有的资深教师在课堂上对各种问题的处理都能够游刃有余，也不是所有新教师都缺乏管理学生的经验和知识。其差异在于，有些成长较快的教师善于在实际决策中应用自己积累的知识，而有的教师虽然也从事教学工作多年，但仍不能达到这种境界，因而导致他们在决策时产生困惑和犹豫不决，即使能够制定决策也显得很不成熟。可见,教师必须要注意不断地积累知识和经验,不断地反思和总结,并认识到这种积累和反思的价值所在。

2. 在学习与研究中丰富专业知识、提高专业能力

教师"一杯水、一桶水"的理论现已经不再用以比喻教师的专业知识的应有水平,而是用"长流水"的隐喻来提醒教师做好专业知识,尤其是学科知识的更新与积累。教师入职后,并不意味着知识获得的中断,过去学校学习期间所掌握的知识已远远不能满足日益变化与发展的课程教学要求,教师应当在稳定发展期通过自主学习、教师培训、同伴交流等形式不断积累自己的学科知识和教育知识。教师的知识水平直接影响教师的教学观念形成、学生的学习方式转变、教学资料的选择等,所以稳定期的教师应该积极参加各类教师培训、校本研修等学习活动,并通过这些活动的学习反哺自己的教学工作。教师的专业能力也在这一阶段实现较明显的提高,包括教师的教学能力、理解学生的能力、课堂管理的能力、教学研究的能力等。这一阶段的教师扮演着"学习者"的角色,他们在书本媒介中学习、在同行合作中学习、在培训课程中学习、在实践中学习、在反思中学习,以期达到自己的知识丰富与能力建构。同时处于本阶段的有些教师还扮演着"知识生产者"的角色,他们通过行动研究、指导入职教师、与专业人员合作等途径来将自己的经验与理念传递给更多的学习者,从而也带动自身教育教学能力的提升。

稳定发展期的教师需要专业成长活动,这些活动能促使他们在支持性氛围中满足个人的成长需求。这是他们职业生涯周期中的一个重要阶段,也是历时最久的一个阶段,那些成功丰富自身专业知识与提高专业能力的教师会很快进入自觉、快速发展的阶段,即周期理论中所言的"热情成长期",如果在本阶段无法建构恰当能力的教师,可能逐渐进入挫折阶段、停滞阶段甚至提前进入消退的阶段。因为他仅能感受到岁月的蹉跎,却发现不了自身的成长,无法实现作为教师的价值。

3. 在反思与认同中形成专业情感与理念

随着教学实践的推进,在不断的反思性实践中教师逐步认识和理解了教师职业的价值和意义,体验到教师职业之乐趣,这种乐趣也许主要来自教师个人的奉献、充满激情的教学生活和崇高的精神回报。教师或从帮助学生和他人中得到愉悦,或从工作创新中获得成就感,或从与教师的交流中得到满足感,或由于教师对学生的关爱和给予学生积极影响而学生表现出对教师依恋、尊敬和感激等。教师的专业信念也随着教师的教学知识和能力的积累而逐步确立,一些教师决定投身于教育事业。这些进入稳定期的教师不再在多种职业之间犹豫不决,而是把注意和精力集中在教学工作上。一般说来,在此阶段的绝大多数教师具有较强的社会责任感,追求进步,工作热情,关爱学生,对学生抱有较高的期望。此外,随着教师教学经验的积累,教学年龄的增长,教师的思想观念、价值趋向、审美意识和社会行为逐步稳定,角色特征和教学风格日趋完善,他们对自己完成教学任务的能力和教好学生的信念也逐步形成。[①] 然而,需要特别指出的

---

① 赵昌木. 教师成长论[M]. 兰州:甘肃教育出版社,2004.

是，由于教师决定从事教师职业的动机不同，因此，他们的专业理想、价值取向也有较大区别。

教师的专业情感会直接决定教师工作的情绪与态度，从入职期到稳定发展期，教师的专业情感一定会发生变化，从最初的迷惘或者埋怨、懊悔、准备放弃到接受、喜爱、敬业、乐业、充满使命感与责任感地投入教师工作，这就是进入稳定发展期后追求热情成长的教师所表现出的专业情感。这些教师的现有工作能力已经达到较高、较娴熟、能够胜任教师工作的高度，但专业能力还在继续进步。他们盼望到学校上班，希望和学生交流，并不断尝试使用新方法来丰富教学，还能够在教学实践中反思自身的价值与创造的意义。这个阶段的教师有高度的工作义务感和职业幸福感。在为学校确定合适的教师专业发展活动中，这些教师常常起支持和协助作用。①

但也有一些教师并不能产生对职业的热情，他们并不认为在从事教师职业的过程中能够产生幸福的体验，他们只是用理智在支撑和维持着自己的工作，正所谓“敬业但不爱岗”，他们在工作中缺少激情与浪漫的教育理想。虽然也在忙忙碌碌地工作，但他仅仅是在履行职责，对于他们来说，教师这一职业始终是一种“异己的存在”，他们在职业中找不到快乐和幸福，也无法融入自己所从事的工作中。② 但他们依然有自己“生存型教师”的教育理念，同时专业知识与能力也在稳定保持以顺利完成教学任务；他们所积累的实践智慧一般也是消极的、应付的、明哲保身的策略。

4. 难以回避的职业倦怠

职业倦怠是20世纪70年代美国学者研究职业压力时提出来的概念，指在职业环境中，对长期的情绪紧张源和人际关系紧张源的应激反应而表现的一系列心理、生理综合征。研究认为职业倦怠是由三个维度构成的一种心理状态，即情绪衰竭、去个性化和成就感的降低。职业倦怠容易发生在医疗护理、教育、社会工作等需要频繁与人交往的行业中，教师是职业倦怠的高发人群。教师职业倦怠是教师不能顺利应对工作压力时的一种极端反应，是教师在长期压力体验下所产生的情绪、态度和行为的衰竭状态，典型症状是工作满意度低、工作热情和兴趣的丧失以及情感的疏离和冷漠。经调查研究，工作的第6～10年是教师尤其是幼儿园、中小学教师倦怠表现最严重的阶段。

压力与倦怠基本是直接相连的，压力是倦怠的起因。这一阶段的教师基本处于“人到中年”的境况，家庭的责任、个人的进步、机遇的竞争、对教学成就的渴望、对学生问题的失望、对人际关系的需求等一系列问题都等待着他们去面对、去实现。角色冲突、疲于应付、工作强度高，终究导致教师情绪压抑、悲观、沮丧，对生活失去热情、对工作麻木消极，从而形成较严重的职业倦怠。

---

① [美]Ralph Fessler & C. Christensen. 教师职业生涯周期：教师专业发展指导[M]. 董丽敏，高耀明，等译. 北京：中国轻工业出版社，2005.

② 叶澜，等. 教师角色与教师发展新探[M]. 北京：教育科学出版社，2001：1.

课程思政

有研究认为,教师职业倦怠是教师不能顺利应对工作压力时的一种极端反应,是教师在长期压力体验下产生的情绪、态度和行为的衰竭状态。显然,教师的职业状态正在挑战他们对职业的坚守程度。研究显示,付出得不到理解与回报、超负荷的工作量、学校的评价体系出现问题、多种角色间的冲突等许多因素都会导致教师压力过大。如果教师心理压力长期得不到缓解,身心健康不断受到摧残,他们的离职倾向就会加剧。请谈谈,当教师面临职业倦怠时,如何激发他们的奉献精神、提升他们对职业热爱和坚守?

案例链接

一名教师在其日记中写道:目前,我对我拥有的职位有强烈的挫折感。我一直乐于和中学阶段的孩子们相处。我总是觉得秋季返校工作是件令人激动的事情,我总是盼望着教学,但去年我真的发生了改变。整个一年我都非常沮丧。尽管我投入了大量的时间,可是我觉得即便是我真的努力了,但很多力气都白费了。我想恐怕是我方法不对,我试图得到一些支持,却一无所获。我直言不讳地对周围的人谈起我的感觉,但似乎没有人注意我,也没有人听我的。我有一些泄气,我感觉我现在所做的仅仅是坚持住——维持现状。

(摘自[美]Ralph Fessler & C. Christensen. 董丽敏,高耀明,等译. 教师职业生涯周期:教师专业发展指导)

倦怠感几乎是每一位教师都会经历的,不会有幸运儿成功回避。追求与挫败、希望与失望、巅峰与低谷、得到与失去,这些都是一位教师在从教生活中所要面对和经历的。教师既能够做到为人师、开导儿童的心灵,也应当尝试做到抚慰自己失衡的心态,自我解压、反思实践,重新找到动力的基点,从而回到稳定发展的轨道上。

一般而言,稳定发展期的教师都是在为自己所设定的一个个目标中不断前行的,不管目标的原动力是自我实现还是学校要求,总之,一个成熟的教师都应当有能力将外界环境施加的压力转变为自身的需求,从而去实现个体的专业成长与发展。

案例链接

教了两年"差班"之后,婧在第三年接受了一个学生成绩稍好点儿的班。她很乐意接受这一任务,心里感到更"平衡"。"当所教的都是能力差的学生时,我的情绪也会受影响。"由于有了两年教学经验,她变得较有自信,在低年级学生面前说英语已经没有那种拘束感了,但在高年级学生面前这种情况还没有多大好转。她努力使自己的教学更有趣,与学生建立起更融洽的关系。从中一学生开始,她渐渐改变了教学方式,在课堂教学过程中采取了更多的活动形式，如班级竞赛、故事表演等。从学生的反应中她看到了进步，与学生的关系也有所改善，可是她还是不能确定这些进步是归功于学生还是她自己。她说："我不知道这是因为学生不同还是我自己有了变化，我与学生的关系也更加亲密了。课堂气氛也不那么紧张了，我的幽默感也增强了，学生们也乐意用英语和我交谈了……教学不仅仅是一份工作，一份必须尽到的责任，更多的是要引导和目睹学生的成长……我开始意识到教师应该承担教、学、引导和咨询的责任，这远比我想像的有挑战性……"

（摘自徐碧美著．陈静，李忠如，译．追求卓越——教师专业发展案例研究）

（四）高原维持与创造期

在教师的专业成长过程中，在上述说过的每一个发展阶段中，教师们都有可能会出现"既以物喜又以己悲"的表现，他们或许会因为与学生交往的困惑而烦恼，也可能会因为无法实现的教学有效性而急躁；亦或因为一堂"出彩"的公开课而兴奋，因侦破一件棘手的班级事件而自豪。但当其练就的技能完全能应付日复一日的全部工作时，如果教师没有开拓自己研究的新领域或者没有设定富有挑战性的目标，那他将会出现停滞不前的"高原现象"。在教师专业成长的发展历程中，这段相对平寂、止步不前的时期，可以称为高原平台期，所有教师在成长中都会有可能遇到。① 处在高原期的教师往往专业化发展停滞不前，好像很难再跃上一个新的台阶，找不到前进的动力，也找不到工作的激情，从而成为发展的"瓶颈时期"，制约其专业发展的进程。

案例链接

"我已从教十八年，算是一名资深教师了。由于感觉自己肩负责任重大，工作一直非常投入，很受学生、家长的喜爱。我带过的班多次被评为市、区级'优秀班集体'，我个人主讲过无数次公开课，三十出头就破格晋升为高级教师，获得过的荣誉称号不计其数，还曾被提名为人大代表。当我从前的梦想一个个变为现实后，我没有想象中的喜悦，反倒感觉无所适从。觉得自己的发展已到顶了，从前所看重和追求的东西不过如此，再也看不到前途和希望，再也找不回从前的工作热情。对学生也远没有过去那么耐心，最近几年工作没有任何进展，我感到前所未有的迷茫和沮丧。"

看得出来，李老师是一个敬业爱生的好教师，在一般人看来，她名利双收，样样俱全，令人羡慕。她取得的成绩真真切切，然而她的苦恼也是实实在在的，所谓"知我者谓我心忧，不知我者谓我何求？"李老师真正的问题在于她遭遇了职业发展的高原期。

（摘自小虫在线的百度空间）

---

① 郑友训．"高原期"教师专业成长必须逾越的平台[J]．当代教育科学，2005(11)．

像李老师这样的教师不在少数，他们至此开始满足于自己的已有经验，认为这些经验基本已经可以支撑他走完整个教师职业生涯，他开始停滞、悠闲，甚至开始等待自己离岗期的到来。他会觉得自己的职业生活变得了然无趣，机械重复，既无目标也无动力。

但高原期的教师其实也是迎来他"创造期"的时机，如果这个时期的教师能够从自身所擅长的知识领域或能力特点出发，将自己的经验加之工作中不断进行的实践反思提炼到理性层次，而后通过教学研究提炼出自己多年教学生活所积累的见解与思考，或者利用丰富的经验创新更迭出一种更加有效的教学模式，从而找到自己新的增长点，那么将产生与上述停滞期截然不同的状态。许多教学名师就是这样成长起来的。

课程思政

有研究认为，职业高原期又称为职业停滞期。这一时期，主体对职业认知存在以下特点：认知迷茫性、情感消极性、倾向波动性。处于职业高原期的中小学教师，其职业认同的发展任务主要为确定发展新目标，寻找工作热情和动力。只有重新确定奋斗方向，他们才可能发展成为专家型教师，顺利实现自我。① 那么，如何才能激发他们的职业激情？

案例链接

1989 年，她（数学特级教师刘可钦）获得了"河南省优秀教师"称号，成为一名小有名气的教师。可是，面对这种"成熟"与"成功"，刘可钦的心却渐渐地失落了，困惑了，迷惘了，倦怠了。"难道当老师就是上上课、钻研钻研解题技巧、给差生补补课以便在考试中取得好成绩吗？自己的情绪为什么越来越低落呢？这样年复一年地干下去，究竟有什么意义呢？"不甘于平庸的刘可钦开始在反思中叩问自己的内心。

她甚至有了离开讲台的念头。爱才的老校长姚文俊为了挽留她，做出了一个大胆的决定：送她去北京师范大学进修……"一个崭新的世界，展现在我的眼前。"面对命运打开的这扇幸运之门，刘可钦如一个新生儿，如饥似渴地拼命学习……"一年的时间不长，但对我的影响深远，对教育、对教学、对教师都有了一种新的认识，这种新的认识，重新唤起我上课的冲动。"多年后，刘可钦重新审视自己当初的这种冲动时，她坦言，其实后来当自己鼓励学生努力追求"我要成为最佳的我"这样的梦想时，也涌动着她自己在教育路上追求梦想的愿景。

（摘自雷玲编著的《故事里有你的梦想——18 位名师的精神档案》，刘可钦系全国模范教师，全国中小学中青年十杰教师，"主体教育"与"学习与发展共同体"等教育思想的倡导者、研究者、践行者）

---

① 杨玲. 中小学教师认同的阶段发展论[J]. 教师教育研究，2014，26(2)：56 - 64.

正是教师实践知识和智慧的日趋丰富，一些优秀教师不仅形成自己的教学风格，成为功底深厚、方法独到、风格鲜明的教学艺术家，而且具备了深刻的专业见解，产生了比较成熟的个人教学思想，甚至是自己完整的教学体系。当然，这些都是基于自身对教学实践的研究、探索与不断的反思和总结。

专业知识与研究能力的深造是一种高原期教师提升专业素养和转变教学现状的良机，这种深造不一定要是“回炉进高校”的访学进修方式，也可以是参与教师主题培训活动。当今教师教育的发展趋势愈加体现终身教育的思想，且正在开展职前职后一体化的教师培养模式，所以，不必哀叹自己没有学习的机会，而应当将更多的精力放在“准备”工作中，阅读专业书籍、研习名家课堂、关注教育教学改革的动态与观念，让自己始终跟得上教育发展的节奏，以使自己能够在有限的培训时间里最大限度地吸收学者专家的思想精粹，批判性学习，将自己几近枯竭的专业追求再次唤醒，创造出更深刻的教师职业生活的意义。

（五）退缩停滞与离岗期

随着年龄优势的消失，这些教师的教学智能日趋衰退，每每感到后生可畏，却又无能为力。他们如果还留任在教师岗位，也只能是被动的旁观者，只能是“教书匠”。也许对那些曾经创造过辉煌的教师来说，过去的成绩就变成美好的回忆；对那些过去就业绩平平的教师来说，剩下的只有职业生涯的苦涩回忆。① 在我国，大多数教师离岗都是由于年龄到了可以退休的法定年龄，他们在教育战线上耕耘了大半生，经历过教师发展的各阶段，紧张过、欣喜过、失落过、满足过、付出过、收获过、思考过、实践过……教育职业的一生即将画上句号，他们开始表现出退缩不前，尽可能地把机会留给那些职业伙伴中的后来人。他们还往往会有一种“烈士暮年”的心绪，对从事了一生的教育工作充满感慨，却又心有余而力不足地打量着眼下快节奏、重压力的教育教学任务，因此也时常会感到心理失落。

从整个社会层面来看，离岗期的教师由于受到社会文化的影响较深，“到点”及回家休养的思想普遍存在。从学校层面可以发现，一些曾经在前面发展阶段表现优秀，曾经得到过学校的信任与肯定的教师具有较好的心态去面对离岗，他们更愿意在有限的时间里为学校发展和学生成长做一些有意义的事情。② 这时段，学生、同事对其认可与否常常会成为影响他们心理的重要因素，其中更多的离岗期教师对自己未来的岁月缺少筹划或者还未确定，面对即将要离开的岗位会带给他的严重的退休焦虑。

还有一些学校会在法定退休年龄之前，就发现了离岗期教师的“退缩停滞”状态，认为他已经不适合继续留任在充满活力的教学课堂中。离岗对他来说只是离开了“教学岗位”而转入学校其他岗位中去，如图书资料管理、食堂管理、总务工作等，希望一个相对新的工作环境能够带给他一些新的挑战和新的满足感，让他的停滞转变为一种新状

① 赵昌木．教师成长论[M]．兰州：甘肃教育出版社，2004．

② 王艳燕．离岗前期教师的心理调适[J]．思想理论教育，2010(14)．

态的“入职”。他们为了发挥自己的“余热”，或者为了说明自己在“教学中的胜任”就是代表着个人整体素养的高度，以此让大家明白现在的他只是“廉颇老矣”，但依然有很高的可利用价值。因此，离岗前期的教师就是学校摆在年轻教师面前的一部隐性教材，他们会耳闻目睹离岗期教师的行动与思想，会倾听离岗期教师的教育故事，以此来评鉴自己的选择与发展。

课程思政

中新网以“致敬！浙大84岁教授站立三小时上完‘最后一课’”为题，报道了浙大机械工程学院的退休教师蒋克铸发挥余热、奉献教育的故事。作为浙江大学知名教授，他完全可以在家安享晚年，但他认为现代教育有个遗憾：一代人离开后，实实在在的经验没留下来，现在的年轻人会重复我们以前走过的弯路。我们每一个老教授都有一笔巨大的知识财富，应该传承下去。“我也想像孔夫子一样周游六国，把毕生所学都传给年轻人。虽然有学生觉得我严格，但只要还有一两个学生愿意听我的课，我就要一直讲下去。”①

二、教师职业生涯发展的动态分析与影响因素

(一) 教师职业生涯发展的动态分析

在教师的职业生涯中，教师发展的整个过程充满着艰辛和困难，因而并非总是一种正向的成长过程，有停滞期、退缩期和低潮期。只不过那些专家型教师、学者型教师以及优秀教师由于自身的主观努力和良好的成长环境一直保持着持续发展状态从而表现得不太明显而已。上一章中所述教师成长的五个发展阶段，既有对大多数教师发展成长历程的客观描述，也蕴含着本文对教师成长理想道路的探求。这里所划分的“阶段”只是一个概念框架而已，并不是严格、清晰的边界。实际上教师成长过程是渐进的，阶段之间的分野以及阶段之内的稳定都是相对的。有些研究者试图把教师发展阶段分得十分具体、详尽，这背离了教师实际的发展状态；包括上文中的各类周期理论、阶段理论，都是描述性的，并不能充分解释说明从一个阶段向另一个阶段的过渡。

事实上，教师成长的过程有很多复杂的相互联系的过程发生，这些过程非我们能够轻易看到并理解的。何况，在现实生活中不同教师所处的生活情境存在着差异，不是所有教师都同等地承担教学的责任和义务，也不是所有教师都关心自己实践的改进，还有一些无法预测的偶然事件，所有这些无不影响他们的成长道路。实际上，做教师是一种过程而不是结果，是一种历程而不是终点。任何教师的专业发展都从未停止过，要么不断前进，要么退缩，发展就是在个人和环境的相互作用下动态流变的过程。可见，对任

① 王湛.致敬！浙大84岁教授站立三小时上完“最后一课”[EB/OL]. http://www.chinanews.com/sh/2017/12-13/8398928.shtml.

何阶段理论都必须保持谨慎的态度，因为“一种理论可以用来扼杀真理，也可以揭示、阐释真理”。可以说，教师成长阶段理论掩饰着人类发展的神秘与庄严，这是我们在探寻意义时决不可忘却的。[①]

（二）教师职业生涯发展的影响因素

1. 教师自身因素与职业的匹配程度

教师从教所拥有的专业知识与专业能力是专业发展的基础，它们在教师的成长过程中都必不可少，教师对自身专业成长的意识也极大地影响自身的发展。教师必须要有提高专业能力的意识，在实践中，要经常对自身的教学行为及时反思，不断改进教学方法，提高教学能力。

个性特征与职业的匹配程度也是影响教师专业发展的重要因素，教师的专业成长取决于能力、需要等个性特征，取决于特定工作环境与个性特征的适宜程度。个体的人格与工作环境之间的适配和对应是职业满意度、职业稳定性与职业成就的基础，个体的兴趣与爱好可以为其职业生涯发展提供机会。如果教师职业能够满足其兴趣，为其提供个体能够获得成就感的机会，就会对教学活动起促进作用。个人的需要和价值观也极大地影响教师的职业满意度，如果工作符合其人生定位，即使工作报酬不高，也能为之接受。

2. 职业生涯发展中的环境因素

教师的成长不仅仅是个人的事，家庭与社会、学校体制、学校氛围、教学小组和部门，以及教育权威人士、学校校长、其他教师、管理人员和教育理论工作者等，都应对教师成长给予支持和协助，这也是教师迅速成长的外部保障。家庭对教师的发展有重要的影响，是教师生活环境的主要组成部分，为教师提供心理上的支持。个人或家庭中的危机对于教师职业有明显影响，良好的社会人际支持系统有助于更好地应对职业压力，缓解教师的职业倦怠感。

学校是教师职业活动的第一场所，教师的专业发展和学校环境有着深刻的关联。在学校这个系统中，规章制度、管理方式、组织气氛和文化等都对教师的成长有重要影响。科学的管理方式有助于提高教师的工作积极性，过于专制的管理将对教师的成长产生不利影响。在一个充满关爱、相互合作的组织气氛中，教师会对学校和自己的教学工作充满信心，会合理规划、奋力去实现自己的成长目标。积极向上的，拥有终身学习、互相学习理念的组织会让教师从不断的学习中得到快速的成长。

3. 职业生涯发展中的关键事件与关键人物

“关键事件”是指教师职业生涯、专业发展过程中的重要事件，这些具有“关键作用”的事件对教师的教育观念、专业态度和专业行为可以产生重要的影响。众多的研究表明：在教师专业成长的突变发展过程中，“关键事件”扮演着重要角色。尤其是在教师们

---

① 赵昌木. 教师成长论[M]. 兰州：甘肃教育出版社，2004.

职业生涯的初期，即教师从教后的一至三年之间，教师们的入职适应与迷惘期是关键事件出现得最为频繁的时期，也正是在这个阶段容易出现关键事件中的重要他人，即"关键人物"。如在重要关口帮助过你的同事、师徒制中的师傅、家庭中的全力支持、幼儿园教师的养育事件、学校领导的关心和赏识、教研员督导的帮助等。类似身份的关键人物，也可以出现在稳定发展与反思期，以帮助教师完成专业发展过程中的蜕变与进步。

关键事件可以是一个完整的事件过程，也可以是一个重要的片段，或者是一个不可忽视的细节。其持续的时间可能是瞬间、短期或长期的一个片段、一件小事或者一个项目等。关键事件通常会引发教师认知和行为的改变，并且对教师的专业发展或团队的教学效果产生决定性的影响。需要指出的是，关键事件不一定仅指那些起着积极帮助作用的事件，也可能是起着负面作用的重要事件。比如给你增添麻烦、不支持你工作的家人，利用不正当的竞争手段伤害你的尊严和荣誉的同事、给你"穿小鞋"的领导等，也都是你职业生涯转折期的关键事件和关键人物。

课程思政

吴正宪在《追求教师职业生命价值》一文中说道："教师工作是我生命中的重要经历。我在年复一年、日复一日地付出、奉献，我也在年复一年、日复一日地收获。在探索教育教学改革的道路上，获取了自身成长过程中的成功和快乐，实现了个人生命价值与教师职业生命价值的和谐统一。"她列举了教师职业生涯中对她帮助极大的关键人物：全国著名的小数界教学专家马芯兰老师、北京市小学数学特级教师刘梦湘老师、北京实验一小特级教师缪玉田老师、东北师大教科院院长马云鹏教授，认为自己职业生涯的成功，完全得益于这些名师在不同阶段给自己的指导和帮助。[①] 教师职业生涯中，一些关键人物和实践，往往起到关键作用，但教师的发展关键还是在于内因：向上、向好的一颗追求卓越的心。从吴正宪老师的自述里，您学到了什么？

本章小结

通过本章中对教师职业生涯周期理论的了解与学习，学生可以领会教师职业生涯中各阶段专业发展的态势，了解不同阶段中教师将会出现的一般性的困惑与瓶颈、进步与成长，继而帮助学生了解教师职业人生的发展动态与影响因素。借助这些职业生涯发展的阶段理论，让学生学会分析专家型教师的职业发展历程与影响因素，从而尝试预设自己的职业生涯发展规划。做好自己职业生涯发展的设计师，既可以有效把握自己的专业发展之路，又能够为学校师资队伍的整体规划与发展做出贡献。

关键词：教师职业生涯周期；职业生涯发展阶段理论；职业生涯发展规划

① 吴正宪. 追求教师职业生命价值[J]. 人民教育，2005(17)：38－40.

思考训练

1. 选一位你熟悉的专家型教师，通过访谈或查阅资料的方式了解他职业生涯发展所经历的阶段，并尝试捕捉这位教师成长过程中的关键事件。

2. 用图表的形式列出一位年轻教师入职适应与迷惘期的生涯表现及个人因素与环境因素。

3. 根据教师专业发展阶段理论设计一份自己的职业生涯发展规划。

推荐阅读

1. [美]Ralph Fessler & C. Christensen. 教师职业生涯周期：教师专业发展指导[M]. 董丽敏，高耀明，等译. 北京：中国轻工业出版社，2005.

2. 雷玲. 故事里有你的梦想——18 位名师的精神档案[M]. 上海：华东师范大学出版社，2007.

3. 徐碧美(Amy B. M. Tsui). 追求卓越——教师专业发展案例研究[M]. 陈静，李忠如，译. 北京：人民教育出版社，2003.

4. 罗蓉，李瑜. 教师专业发展：理论与实践[M]. 北京：北京师范大学出版社，2012.

5. 金连平. 中小学教师职业生涯规划：概念、问题及对策[J]. 上海教育科研，2010(9).

6. 张斌，陈萍. 中小学教师职业生涯规划与专业发展调查研究[J]. 中国教育学刊，2014(7).

第九章
教师专业发展路径

※ 学习目标

1. 了解我国教师专业发展的类型、主要特征和意义等基本情况；
2. 了解影响教师专业发展的内在和外在因素；
3. 结合我国教师专业发展趋势，掌握职前和职后教师专业发展路径和策略。

导入语

初中毕业时，她在升学志愿表上只填了两个学校，南通女子师范和南通师范。可是，当她步入学校站在讲台上兴致勃勃讲课时，孩子们却叽叽喳喳，根本不听。夜晚，她坐在灯下，泪水止不住簌簌地往下淌。此时，她没有退缩，她开始琢磨孩子们的心理，了解他们的兴趣爱好，进一步亲近他们。为了提高自身专业素养，她不断学习先进的教育理论，凡与"情境"关系密切的移情心理、暗示心理、角色心理等她都深谙于心。她所创造的情境教学理论得到了广泛的重视与认可，不仅在促进儿童的全面发展上取得了成功，而且对教学理论的创新与发展做出了重要的贡献。从李吉林老师的人生经历中，我们能够品味出诸多滋味。她的成长过程给我们展示出一条清晰的从新手到专家教师专业发展的路径，从中你能得到哪些启示？

第一节　教师专业发展概述

想一想

从适应教师职业，到成为名师、专家，教师专业发展的路径具有哪些特征？教师专业发展对个人成长和社会发展又具有什么意义？

教师专业发展是教师不断学习、成长的过程，虽然国内外专家对教师专业发展的理解有所不同，但不可否认的是，教师专业发展是一个动态的、不断发展变化的过程。就国内外有关的研究而言，对其主要有三种理解：第一种是指教师的专业成长过程；第二种是指促进教师专业成长的过程；第三种兼含以上两种理解，即教师专业发展是教师内在专业结构不断更新、演进和丰富的过程。教师专业发展也是一种目的，它帮助教师在受尊敬、支持、积极的氛围中促进个人的专业成长；教师专业发展还是一种成人教育，增进教师对工作和活动的理解。它关注教师对理论和实践的持续探究本身，关注教学工作在社会发展和个人生活中的意义。教师专业发展的目的，就是要在学校教育过程中使教师和学生都获得成功。① 因此，教师专业发展是教师成长的过程，也是教师成长的结果，即教师的专业素质与能力不断发展和成熟的过程；教师专业发展的内容突出体现在专业理念、专业道德、专业知识、专业能力等方面；教师专业发展既有与其他专业人员共性的发展规律，也有教师职业的个性发展特征。

一、教师专业发展的类型

教师专业发展要求教师不断改变原有的知识、观念，吸纳新的知识、观念，提升自己的能力，转变自己的角色定位，促进教师专业成长、提升教师职业道德水平。教师专业发展可分为自主性教师专业发展和合作性教师专业发展两种类型。

（一）自主性教师专业发展

自主性教师专业发展是指在学校情境中，根据教师自我发展和学校发展的需求，让教师自主地确定发展目标、开发和利用学习资源、设计发展策略、评价学习结果的一种专业发展的方式。② 这种主动的发展过程，首先要求教师要有自学和自我发展的愿望，然后由外部监控转变为自我监控；同时这种发展也是一个循环往复、螺旋上升的过程，前一个阶段的学习结果可以成为下一个阶段的基础和起点。自主性教师专业发展要求教师具有自我发展的意识和动力，自觉承担专业发展的主要责任，通过不断的学习、实践、反思、探索，使自己的教育教学能力不断得到提高，并不断向更高层次的方向发展。“教师的发展不是被动、被迫、被卷入的，而是自觉主动地改造，构建自我与世界、他人、自身内部的精神世界的过程。”③自主性教师专业发展强调对教师个体自主发展权利的尊重，对教师个体教育实践知识与智慧的认同，突出表现了教师在教育教学活动、教改探索、科学研究以及促进学生发展的各个方面，不甘于机械单调的重复，不断学习、研究、创造，不断自我完善、自我超越，提升个人的自我价值，满足自我的高层次需要。

① 瞿葆奎，郑金洲. 中国教育研究新进展・2003[M]. 上海：华东师范大学出版社，2005：426－427.

② 李瑾瑜. 新课程与教师专业发展[M]. 北京：首都师范大学出版社，2004：256.

③ 姜勇. 论教师专业发展的后现代转向[J]. 比较教育研究，2005(5)：67－70.

课程思政

著名畅销书《致加西亚的信》讲述了这样一个故事:1898 年 4 月美、西战争期间,美国总统麦金急需求得在古巴丛林中反抗西班牙军队的起义军首领加西亚的合作,因此需要一名合适的特使去完成一项重要的任务,军事情报局推荐了安德鲁·罗文。罗文当时毅然接受了这个任务,接受这个任务时,不知道加西亚究竟在哪里、不知道如何去……但他发挥积极性、创造性,自动自发地在孤身一人没有任何护卫的情况下立刻出发了。最终,他徒步穿越了这个危机四伏的国家,凭借自身的智慧和勇气最后找到了加西亚。这本书里所承载的自动自发的积极、创造的精神同样适用于教师发展。

作为一名师范生,应如何基于对教师职业的热爱与担当,自动自发地自我发展?

(二) 合作性教师专业发展

合作性教师专业发展是指教师通过彼此合作、平等互助、资源共享、互相商讨等,达到集思广益、共同提高的发展目的。教师的专业发展依赖于他所处的教学环境,受同事的影响,通过合作,不同教育能力和不同知识结构的教师可以互补,有效地改善个体的学习能力与学习方法,从而提高教育教学效率。很久以来,教师的工作方式一直处于孤立的、封闭的状态,教师之间彼此是保守、互不相干、互相防范的,即使教学中出现了问题和困难,也较少交流或合作,整个教学过程基本上是“自给自足”式的,教师之间缺乏合作交流的气氛。随着科学文化和教育理论的发展,不同学科的相互融合及其与现代信息技术的整合,教师工作逐渐演变成为相互关联和相互衔接的过程,合作显得尤为重要。教师彼此之间相互学习与交流,共享资源和成果,共同解决难题,带来教师行为或绩效的显著改善。在专业成长的历程中,每一个教师的专业发展与提高,不仅仅是教师个人的教学反思,在很大程度上还需要教师群体的相互借鉴与合作,以及相互的反思和促进,通过加强合作实现教师专业发展。

二、教师专业发展的特征

案例链接

在教师专业发展规划上,邯郸市一中为不同发展阶段的教师制定了不同的个人专业发展目标,如今的邯郸市一中已成为莘莘学子梦寐以求的殿堂,有“冀南小清华”之美誉。具体内容如下:(1) 合格教师——通过对新教师进行学科教学和班主任工作带教,完成优秀大学生到合格教师的转变。(2) 教坛新秀——学校选择骨干教师对新教师进行学科教学和班主任工作带教,根据要求开展传帮带的培养工作,完成合格教师到教坛新秀的转变。(3) 成熟教师——通过师徒双向选择,自愿结对,在师德修养、教育理论、课堂教学、教育科研、学业管理等方面进行带教，完成教坛新秀到成熟教师的转变。(4) 优秀青年教师——通过师徒双向选择，自愿结对，在师德修养、教育理论、课堂教学、教育科研、学业管理等方面进行带教，完成成熟教师到优秀青年教师的转变。(5) 骨干教师——选择富有教育教学经验的高级教师担任导师，在理论学习、教育科研、学科教学、班级管理等方面进行指导，完成优秀青年教师到骨干教师的转变。(6) 名师——选择教育专家担任导师，参加高层次专业进修，参与学校课程与教学革新，参与学校重点课题研究，发表有价值论文，承担培养青年教师的任务，完成骨干教师到名师的转变。(7) 功勋教师——通过回顾和阐述自己的教学经历，组织课题研究。撰写教育教学经验总结或从教经验；组织青年教师拜师，研究他们的教学思想和教学风格；听课评课，对他们的教案、课堂教学进行指导，完成教育教学经验的积累，指导青年教师成长。

在教师专业发展设计过程中，个体能否建立合适的自我发展目标尤为重要，邯郸市一中制定的教师个人发展目标规划详细具体，这样，教师在专业发展过程中，可以有一个纵向上的对比，使每位教师从自身的进步中感受到专业化发展的欣喜和满足，品尝成功的喜悦。

课程思政

“见贤思齐”体现了先贤们追求卓越的精神，是中华民族优秀的文化传统。而这种追求是一种内源性的——发自内心的向上、向好的需求，对于教师而言，它是专业发展的持久性动力。它强调教师在专业发展上的自主性，要求教师既要有较强的自我发展的意识，又要有自我发展的能力，通过多种途径实现专业发展和自我更新的目的。当代教育名家如窦桂梅、吴正宪、于永正、李镇西等人的成长经历都说明，教师的发展是一个追求卓越的过程，是一个自主发展的过程。追求卓越之路，永无止境。作为未来的教师，始终要有向着阳光走、向着卓越前行的精气神。

(一) 教师专业发展具有自主性

教师是专业发展的主体，没有教师的主动参与和自主发展，就没有教师专业发展。教师职业的特殊性决定了教师的专业发展带有明显的个人特征，是一个与主体性密切相关的复杂过程，有赖于教师以自身的经验和智慧为专业资源，在日常的专业实践中学习、探究，形成自己的实践智慧。教师只有具有了主体自主性，专业发展才得以实现。因此，自主发展是教师专业发展的本质所在。① 叶澜等学者指出：“教师具有较强的自我专业发展意识和动力，自觉承担专业发展的主要责任，激励自我更新，通过自我反思、自我专业结构剖析、自我专业发展设计与计划的拟订、自我专业发展计划实施和自我专

① 杜建生. 中小学教师专业发展的必然选择：自主发展和专业对话[J]. 当代教育论坛，2003(12).

业发展方向调控等，实现自我专业发展和自我更新的目的。”①他们强调了教师自我发展意识在专业发展中的重要性，由此带来教师专业发展立足点的转变以及独有的特征——“将自己的专业发展过程作为反思的对象，强调教师不仅是专业发展的对象，更是自身专业发展的主人，目标直接指向教师专业发展”②。教师专业发展的这种主体自主性，促使教师不断地学习、实践、反思、探索，使其教育教学能力不断得到提高，并自觉承担专业发展的主要责任，不断向更高层次的方向发展。

（二）教师专业发展具有阶段性

作为一个专业发展过程，教师专业发展包括多个不同的阶段，并且不同的阶段有不同的发展速度和侧重点。一般来说，教师专业发展可分为四个阶段：一是教师从事教育工作前，接受教育和学习的职业准备期。二是教师走上工作岗位，由没有实践体验到初步适应教育、教学工作，具备最基本、最起码的教育教学能力和其他素质的职业适应期。三是教师继续在实践中锻炼自己的教育教学能力和素质并达到熟练程度的职业发展期。四是教师开始进入探索和创新并形成自己独到见解和教学风格的职业创造期。经过这四个阶段的发展，可以在较大程度上实现教师专业发展的基本目标——成为专业的教育人员或专家型教师。

（三）教师专业发展具有终身性

课程思政

关于终身学习，孔子的观点是“学而不已，阖棺乃止”，庄子的观点是“吾生也有涯，而知也无涯”，荀子的观点是“学不可以已”。实际上，他们也是这么做的。作为教师，在其专业发展中，应该如何汲取这一优秀文化传统？

教师专业发展贯穿于教师的整个职业生涯，教师专业发展过程是需要通过不断学习与探究而逐渐成为成熟专业人员的过程，这个过程贯穿于教师的整个职业生涯，乃至一生。一名教师接受完整的职前教育，并取得教师资格证书，这仅仅意味着教师专业发展的开始，在以后的职业生涯中，教师仍然需要持续学习、发展，通过一生的学习、思考、实践，在整个职业生涯中不断获得自身的发展与完善，最终成为一名成熟的专业人员。美国学者布莱克曼曾对教师的专业发展做出这样的界定：不论时代如何演变，不论是自发的还是受赞助的，教师始终都是持续的学习者，此种学习就是专业发展。③ 它不仅表现在时间的延续上，更表现在专业内涵的不断拓展上。

---

① 叶澜，等. 教师角色与教师发展探析[M]. 北京：教育科学出版社，2001：267.

② 叶澜，等. 教师角色与教师发展探析[M]. 北京：教育科学出版社，2001：272.

③ 朱可. 新课改背景下中学历史教师专业发展的策略研究[J]. 中小学教材教学，2004(32)：9-12.

三、教师专业发展的意义

教师专业发展是现代教育改革和发展的需要，是社会对教师“量”的急需逐渐提高到对教师“质”的需求的反映，它不仅对教师个人发展具有重要意义，同时对社会发展也具有多方面的意义。

（一）教师专业发展促进教师个人成长

教师专业发展对于教师个人来说意味着素质的全面提升和个人潜能的充分发挥。首先，教师专业发展意味着教师要有合理的文化素质结构、高尚的职业情感和风格特征以及良好的教师职业行为规范。这包括教师要拥有比较全面精深的所教学科的专业知识以及一些相关的技能，如善解人意、宽容大度、乐观向上的个人品格，符合教师职业道德的行为规范，等等。其次，教师专业发展意味着教师不仅要系统地掌握所教学科的基础理论知识，而且要有特殊的教学技能和能力，凝练教学艺术，如将所教学科的知识体系和技能体系分解为最小的知识单元和最小的技能单元，在此基础上进一步将它们加工为符合不同学习认知风格、情感需要和个性特点的知识，根据学生的不同特点进行个别化教学。再次，教师专业发展意味着教师不仅应具有良好的职业道德、学科知识、教育教学能力，还要成为研究者，对自己的工作具有反思态度和积极探索的能力。教师的专业化发展与教师职业的研究性密切相关，“教师即研究者”已经成为教师专业发展的重要内容。如果仅仅从知识的传递出发去理解教育，教师只能是一个教书匠的角色，如果从每个学生的成长出发，那么教师的工作就总是在实现着文化的融合、精神的建构，永远充满着研究和创造的性质。

1. 更新教师教育教学理念

在教师专业发展过程中，教师自身的教育能量得到激发，通过学习与吸收先进理念，逐步摈弃落后的教育观与职业观。在培养学生的同时发展自己，提高自己的教学水平和技能，将专业发展看作自己生命活动的一部分，是实现自己人生价值的舞台，是自己奋斗终生的事业，进而促进教师教学水平的发展、提高和价值的实现。

2. 改善教师教育教学效果

增进教育的有效性，是一切教育活动开展的首要目标，而这与教师主体动力发挥有着最直接的关系。教师主体动力的发挥在很大程度上影响了教师的具体行为，如对教师工作的开展和教师面对问题的坚持性产生影响，对教师自身教育行为的选择、任务情境和教育目标的反映产生影响，同时还会影响到教师对他人及情境的情绪与思考。所以，教师主体动力的发挥不仅引导着教师知觉与理解自身和外在的行为，也是教师教育行为产生的基础和影响具体行为的重要因素。

3. 提升教师教育人格魅力

教师主体的发挥体现在教师专业发展过程中教师自我价值的重要意义，在教师人格完善过程中具有的重要影响和作为主体的“教师”对专业发展所起的重要作用。教师的人格价值一般表现为教师的尊严、教师的需要、教师的自我实现;教师的人生价值可以理解为对他人或者社会的价值。从价值统一的角度来分析教师的专业发展,教师这一主体既要实现人格价值,也要实现人生价值,教师主体动力的发挥应该具有双重性。在这样的动力引导下,使教师增进对工作和活动的理解,也使教师把教育工作的意义普及到他个人生活的意义和社会的发展中去。①

4. 提升教师教育职业幸福感

课程思政

有研究认为,教师幸福是身心合一的,它是学生成长和进步带来的喜悦感和成就感,是付出终得回报的愉悦感——这种愉悦感不仅是学生的进步,同样包括自己的进步和成长,是来自同事、家长和社会的肯定,是来自政府的重视。教师要学会感受和体验这种快乐,而这些快乐实际上就组成了教师的幸福。幸福的教师,应该幸福从教、幸福生活,并将快乐传递给学生。②

作为教师,只有不间断地提高自身的专业水平、专业素质,才能取得更好的工作岗位、工作环境,提高工资报酬,也才能提高自己的职业竞争力。选择"教师"作为职业的个人,是否能够长期地从事这一职业并有所成就,不但取决于外力的作用,如社会所赋予教师的职业声望、工作报酬、地位等因素;还取决于选择这一职业的个人,能否在长期的教育工作中持之以恒,能否不断地发展自我,最终在提高个人生活幸福感的同时,实现人生的价值。一位教师能够通过主体动力的发挥得到、享受职业生涯过程中的满足和愉悦,就会产生幸福感,就会充分展现人在职业生涯中的生命价值。

(二) 教师专业发展提升社会综合竞争力

传统社会是以农业文明为特征的自给自足、发展缓慢的社会,传统教育是经验性的教育,缺乏教育科学、心理科学的基础,缺乏理性的社会保障和管理制度,对教师的专业发展没有也不可能提出全面认识和更为具体的要求。现代社会是以现代工业为基础的科学化、民主化、革命化的社会,现代教育是一种具有科学性、民主性、发展性的教育,现代教育所要传授的知识、技能空前广泛,科学技术对人才培育的质量和效率提出了越来越高的要求,与此同时,教育科学、心理科学研究取得了长足的进步,现代社会对人的发展的认识不断深化。在这一背景下,现代教育对教师工作质量和效率的要求逐步提高。20世纪以来,发达国家、地区的教师教育先后经历了从中等教育水平的师范学校教育到高等教育程度的师范学院教育,从师范学院的独立培养到综合性大学的本科教育加大学后专门的教育课程训练的转变,并逐步形成了教育学士、教育硕士、教育博士的教师教育学位体制,可见,教师专业发展已成为现代社会与教育发展的重要标志之一。

---

① 薛忠英.基于教师主体动力的教师专业发展路径[J].教育与职业,2014(6):76.

② 熊华军.教师如何幸福生活[N].光明日报,2012-02-22(16).

课程思政

2018 年颁布的《中共中央　国务院关于全面深化新时代教师队伍建设改革的意见》明确了“重视专业发展”的要求，指出要“开展中小学教师全员培训，促进教师终身学习和专业发展”。《意见》提出：到 2035 年，教师综合素质、专业化水平和创新能力大幅提升，培养造就数以百万计的骨干教师、数以十万计的卓越教师、数以万计的教育家型教师。教师管理体制机制科学高效，实现教师队伍治理体系和治理能力现代化。教师主动适应信息化、人工智能等新技术变革，积极有效开展教育教学。尊师重教蔚然成风，广大教师在岗位上有幸福感、事业上有成就感、社会上有荣誉感，教师成为让人羡慕的职业。

教师专业发展是现代教育发展的要求和必然趋势，不断提高我国教师专业发展水平也是实施科教兴国战略、实现中华民族伟大复兴事业的现实需要。“科教兴国”是科学分析和总结世界近代以来特别是当代经济、社会、科技发展趋势和经验，并充分估计未来科学技术特别是高科技发展对综合国力、社会经济发展水平、人民生活和现代化进程的巨大影响，根据我国国情，为实现社会主义现代化建设三步走的宏伟目标而提出的发展战略。在科教兴国的治国方略中，明确指出教育是兴国的奠基工程，而教师专业发展是实施科教兴国战略的重要保证。21 世纪以经济实力、科技实力、国防实力和民族凝聚力为基础的综合国力将越来越集中体现为拥有高新技术人才和创新性人才的数量和质量，加快人才培养、提高教师队伍水平和人才培养质量是增强我国综合国力、应对国际竞争的决定性因素。而创新人才的培养必须依靠经过专业化训练并具有相关专业素养的教师来完成教学，教师专业发展所追求的目标，使得教师具备这种专业优势，在社会教育领域发挥不可替代的作用，为科教兴同战略的实施提供智力支持。

第二节　影响教师专业发展的因素

想一想

有人认为是教师个人素质影响了教师专业发展，也有人认为因为缺乏教师专业组织的指导，导致教师专业发展水平不高，那么影响教师专业发展的因素有哪些呢？

关于教师专业发展影响因素的分析，相关研究也很多。有学者从教师专业发展过程，论述影响教师专业发展的因素，如美国约翰霍普金斯大学的费斯勒教授，将所有影响因素梳理为两大方面：个人环境因素与组织环境因素。个人环境因素主要包括：① 家庭因素；② 积极的关键事件；③ 生活的危机；④ 个人的性情与意向；⑤ 兴趣或嗜好；⑥ 生命阶段。组织环境因素主要包括：① 学校的规章；② 管理风格；③ 公共信任；

④ 社会期望；⑤ 专业组织；⑥ 教师协会。格拉特霍思(A. Glatthorm)认为，影响教师发展的因素主要有三方面：与教师个人相关的因素；与教师生活、工作的情境相关的因素；与促进教师发展的特殊介入活动相关的因素。叶澜教授认为教师专业发展的动力来源有三大因素：一是教师在日常专业生活中所遇到的必须解决的问题或者说关键情境；二是在自我专业发展意识引导下教师自身对专业发展的主观追求；三是外界的各种教师教育的支持。①

除此以外，也有学者以教师专业发展的素质结构为视角，提出影响教师专业发展的三大因素：个人特征（个人的职业伦理、对职业的自信与自我批评以及职业上的理性竞争）、教育反思（具体表现在基本理论知识的掌握与发展、对个案意义的分析能力、理解自我与理解他人的能力、拥有一定的社会情感智能等）和教学方法的行为能力（课程能力、社会整合能力、组织规划能力、职业术语能力等）。② 当然，也有学者以教师教育为视角，提出影响教师专业发展的因素包括入职前和入职后两大因素：入职前的因素包括师范院校生源素质、师范教育的概念界定和培养什么样的教师以及师范教育的课程结构的设置；入职后的因素包括在职教师的素质现状、教师所处的学校环境和在职培训中的问题。还有学者认为影响教师专业发展的因素包括进入师范教育前的因素（幼年的生活经历、主观经验、人格特质）、师范教育阶段的影响因素（师范生的社会背景、人格特质、学校的教育设施、环境条件）和任教后的影响因素（学校文化、教师的社会地位、生态环境、学生以及教师同辈团体等）。

综上来看，影响教师专业发展的因素有主观方面的，也有客观方面的；有个人的，也有组织的。主要体现在以下几个方面：

一、教师认识上有偏差

以往谈到教师及其职业价值，往往把教师比作“园丁”“蜡烛”“春蚕”等具有奉献精神的寄托物，应该说这是对教师甘为人梯、无私奉献精神的赞叹，也的确反映了教师职业价值的一个方面。但人们对教师职业价值的这种认识主要停留在教师劳动的某种社会功用上，把教师劳动的性质看作传递性的而非创造性的。事实上，教师的职业价值不仅包含对于社会而言的外在功用价值，同时也包含了对于教师而言的内在的生命价值。“生命的目的在于成就其伟大，使其能竭尽所能地、无所不能地发展，因此，生命就其之所以为生命而言，只要有发展的机会，就能无所不能地发展。”③作为生命体，教师自身有不断发展的需要。教师只有在不断的自我专业发展过程中才能获得一种生命体验与满足，一种生命的创造和成长。因此，无论是外界还是教师都要认识到教师专业发展对于教师自身的内在价值和意义，这样教师才能从外在力量强迫发展的阴影下走出来，步入真正自主自愿发展的轨道上来。

---

① 叶澜，等. 教师角色与教师发展新探[M]. 北京：教育科学出版社，2004：313.
② 徐斌艳. 德国教师教育标准的理论依据及内涵分析[J]. 外国中小学教育，2007(2)：14－15.
③ 刘剑玲. 追求卓越：教师专业发展的生命观照[J]. 课程·教材·教法，2005(1)：68.

二、教师知识能力不匹配

目前教师发展存在的突出问题之一就是学历虚高，所学非所用。理论来源于实践并服务于实践，可以说实践是理论的土壤和指向。如果离开了实践，那么理论的学习将成为无源之水，无本之木。而实践中我们发现，一线教师的学历和他们的实际能力并没有画上等号，很多教师进修学习，仅仅是为了获得一纸文凭，为了职业的升迁和地位的提升，并不是出自内在的发展需要。同时，尽管社会为教师提供了多样化的学历提升的渠道，但教师所学的内容往往与教育教学的实际需要脱节，很多教师反映所学非所用，那么这样的学历补偿教育又有什么意义和价值？

教师的专业知识一般包括普通文化知识、学科专业知识和教育类知识三大类。可以说，在教师的知识结构中前两类的知识掌握得比较好，特别是学科专业知识，但对于教育类知识相对缺乏。教育类知识具体包括教育理论知识和教育实践知识两部分，前者包括教育学、心理学、教育哲学、教育管理学等知识；后者主要包括教学法和实践知识。而对于一线教师来说，在师范教育阶段学习中已经学习过这些知识，但实际掌握的程度并不理想，这主要与师范生的错误观念、师范教育课程设置不合理和在职培训缺乏针对性有关。传统的师范教育重视“学术性”，导致师范教育培养出来的学生在“师范性”方面存在很多不足，与“非师”学生相比，优势并没有体现出来。有的师范生连教学基本功都不具备，而有的虽然教学基本功不成问题，但具体落实到课堂教学，其中的问题暴露无遗，例如如何组织教学、如何与学生交流、如何因材施教、如何有效地评价学生的表现、如何帮助学习有困难的学生等很多问题摆在他们面前。很多准教师掌握的都是单一的、片面的技能和技巧，缺乏对实际教学整体的把握和训练，即便是参加工作以后，教师们的许多能力也有待提高，特别是课程改革对教师提出了更高的要求，使得教师的创新能力、实践能力、科研能力亟待提高。

三、教师培训缺乏针对性

教师作为成人学习者，具有自身的学习特点，他们主要通过自主、实践、反思、行动研究、案例剖析和互动合作等方式学习。而传统的师资培训缺乏对教师学习特点的研究，大多采用满堂灌、整体推进的方式进行。同时，教师在专业发展过程中有自身的发展需要。而在培训中，往往以培训者为中心，关注培训者能够提供什么，而不是教师需要什么，对教师专业发展需要的关注意识还不够。特别是在课程实施过程中，广大教师最迫切想要解决的问题是如何把消化了的课改思想理念转化为教学行为并通过实践加深理解。他们希望把学到、听到的理论与眼前、身后的实例结合起来，形成理论与实际的有机结合。但由于教师培训过于注重理论培训，缺乏针对性，造成的结果是：其一，教师被动地接受培训，丧失主体性；其二，培训内容缺乏实用性，造成教师无法准确理解课程改革的精神实质，课堂教学还存在着大量的模仿行为，追求形似而缺乏神似，在课堂教学中产生很多困惑；其三，过分强调理论学习往往易于忽视教师的课程思想。另外，在关注的范围上缺乏广泛性，缺乏对不同地区、教龄、学科、水平的教师所需要的关注。

如果在课程实施过程中没有给予充分的重视，那么这种差异性就会不断加剧，不仅会影响课程改革的推进，也会影响教师的整体发展。

四、教师专业发展评价机制不健全

我国教师专业组织起源于清末民初，在发展过程中先后成立了不同的专业组织，如中国教育学会、全国师范教育研究会、特级教师协会等。但教师专业组织在对政府教育决策的影响、专业从业人员权利的捍卫以及提供专业帮助与支持方面显得力量不足，致使其无法广泛开展组织活动，评价机制成为制约教师专业发展的瓶颈。首先，评价标准尚未达成共识。尽管教师专业发展成为国际社会各国关注的焦点和未来教师教育关注的主题，但目前对于教师专业发展的标准还没有达成共识。教师专业发展目标不清晰就会影响教师专业发展进程的推进。因此，教师专业发展标准的探讨工作在当下显得非常必要和有意义，各学校应把学校发展和教师发展有机结合起来，确立不同时期教师专业发展的具体目标。其次，评价标准单一化。传统教师评价以教学评价为主，教学成绩又主要以学生的考试成绩为参考。一项研究表明，当教师处于高利害评价中时，往往会被动地为迎合评价而改变工作策略，导致其丧失创造性和思考能力，变成“机械的、技能的简单操作者”。再次，评价标准过于随意化。传统教师评价标准的建立主观随意性比较大，不是在科学的理论研究与实践基础上建立起来的。最后，评价标准过于统一化，不能照顾到不同教师个体的发展需要。因此，积极探索科学、合理、有效的教师专业发展评价机制是一项长期而艰巨的任务。

课程思政

2020 年 10 月，中共中央 国务院印发了《深化新时代教育评价改革总体方案》，旨在引导广大教师回归教育本质，潜心教学，全心育人——师德师风再次作为教师第一标准被着重强调，把认真履行教育教学职责作为评价教师的基本要求。评价总体要求是改进结果评价——重在发挥“结果”的作用以促进教师对教学实践的反思；强化过程评价——充分利用信息化设备来记录和分析过程性评价，辅之以对教师教育教学实践之传统主观的评价，从而形成更科学、方便和全面的过程评价模式；探索增值评价——引导学校和教师对自身进步的关注，鼓励各自的多元发展。那么，围绕评价体系改革，教师专业发展应该聚焦哪几个方面？

第三节　教师专业发展的趋势及路径

想一想

当前教育教学改革对教师的要求越来越高，教师专业发展不仅是个人成长的需要，更是提升社会竞争力、教育质量和办学水平的需要。想一想当今教师专业发展的趋势，结合发展趋势分析一下教师专业发展的路径。

一、教师专业发展趋势

(一) 教师从教与专业发展制度逐步完善

目前，许多发达国家的中小学教师的培养已逐步发展成为大学教育制度的一个重要组成部分，大学在教师专业发展中所起的作用越来越大。中小学教师的学历都提高到大学毕业以上的水平，一般都具有学士以上学位。可以预见，未来的教师专业，将是高学历高水平人才汇聚的专业，也是一个专业素养要求极高的专业，教师的专业发展制度将逐步成为大学教育制度的重要组成部分。

许多发达国家为保证教师的专业发展和教学工作的专业水平，普遍实行了教师资格证书制度。教师资格证书与学历证书并行，互不替代。教师资格证书不仅对从事教学工作的人提供资格保障，同时对在任教师颁发不同种类的教师资格证书，可为教师的专业发展创造机会并将激励建设性的专业发展活动。今后，我国教师资格证书制度应依据教师专业化特征所需要的教师专业素养要求，按照循序渐进原则，进一步规范、健全和完善，教师专业工作者的社会形象也因此会更加凸显。随着“两基”任务的完成，提高办学质量就成为重中之重。现在，基础教育向全面实施素质教育转轨对教师提出了新的要求，教师素质正在受到基础教育变革形势的挑战，而应战的对策唯有提高专业化水平。就师资队伍建设而言，世界上许多国家都经过了由数量扩展、质量提高向专业化迈进的过程。现在一些发达国家已经建立职前培养与职后培训相衔接的一体化师资培训体系，以提高教师的专业素质。

(二) 注重教师教育研究能力的培养

教师教育是对教师培养和教师培训的统称，是指在终身教育思想指导下，按照教师专业发展的不同阶段，对教师职前培养、职初培训和在职研修做通盘考虑、整体设计。教师教育专业包括学科专业和教育专业，通过改革教师教育，促进教师专业发展，提高教师专业化水平。另外，在教师专业化的进程中，教师在学校的作用也越来越受到重视，日益成为教师专业发展的重要促进力量。在未来的教师专业发展中，教师在任职学校的作用，会越来越引起人们的重视和关注，在职研修日益成为教师专业发展的关键环节。

目前人们几乎把“教师成为研究者”当作教师专业化的同义语，而是否具有较强的教育研究能力，又成为区分一名教师是专业教师还是非专业教师的根本标志。随着教育改革的不断推进，教师教育和教师专业化不断得到重视和加强，教师的教育研究能力的培养越来越成为教师专业发展的重中之重。

二、职前教师专业发展路径

课程思政

2021年，教育部印发《中学教育专业师范生教师职业能力标准(试行)》等5个文件，要求师范生“学习贯彻习近平新时代中国特色社会主义思想，深入学习习近平总书记关于教育的重要论述，以及党史、新中国史、改革开放史和社会主义发展史内容，形成对中国特色社会主义的思想认同、政治认同、理论认同和情感认同，能够在教书育人实践中自觉践行社会主义核心价值观。树立职业理想，立志成为有理想信念、有道德情操、有扎实学识、有仁爱之心的好老师”。那么，在职前教育中，应该如何培养师范生的理想信念呢？

教师专业发展是一个持续不断的过程，教师专业化也是一个发展的概念，既是一种状态，又是一个不断深化的过程。促进教师专业发展，实际就是一个人从“普通学生”变成“真正教师”的发展过程。教师专业发展是指教师在整个教育专业生涯中，依据专业组织(教师培养、培训机构)，通过终身专业(专业知识、专业技能和专业情意)训练，实现专业自主发展，表现专业情意，并逐步提高自身专业素质，成为一个优秀的、充满实践智慧的专业工作者的成长过程。

教师专业化要求专业教师具备以下素质：有远大的职业理想和追求；热爱教育事业，热爱学生，有较高的师德素养，并把追求更高的发展境界作为专业成长的自觉追求；有扎实的专业知识、丰富的人文知识；有丰厚的教育理论素养；有终身学习的迫切愿望和终生学习能力。职前教师专业发展是教师终身专业发展的基础阶段，在这一阶段初步确立教师职业愿景、培养专业情感、明确教师形象、思考教师人格、掌握教师专业知识和技能，为从事教师职业做好初步的专业规划和生涯设计，在专业知识和专业心理上做好充分准备。

中国著名特级教师邱学华回忆自己在华东师范大学学习时写道：“这段时间，我读了许多世界教育名著：夸美纽斯的《大教学论》、卢梭的《爱弥儿》、柏拉图的《理想国》、杜威的《民主主义与教育》、赫尔巴特的《普通教育学》；同时也系统地学习了中国教育史，读了《论语》《孟子》《学记》《师说》《九章算术》等名著。”[①]毫无疑问，大学的理论学习，为邱老师后来的专业发展奠定了坚实的教育理论基础。

(一) 注重教育理论的学习

教育理论既是师范院校一门重要的专业基础课程，又是一门重要的专业实践课程，它旨在培养师范生热爱教育事业、树立正确的教育观和从事教育教学的基本技能技巧，在教师专业成长过程中，起着举足轻重的作用。有学者分析认为，教育理论学习对于师

---

① 刘斌. 中国著名特级教师教学思想录(下卷)[M]. 南京：江苏教育出版社，2000：7.

范生未来的教育工作有着重要意义:能够帮助师范生形成教育思想;提升师范生的教育智慧;塑造师范生的专业精神;帮助师范生形成专业人格。李政涛在研究教育理论教学时也认为,学习教育理论会使教师拥有教育理论的力量,可以改造教育实践,成为丰富教师自己精神世界的力量。教育理论力量的发挥需要提高教育理论学习的效果,使人们在学习中探寻与理论的心灵相通之处,因为“原理不是放在嘴上讲的,原理不是明确的操作性规定,原理只有滋养了人的心灵才会有真实的力量”。

杜威在《我们怎样思维·经验与教育》中就主张把反省思维作为教育的目的。他认为,思维在人的认识活动中具有重要的价值,它能够使人自觉地采取合理的行为,并能够对某一事物进行系统的准备和发明。综观学生的学习现状,学生恰恰缺乏思维,尤其是教育思维。有学者认为,现代高等教育的教学将越来越强调培养学生的思维方法,而不是对传统知识的掌握。因此,在培养未来教师的过程中不能忽视思维培养,尤其是培养他们的教育思维。教育思维是一种特殊的思维形式,它与其他思维的不同在于教育思维是以教育理论为基础的,以教育事件及教育活动为对象,伴随着教育活动过程的思维。教育思维的形成需要教师的引领,在理性分析的基础上得出思维结果,因而是与课堂教学活动分不开的。

在教育理论学习过程中,学生的思维要参与到教师的教学活动中来。教师不仅重视教育理论教学,更要重视对学生的思维习惯及思维方法的培养。朱小蔓教授认为,如果在教育中仍然坚持使用一种低水平的解释模式和表达模式,那样显然不能带动学生思维的前进,而又迫使学生负担了许多过时而不必要的知识,从而造成学生的知识超载。所以,虽然从考试的成绩看,学生已经具备了教师资格证书,但与未来的教师要求相去甚远。教给学生教育思维,使学生能够积极主动地思考教育教学,这不仅仅是解决当下教育理论教学困境的关键,也是培养未来教师的关键所在。

1. 加强对教育教学活动的思考

自从反思理论引入教育研究领域以来,人们开始认识到:未来的教师要能够对自己的教育教学实践进行反思,在反思中不断对自己的教育教学进行校正。如果仅仅是知识教学的“教书匠”,而不主动审视自己的教育教学,也无益于教育。美国心理学家波斯纳对此表述更为直接,他认为一个教师如果不对经验进行反思,即使有“20 年的教学经验,也许只是一年工作的 20 次重复”。他认为教师成长的公式是:成长=经验+反思。人们在学习知识时往往存在惰性,习惯于“拿来”,而懒得去审视;“三省吾身”的少之又少,更何况去质疑。反思作为思维的一种形式,它需要以人的已有思维作为基础,让学生学会思维是适应反思型教师培养的需要。

2. 主动参与教育教学课程改革

过去教学改革的不成功,其重要原因是教师没有参与到改革中去,教师只关心“要我怎么做”,而不去主动思考“为什么这么做”。新课程与传统的课程相比,在许多方面发生了改变;它改变了过去教师总是作为改革的旁观者和被动执行者,要求教师能够参与课程的开发与生成,在教学中不断寻求有效的路径,提高课堂教学的效果。这些变化要求教师能够不断地思考自己的教学实践，重新建构自己的知识体系，从而在教学中不断进行创新。

3. 形成初步的教育思想与理念

在教育理论学习、教学实践以及其他类型的教育实践中，师范生要通过向书本学习、向榜样学习、向同行学习以及反思等方式，逐步形成教书育人意识，初步理解拟任教学科课程的育人功能，领会中(小)学教育对学生发展的价值和意义，逐步认同促进学生全面而有个性地发展的理念。同时，通过实践初步了解拟任教学科的课程标准和教材，理解教材的编写逻辑和体系结构。形成课程思政育人理念，了解中小学课程思政的原理与方法以及中小学生思想品德发展的规律和个性特征。值得注意的是，师范生还要通过各种途径逐步形成自主发展能力、自主进行职业规划的能力：了解教师专业发展的要求，具有终身学习与自主发展的意识。根据基础教育课程改革的动态和发展情况，制定教师职业生涯发展规划。形成初步的反思意识和批判性思维素养，初步掌握教育教学反思的基本方法和策略，能够对教育教学实践活动进行有效的自我诊断，提出改进思路。初步掌握学科研究与教育科学研究的基本方法，能用以分析、研究教育教学实践问题，并尝试提出解决问题的思路与方法，具有撰写教育教学研究论文的基本能力。掌握专业发展所需的信息技术手段和方法，能在信息技术环境下开展自主学习。作为未来教师，还要具有阅读理解能力、语言与文字表达能力、交流沟通能力、信息获取和处理能力。掌握基本沟通合作技能与方法，能够在教育实践、社会实践中与同事、同行、专家等进行有效沟通、交流与学习。理解学习共同体的作用，掌握团队协作的基本策略，了解中学教育的团队协作类型和方法，具有小组互助、合作学习能力[①]。

（二）注重教师专业技能培养

专业化的教师必须具备从事教育教学工作的基本技能和能力，而这种技能和能力不是一朝一夕就能形成的，它是伴随着教师专业化发展而逐渐趋于成熟与完善的。由于技能与能力在层次上的差异，一般在教师的职前培养中，都把教育技能的训练，特别是教学技能的训练作为重要的内容。例如，美国的"能力本位师范教育""微格教学"，就是基于教师专业化发展的基础上的、着眼于教师职前技能训练所形成的。与世界发达国家相比较，我国教师职前教育起步较晚，但对师范生的教育技能培养却非常重视。1994 年，原国家教委制定并颁布了《高等师范学校学生的教师职业技能训练大纲(试行)》，同时，明确指出培养学生从师任教素质，树立献身基础教育的专业思想，掌握教育、教学必备的基本技能是全面提高高等师范学校的教育质量的重要内容。在实践领域，大多数师范院校都把培养师范学生的教育技能作为重要任务予以落实，并形成了相应的培养体系。多年来，尽管随着教育改革的不断深入，人们在师范生教育技能培养内容上有所变化，但是，总体而言，都是围绕着师范生的教学设计技能、教学表达技能、教

① 教育部办公厅关于印发《中学教育专业师范生教师职业能力标准(试行)》等[EB/OL]. 五个文件的通知 http://www.moe.gov.cn/srcsite/A10/s6991/202104/t20210412_525943.html.

学组织与管理技能、人际交往与沟通技能、现代教育技术运用技能、教育资源开发与利用技能、教育科研技能等方面展开的，尤其是教学设计、教学表达及教学组织与管理技能的训练，更是得到了广泛的重视。因此，对于师范学生来说，加强自身教育技能的训练，是踏上教师专业化发展之路的必然选择。

1. 掌握基本的教学设计技能

教学设计是教师从事教学活动的重要组成部分，它是教师依据培养目标、课程标准、学生实际状况和教学内容的需要而对课堂教学活动进行的规划与预想。一般而言，教学设计包括教师“教”的计划和学生“学”的计划两个主要部分，涉及的主要内容有教学目标、教学重难点、教学方法的选择、教学流程等。教学设计的核心是如何把培养目标的实现，具体地落实到每一次的教学之中，因此教学设计是教师教学活动的开始，并将直接影响教学的展开及目标的达成。

现代教育理论认为，教学设计过程既是一个系统化的过程，也是多种教育理论、观念与教育实践相融合的过程。对于师范生来说，尽管通过几年的学习，已经掌握了部分教育理论，形成了一定的教育观念，但由于缺乏实践体验，所以，不能有更高的训练要求，只需把握教学设计的内涵，掌握基本的教学设计技能，为入职后创造性地进行教学设计打好基础。教学设计需要考虑以下几个方面：

第一，以什么样的教学思想指导教学设计，将决定教学设计的方向。例如，着眼于教师的“教”，就会在教学活动的设计上，更多考虑教师的便利和需求，凸显教师“教”的行为，这样的设计往往会限制学生能动作用的发挥。着眼于学生的“学”，则会在教学设计上更倾向于把学生看作知识的“发现者”，因而注重学生的参与性，凸显学生在活动中的主体性。因此，在进行教学设计时，首先要有明确的指导思想。

第二，教学设计时，还要确定好教学目标。教学目标既是整个教学设计的出发点，也是教学设计的归宿。确定教学目标，除了要做到高低合理，重点明确，符合学生实际外，还需特别注意目标表述的行为化，以便于评价。

第三，如何安排教学过程是教学设计的主要内容。其作用是使教学活动在时空关系上，呈现出某种程度的明晰性和逻辑性，以求最佳的教学效果。按照现代教育理论的观点，在设计教学活动过程时，要更侧重于学生的参与，给学生留出足够的活动时间与空间；设计的各个教学环节要有利于引发学生的学习兴趣，有利于学生由浅入深、循序渐进地掌握知识，形成能力，习得技巧。当然也要考虑到师生之间的互动，使活动中的一些步骤能体现出教师的引导、示范、协调作用。

第四，教学活动中应采用有效的方法。选择恰当的教学方法，这既需要设计者具有策略的眼光，也需要经验的支持。但是，一般而言，教学方法的选择无非包括两个方面，一是教师“教”的方法，二是学生“学”的方法，要根据教学目标、学生学习特点、教师自身的条件和教学的空间环境等因素，统筹考虑，精心选择。

因此，教学设计不是一项临时性的或例行公事式的工作，而是一项充满理想与智慧的、具有连续性与系统性的工作，它需要教师有充分的知识、经验储备和对教育对象的充分了解，更需要有对教育的热情与理想。所以，这是师范生需要不断加以训练的重要内容。

课程思政

"三字一话"是教师基本功和教学技能,"文以载道",语言文字承载了中国民族的文化,对师范生进行"三字一话"训练,有利于培养师范生对祖国语言文字的热爱,有助于师范生深入体悟中华民族优秀文化传统。您是否同意这一观点?

2. 全面提升教学表达技能

教学表达技能是教师的基本技能,其中语言与文字表达能力、交流沟通能力是教师教学表达能力的核心。教师的教学表达往往具有明确的目的性,常常用它描述某一事物或说明某一道理,揭示某种规律,提出某种要求等。教师形象生动的教学表达尤其是带有启发性的教学表达能激发学生的学习兴趣,能调动学生学习的积极性。教师表达一定是多样的,或用口语,或用体态语,或用书面语,既简洁生动,又要使学生能够理解。因此,作为准教师的师范学生来说,必须加强表达技能训练。一般而言,师范生表达技能的提高须从教学口语、教学体态语、教学书面语三个维度加以训练,并使之协调发展。

一是教学口语。教学口语是指教师在课堂教学中,运用口语传递教学信息的一种特殊语言。苏霍姆林斯基曾说过:"教师的语言修养在极大程度上决定着学生在课堂上的脑力劳动的效果。"教学口语所涉及的因素有很多,例如运用者的知识水平、交流对象、情境氛围等均影响教学口语的运用,再加之教学口语使用的目的与要求不同,故而,其表现形式与日常口语、艺术表演中的口语等均不相同。因此,在平时的训练中,除了要在语言的表达技巧方面下功夫,如使自己的口语表达更加简洁、流畅、生动、幽默,富有感染力,还需不断修养自己,全面提升自身素质。

二是教学体态语。教学中的体态语,是指教师在教学中,通过手势、姿态、表情等体态语言来传递教学信息的一种语言形式,是对体态语言的一种特殊运用。体态语言与教学口语相伴相随,相互辅助,相互补充。在课堂教学中,教师的一举一动都在学生的视线之中,不管教师主观意愿如何,学生们都会对教师的一举一动做有意义的理解,以至于影响教学活动的展开和教学效果。因此,教师应注重行为、体态的语言学意义,并能自觉地运用表情变化、身体变化、语气语调的变化等,抒发情感,渲染课堂气氛,引导学生的注意力,强化学习内容;体态语的运用已经成为现代课堂教学中教师必备的重要表达手段。当然,体态语只能是教学口语的伴随语言,所以,在体态语的训练中,要注重体态语言的教学意义、行为要领,进而恰当地使用体态语言进行教学活动,做到自然、得体、适度、和谐,力求口语与体态语的协调一致,减少不必要的行为动作。

三是教学书面语。课堂教学中的书面言语,主要是指板书,它是教学当中,教师在黑板上书写文字以传达教学信息的一种语言表达活动。板书与课堂教学口头语言和体态语言或先,或后,或同步出现,相辅相成,丰富着课堂教学语言的表达。毫无疑问,板书言语行为也有其活动的各种特点,也由此构成了一整套操作系统。另外,教师对学生作业的批语,也可看成是教师的教学书面言语行为。

3. 提升自己的教学组织与管理技能

课堂教学应是在严密的组织与管理下进行的，这种组织与管理既包括对学习活动的组织、教学内容的组织、教学进程的组织等，也包括对干扰教学秩序、教学进程因素的限制或排除。因此，教师要具有教学的组织与管理能力。

首先，以怎样的教育理念来指导实施教学的组织与管理活动往往比技能更为重要，因为不同的教育理念指导下的组织与管理行为，会导致不同的课堂氛围，影响学生主体意识的形成及主体作用的发挥，所以树立科学的教育观念是提升教师教学组织与管理技能的基本前提。其次，教学组织与管理涉及教学活动的展开、教学段落的管理、教学节奏的控制、学生学习的组织、时空的利用管理，等等，其技能的形成，需要一定的实践活动。所以，要提高自己的教学组织与管理能力，必须充分利用教育见习、教育实习的机会，进入课堂，实际体验。同时，在校期间应尽可能地参加各种活动，直接参与活动的组织工作等。

从现代教师专业化发展的实际需要考虑，除了在职前的学习中加强上述技能训练，还要在其他方面，例如，现代教育技术的运用技能、人际沟通技能、教育科学研究技能等有所训练，进而全面提升自己的综合能力。

（三）创建师范生成长记录袋

师范生成长记录袋是师范生在职前学习生涯中不断学习研究、反思、积累进步的个性化的历史见证。师范生成长记录袋收集师范生专业学习的成就和进步的材料，真实反映师范生专业学习成长历程，是对师范生教育理念、专业情意、专业知识、专业技能等方面形成过程的全方位的记录和收集。建立师范生成长记录袋评价制度，有助于师范生更好地规划师范生自己的职业生涯。师范生在收集材料、展示成就、体验成功的同时，会逐步明确自己的发展潜能和努力方向，并及时对经验进行梳理和挖掘，逐步形成自己的教师形象和教育愿景，向更高层次发展。通过创建过程，有利于提高师范生的新课程教学能力和专业素质，为促进教师专业发展奠定良好的基础；通过创建过程，全面记录师范生学习期间的努力、进步、成功的过程；通过创建过程，能够表征师范生在教育实习期间构建教师专业情意、专业知识、专业技能和谐发展的经历；通过创建过程，师范生能够进一步自主管理，学会自我评价，提高教师专业综合素质；通过创建过程，师范生能够积累学习成果，展示学习成就，分享成功体验。

师范生成长记录袋收集师范生学习、成长中的学习成就，显示专业进步表现、专业成果与作品及评价结果，以及其他记录和资料。师范生专业成长记录袋评价则是通过对记录袋的制作过程和最终结果的分析而进行的对专业发展状况的评价。在创建策略上，应采用“自主发展—综合评价”的管理模式，在学校（或院系）统一组织和指导下，让师范生自主创建师范生成长记录袋，使每位师范生学会自我管理、自我负责、自我评价、展示自我。在师范生自我管理的基础上，学校（或院系）组织综合评价，建立积极的反馈调节机制，不断发现并诊断学习成长中存在的问题，促进师范生之间相互合作、相互学习，体验成功、激励进步。鼓励师范生在大学学习期间撰写个人著作、建立自己的专业

成长网页与网站,并为其积累丰富的素材。在创建过程中,应采用以下行动策略:

1. 专业愿景构建策略

专业愿景是对未来专业发展所描绘的"风景线"。师范生要实现专业化发展必须要树立自己的专业理想、专业信念,要规划好自己的专业发展目标,寻找体现自己专业发展价值的幸福点。只有使每位师范生都合理规划自身的专业发展愿景,才能产生持续发展的驱动力。学校(或院系)要召开师范生专业愿景建构研讨会,探讨如何构建教师愿景,使每位师范生构建起适合自己个性发展特点的专业愿景,让师范生完成"我的专业愿景""我的专业发展规划",并在学习过程中不断完善和修订。构建教师专业愿景是实现教师专业化的必要条件,应使每位师范生人人有愿景,人人有目标。

2. 专业发展规划策略

有效促进教师专业化必须事先在大学学习期间做好初步的发展规划。首先,学校(或院系)要开设"教师专业规划和职业生涯设计"课程,让师范生了解发展规划的类型、内容以及撰写方法等;其次,要求每位师范生结合自己的年龄特征、身体状况、专业特点和发展愿景,具体制定适合自己的专业发展规划。做好师范生专业规划是实现教师专业化的关键环节,应使每位师范生学会自我规划、自我设计。

3. 学习型教师建构策略

构建学习型教师是有效促进教师专业化的基本路径和有效策略。学校(或院系)要开展愿景教育,引领师范生形成共同愿景,以系统思考和共同愿景为基础,改善心智模式并不断自我超越;提倡团队学习,激发集体智慧,构建一个学习、反思、创新"三位一体"的新型教师教育模式,使师范生与组织在变动的环境中得到持续协调的发展。在学习方式上,要求和鼓励师范生自主、合作、探究学习,逐步规范学习行为,养成自主学习的习惯,提高终身学习能力。最终让每位师范生学会自主学习、自主创新、自主发展,使每位师范生构建成为学习型教师。

4. 教育实习行动策略

学校(或院系)要积极贯彻《关于大力推进师范生实习支教工作的意见》精神,大力创新师范生教育实习,保证实习时数,提高实习质量。构建符合新课程理念的高校教育实习有效模式,引进"行动研究"理念,让师范生在教育实习行动中构建新课程理念、提高新课程教学能力、发展新课程下教师的专业技能,在指导教师的帮助下完成行动任务。在行动步骤方面,要经过"准备行动阶段""走进学校行动阶段""走进课堂教学行动阶段""体验课堂教学行动阶段""课堂反思行动阶段"和"教育实习总结行动阶段"等六个阶段的任务驱动来学习,全面提升师范类师范生的新课程教学能力和专业素质。在教育实习中,要求师范生学会课前认真进行教学设计,课后及时反思和总结。具体采取以下策略:撰写教学反思、教育叙事、教学案例,与教学同伴进行结对观察。同时,要根据发现的问题,确定研究问题或研究课题,研究方案设计,收集资料,分析资料,撰写教育论文或体会。课堂教学研究是教师专业能力得以持续发展的最重要平台,每位师范生都应学会研究,积累成果,为今后有效促进教师专业发展奠定良好的专业基础。

三、职后教师专业发展路径

（一）基于教学组织的教师专业发展：校本培训

案例链接

苏州外国语学校是一所具有国际化办学特色的学校，其办学宗旨是“突出外语、文理并重、国际融合、全面发展”。自1994年成立以来，学校教育质量不断提高，在高考和中考中，毕业生的成绩连续多年均名列苏州市、高新区前列。仅最近6年，累计在省级以上学科竞赛中获奖的人数就达到240人。这一切在于学校以教师为根本，把教师的专业发展作为学校的重中之重。在教师的专业发展上，学校除了采取“送出去”的培训策略外，还结合本校的特色，开展个性鲜明、注重实效的校本培训。①

校本培训的方式是在学校发展过程中生成的，具有多样性和灵活性。从不同的角度可形成不同的分类，主要包括课题研究、同伴教学、教师间的观摩与交流和教师教学培训与研讨等。

1．课题研究

课题研究指的是教师从自己的教学实践中选择若干亟须解决的问题作为研究项目，通过对这些实践性课题的研究，在解决教育教学实际问题的同时，达到提高教师自身的教育教学素质和能力的目标。课题研究是校本培训的重要路径，近年来其形成与发展在国际教师教育领域产生了深远影响。如“行动研究”和“反思性教学”倡导的增进教育教学质量的一系列方法都可以为之所用。

在我国，部分学者甚至直接把“反思性教学”本身作为校本培训的一种路径。应当说，将“反思性教学”与校本培训联系在一起是正确的，但将“反思性教学”作为校本培训的路径在范畴方面似有不妥。“反思性教学”是一种思潮或运动，简化为一种路径或方法来理解会缩小“反思性教学”概念的内涵，“行动研究”也是如此，故不应当把它们视为具体的路径方法，而应当看成是培训的理论依据或指导思想。

校本培训中教师研究所选择的内容从范围上看可以是多层次的，既可以是在整个学校的水平上进行的课题研究，针对学校中最常见的基本问题；也可以是在学校内部某一部门或某一学科教学中选定的问题，以上两者都属于学校内的局部培训。还可以是多个学校共同选定的课题，这类课题的研究以合作学校的共同需要为出发点，集中人力和物力解决共同的问题。此外，与大学或教师培训机构合作进行有关学校教育教学实践问题的课题研究也是培训的一种常见的重要方式。

① 杨翠蓉．教师专业发展：专长的视野[M]．北京：教育科学出版社，2009：80．

2. 同伴教学

同伴教学也可称为小队教学。由两名或两名以上的教师组成教学小组，教师在教学中分别承担不同的角色和任务，通过分工协作，共同完成教学任务。教学小组的组成方式可多种多样，既可以组成由一名优秀教师作为负责人的多层小组；也可以组成合作小组，由几名专业水准相当的教师组成，小组成员根据需要轮流担任负责人，承担教学任务。

同伴教学小组制度不仅可实现教师人力资源的优化组合，使每位教师的兴趣和特长得到有效的发挥，而且可以加强教师之间的协作，有利于教师之间的相互学习和交流，对提高教师特别是新老师的业务水平有着积极的作用。

同伴教学的一种典型方式就是"师徒制"，在国外也被称为指导教师制度。一般做法是挑选一些教学经验丰富、教学成绩突出的优秀教师与新任教师结成对子，有的新任教师充当优秀教师的教学助手，让优秀教师对新任教师的教学工作予以帮助和指导，使新任教师尽快适应角色和环境的要求。

有研究表明，当教师的学历达到一定程度后，教师的学科知识已不再是影响教学效果的关键因素，而表达能力、诊断学生学习困难的能力以及他们思维的条理性、系统性、合理性与教学效果之间存在着较高的正相关，这些能力和思维特征恰恰是传统的教师教育所忽略的，也是新教师所欠缺的。优秀教师可以通过自己的教学实践和言传身教向新教师展现那些言辞难以传达的教学技能，使新任教师从优秀教师那里学到"内隐知识"。

在传统脱产培训向校本培训的转变过程中，通常存在着一种过渡性的办法，即通过对骨干教师的先行培训，再通过所谓的"接力法"，来带动校本培训。基本做法：每所学校派出若干名骨干教师参加初级阶段在职培训，返回学校后将所学到的东西传授给同校的其他教师，以替代培训机构的作用。这种方法的前半段，骨干教师接受的还是传统的教师在职培训；但其后半段，即当骨干教师将自己所学的东西传给其他教师时，意味着教师的培训已朝校本培训方面转化。

3. 教师间的观摩与交流

学校内或各同伴教学小组的教师听课、评课，进行教学研讨和经验交流，也是校本培训的方式之一。这些活动可以在校内进行，以校内教师或同伴教学小组成员之间的观摩与交流形式表现出来，也可以是校际或学校与其他机构间的交流、教师间的合作或互换等。如在日本，新任教师的校外培训，就包括参观其他学校和青少年教育机构、儿童福利机构以及民间企业，参加野外活动、社会志愿活动和理解社会文化的活动等；在英、美等国的一些地区，中小学经常轮流主办研讨会，相互交流经验，共同探讨需要解决的问题。

教师间的经验交流常常是通过对具体案例的分析来进行的，就某一具体案例，教师们聚集在一起，发表自己的观点，进行思想的碰撞，这既是一个问题解决的过程，也是一个培训的过程。当然，这种方式并不是孤立的，它往往是在与其他方式的结合中进行的，如在合作型的课题研究和小组教学方式中，教师们就经常相互交流，故我国有学者也将“案例分析”作为校本培训的路径之一。

4. 教师教学培训与研讨

短训班和讲座也是校本培训的普遍形式。这种形式本身就是灵活机动的，既可以是由一所学校来组织，也可以由几所学校联合主办；内容可以根据教师的需要来确定，教师缺什么，就在短训班和讲座上补什么，具有很强的针对性；既可以聘请高校的教师和专业研究者，也可以聘请中小学的优秀教师。它与教师的脱产进修不同，属于非学历教育，既可节省教学的经费和学习的时间，又能紧密结合学校的教育与教学工作；在时间安排上也十分灵活，经常是利用假期、晚上、周末或学校放学后的时间。

从国外校本培训的经验看，学校可以通过“合约”的方式，邀请培训机构有关人定期来学校开展咨询、研讨活动；也可以向培训机构提供培训信息，传达学校的需要，然后由培训机构有针对性地进行设计，并到学校进行实地培训。这种校本培训更容易根据学校、教师的实际需要开展有针对性的教学研究，从而提高教师整体水平，提升教学质量。

（二）基于教师个人的专业发展：教学随笔与教学反思

案例链接

南宁市小学语文教师黄老师，通过博客促进专业成长。她从 2002 年以前的“电脑盲”“网络菜鸟”开始，短短六年就实现了教师专业发展的“三级跳”——从一名普通教师迅速成长为校级骨干教师、市级教学骨干、市级学科带头人，被评为南宁市优秀教师、南宁市“我最喜爱的老师”。具体说来，黄老师基于博客的专业成长历程，可以划分为如下阶段：第一阶段——上网查找有关教育信息化和小学语文作文教学的文献资料，和同事一起探索出分低、中、高年段的网络作文课堂教学的基本模式。第二阶段——在学科导师和信息技术导师的引领下，黄老师制订了有针对性的信息技术学习计划和专业发展方案，创建了“作文奇葩”教学博客。第三阶段——创建“网络作文乐园”博客圈，致力于青少年“四结合教育”博客圈学习共同体的建构与实践，成员不仅包括本校教师和学生，还有来自全国各地的师生，使网络作文博客真正走向了全国。

信息是教师专业发展的重要资源，南宁市小学利用电子信息技术平台，拓展了教师们共享专业信息的渠道。一方面，通过博客可以使教师之间、教师与专家之间、师生之间及时地进行信息沟通和反馈；另一方面，博客是一个开放的平台，可以得到更多同行的指导，可以增强教师的积极性和热情，使教师们在信息共享的过程中体会到成功的喜悦。

如果说校本培训是一种从学校组织的角度为教师的专业发展提供帮助的话，实践与反思则是从教师自身角度提出该如何使自己获得专业化发展的。在这里，实践与反思所包含的意义在于表明，教师专业化的发展是一个教师主体自我建构、成长的过程，实践和反思是这一过程中教师要自觉予以实施的具体工作。所以，“实践”是指教师在一定的教育理论指引下的教学改革与创新式的实践，是不断完善自己教学工作的一种实践；"反思"是指以自己参与的教学活动为对象，不断地对其分析、判断，肯定优势，发现问题并予以解决的思维过程。实践是反思的对象，也是对反思结果，特别是解决问题方案的一种验证；反思则既是优化实践的重要组成部分，又是引发新的实践的动因。两者相辅相成，共同构成了实现教师个体专业化发展的重要路径。正如我国著名心理学家林崇德所说的，"优秀教师＝教学过程＋反思"。

1. 教学随笔

课程思政

华应龙，北京第二实验小学副校长，北京市首批正高级教师，特级教师，著有《我就是数学——华应龙教育随笔》等。在接受《中国教师报》采访时，他说，我写教育随笔比较多，教学论文写过一些，但我更喜欢写教育随笔，随笔中的每一个字都是一朵盛开的花。① 中学语文高级教师、江苏省师德先进个人、苏州市德育学科带头人吴樱花指出，写教育随笔，本身就是教师自我总结、自我反思并转而学习建构的一个过程，写教育随笔是教师成长的一个重要方式。②

对于一线教师来说，每天都要教授不同的内容，面对不同的学生，只要善于发现，做个有心人，随笔的内容就有很多。把身边真实世界移到自己的笔下，移到自己的手指间，移到自己的硬盘中，必然会收获到许多快乐。教学随笔的写作可以着重写以下几个方面的内容：

(1) 写精彩之处

一堂成功的课，往往给人以自然、和谐、舒服的享受。每一位教师在教材处理、教学方法、学法指导等诸方面都有自己的独特设计，在教学过程中都会出现闪光点。比如激发学习兴趣的精彩导语，对知识重难点的创新突破，激发学生参与学习的过渡语，对学生做出的合理赞赏的评价语，引起教学共振效应的做法，课堂教学中应变得当的措施，层次清楚、条理分明的板书，思想方法的渗透与应用的过程，教学方法上的改革与创新，等等。把它们详细地记录下来，并推广供自己或他人以后教学时参考使用，并可在此基础上不断地改进、完善、推陈出新，进而发展和积累实践性知识。

(2) 写不足之处

在教学过程中，每节课总会有一些不尽如人意的地方，有时候是语言不当，有时候是教学内容处理不当，有时候是教学方法不适宜，有时候是练习题层次不够、难易不当，等等。对于这些情况，教师课后要冷静思考，对它们进行系统的回顾、梳理，并对其做深刻的反思、探究和剖析，仔细分析学生冷场、不能很好掌握知识等方面的原因，使之成为今后教学更上一层楼的阶梯。

---

① 宋鸽. 当数学遇上写作[N]. 中国教师报，2021-03-24(08).

② 吴樱花. 有些路，一定得走[N]. 中国教师报，2020-07-08(08).

(3) 写教学机智

课堂教学中，随着教学内容的展开，师生的思维发展及情感交流的融洽，往往会因为一些偶发事件而产生瞬间灵感。这些智慧的火花常常是不由自主、突然而至，若不及时利用课后反思随笔去捕捉，便会因时过境迁而烟消云散，令人遗憾不已。

(4) 写学生创新

在课堂教学过程中，学生是学习的主体，学生总会有“创新的火花”在闪烁，教师应当充分肯定学生在课堂上提出的一些独特的见解，这样不仅使学生的好方法、好思路得以推广，而且对学生也是一种赞赏和激励。同时，这些难能可贵的见解也是对课堂教学的补充与完善，可以拓宽教师的教学思路，提高教学水平。因此，将其记录下来，可以丰富今后教学的材料。

(5) 写“再教设计”

一节课下来，静心沉思，摸索出了哪些教学规律，教法上有哪些创新，知识点上有什么发现，组织教学方面有何新招，解题的诸多误区有无突破，启迪是否得当，训练是否到位，等等。及时记下这些得失，并进行必要的归类与取舍，考虑一下再教这部分内容时应该如何做，写出“再教设计”，这样可以做到扬长避短、精益求精，把自己的教学水平提高到一个新的境界和高度。

(6) 写学习所悟

平时，在阅读书报时，常有所感、有所悟，产生平时没有想到的观点，发现平时没有注意到的材料，对此，要及时记录下来，在提高自身素养的同时，也为教育教学积累丰厚素材。

2. 教学反思

教学过程是一个没有止境的过程，多好的课堂教学都有进一步提高的可能，多好的教师也都有进一步发展的空间。无数优秀教师的成长经验告诉我们，不断反思，不断完善是其取得进步的关键所在。叶澜教授说：“一个教师写一辈子教案难以成为名师，但如果写三年反思则有可能成为名师。”所以，学会反思、善于反思是教师专业发展的又一重要途径。

教师应该反思什么？不同的教师在不同的发展阶段会有所不同。但是，就基本的内容看，还是具有共同性的。

首先，教师要不断地反思自己的教育理念。理念是支配教学行为的依据，有什么样的教学理念就会有什么样的教学行为，尤其是从专业化发展的角度看，要想成为一名专家型的教师，必须不断汲取先进教学理念中的营养。为此，一方面要不断学习，广泛摄取新的教育理论、教学模式、教学方法，并进行有针对性的研究；另一方面，从内心深处审视自己，省思思想观念中的陈腐之处加以更新，使先进的教育理念始终成为提高和发展自己的精神支点。

其次，教师要不断地反思自己的教学行为。经验的积累源于对自身行为及结果的客观认识、分析与判断，如果我们对自己缺乏准确的认识，总以为自己是优秀的，或是失败的，那么就很难从自己的行为中感悟或发现更具价值的经验。所以，我们要学会对自己的行为进行反思。一般而言,需要在如下的情况中对自己的行为进行反思:一是在成功得意时要反思。如教学中引起师生共振效应的做法;课堂上一些精彩的师生对答、学生争论;教学方法和教学原则运用的体会;感受最深的教材改进和创造性的处理等。二是在失误之处要反思,发现问题,寻找解决问题的办法、对策。如问题情境的创设有没有给学生思考的空间;学习活动的组织是否有利于学生的自主学习;小组合作学习有没有流于形式;是否关注学生的情感、态度、价值观的发展;学生学习的兴趣如何,等等。从中发现问题,并针对问题思考教学新思路,设计新的教学方案。三是面对学生的不同见解时要反思。学生的一些独特见解,不仅犹如智慧的火花,对师生的教学有开拓思维的作用,还可作为新的教学资源为教师所用。如课堂上学生的精彩回答、独特见解,均可能是教师不曾思考到位的。所以,教师要极为珍视这样的时机,及时地把这些真知灼见纳入自己的认知结构,以作为新的课程资源。四是学生遇到学习问题,或提出教学意见、建议时要反思。学生在学习中肯定会遇到各种困难,提出一些学习问题,有些是个别性的,有些是普遍性的。作为教师,除了要帮助学生解决这些问题,还需反思自己的行为,寻找问题发生的根源。同样,当学生对自己的教学提出意见或建议时也应如此。只有发现问题并及时解决,教师的专业化水平才能不断提升。

最后,教师要不断地反思自己的教学风格。教学风格是教师对教学过程的个性化理解,以及特有的处理方式在课堂教学行为中的具体而稳定的表现,是教师教学理念与教学行为相一致的外部表现特征。所以,教师一旦形成了自己的教学风格,改变往往会很困难。那么,反思自己的教学风格是什么含义呢?在这里,反思自己的教学风格首先是指在风格形成的过程中要有意识地塑造自己的教学风格,即注重自己教学特色的凝练。其次,要学会扬长避短。对每个人来说,无论是性格特点,还是行为能力,相对教师职业而言,都有所"长",有所"短",反思自己的教学风格,就是要善于发现自己的"长""短"之处,发挥优势,克服短处,形成特色。

教师的反思不同于回想、悔恨,它是一种有益的思维活动和再学习方式。所以,教师的反思首先是一个学习、提高的过程,它包括发现问题、分析问题、提出假设、验证假设等步骤。发现问题,主要是指发现自身教学过程中的不足或需要改进之处;分析问题,主要是指查找问题产生的原因;提出假设,是指对问题及原因进行学理分析与判断,并依据相关教育理论分析问题实质,提出解决问题方案;验证假设,是指新的方案的实施与效果分析。

本章小结

教师专业发展可分为自主性教师专业发展和合作性教师专业发展等类型,具有自主性、阶段性、终身性等特征。影响教师专业发展的因素主要包括:认识上的偏差、知识与能力的不匹配、培训缺乏针对性、评价机制不健全等。为此,可通过教育理论的学习、教师专业技能的培养和师范生成长记录袋等,构建完善的职前教师专业发展路径;入职后,通过课题研究、同伴教学、教师间的观摩与交流、教师教学培训与研讨、教学随笔、教学反思等路径，构建基于组织和个人的职后专业发展路径。综上，教师应从教育思想、观念，教育理论知识素养，教育实践能力及学科知识等方面打好基础，结合教育实践不断进行教学研究与改革，在实践中不断提升自己的专业水平，最终，找到一条最适合自己的专业发展之路。

关键词：教师专业发展；校本培训；教学随笔；教学反思

思考训练

1. 简述教师专业发展的主要特征。

2. 想一想影响教师专业发展的主要因素，结合个人成长谈谈看法。

3. 案例分析：

有一位语文教师茅以蕙谈到她对《孔乙己》的教学设计，拓展环节“孔乙己的出路”给了她启发，课堂上，她让学生讨论。学生1：孔乙己“身材高大”，可以当建筑工人，自食其力。学生2：他“写得一手好字”，可以做文书。不同的学生设想了很多不同的结尾，孔乙己的道路很光明，根本不需偷东西，他可以堂堂正正做人。那么，他为什么不劳动呢？茅以蕙的问话引起学生的讨论，最后大家归结为社会对体力劳动的鄙视。茅以蕙说：至今还有人有这样的思想。有的小青年下岗了，宁可待在家里吃父母的，也不甘到外面做“丢面子的事”。这样的劳动观、人生观是不正确的。

茅以蕙利用设置疑问引发学生对鲁迅作品展开兴趣盎然的讨论，在讨论中，学生不知不觉走近了教学内容、内化了教学内容。

谈一谈你对案例中语文教师做法的看法。想一想自己在教学中如何结合教学改革促进专业发展。

推荐阅读

1. 刘永舜，董志斌，赵卫胜. 做最好的教师——实现自我发展的55个途径[M]. 成都：四川教育出版社，2006.

2. [美]杰弗里・科特勒，[美]斯坦利・齐姆，[美]埃伦・科特勒. 怎样成为一名优秀教师[M]. 方彤，左星，译. 上海：华东师范大学出版社，2009.

参考文献

1. 刘斌. 中国著名特级教师教学思想录(下卷)[M]. 南京：江苏教育出版社，2000.

2. 叶澜，等. 教师角色与教师发展探析[M]. 北京：教育科学出版社，2001.

3. 教育部师范教育司. 教师专业化的理论与实践[M]. 北京：人民教育出版社，2001.

4. 李瑾瑜. 新课程与教师专业发展[M]. 北京：首都师范大学出版社，2004.

5. 瞿葆奎,郑金洲. 中国教育研究新进展·2003[M]. 上海:华东师范大学出版社,2005.

6. 连榕. 教师专业发展[M]. 北京:高等教育出版社,2007.

7. 杨翠蓉. 教师专业发展:专长的视野[M]. 北京:教育科学出版社,2009.

8. 朱旭东. 教师专业发展理论研究[M]. 北京:北京师范大学出版社,2011.

微信扫码

配套数字资源

第十章
教师专业发展评价

※ 学习目标

1. 了解教师专业发展评价的概念及其内涵；
2. 熟悉教师专业发展评价的内容与方式；
3. 理解教师专业发展评价的意义与价值；
4. 参与教师专业发展评价实践，养成自我反思的专业意识。

导入语

2012年2月，中华人民共和国教育部首次颁布《教师专业标准》，教育部以《教师专业标准》的文件形式，形成国家对合格教师专业素质的基本要求及引领教师专业发展的基本准则，成为教师培养、准入、培训、考核等工作的重要依据。不知同学们在接触与学习《教师专业标准》的基础上，有没有进一步思考：一线教师是否达到(或多大程度上达到)了专业标准要求？如何证明教师的专业发展取得了积极效果？某区域内的教师总体专业发展的水平又如何？

这些问题，仅靠《教师专业标准》的内容并不能解决，怎样了解一线教师是否符合《教师专业标准》的要求？如何对某项专业发展活动给予客观描述，并能为推进教师专业发展提供更好的反馈信息？这就需要进行事实确认及价值判断，让我们带着上述问题进入本章内容的学习。

第一节　教师专业发展评价概述

想一想

针对教师职前、职后及其一生的专业发展活动，人们会通过什么途径来搜集与获得重要信息呢？比如，教师在专业上是否得到了发展？又是在哪些方面得到了发展？专业发展的程度究竟有多大？当对这类问题进行客观事实描述并予以信息反馈时，又由哪些人具体参与其中？若把搜集、分析、整理信息及给予结果反馈的活动，看作教师专业发展的有机组成部分，我们将会有什么样的学习期待呢？

一、教师专业发展评价的概念

教师的专业发展在本质上是一种自觉的、有意识的追求价值的活动，因此只有对这种价值活动进行判断，才能有助于教师去调整、改进或完善自己的专业发展活动。这样，评价就成为教师专业发展活动中的一个必要环节。

通常，"评价"在汉语中被理解为"衡量和评判事物的价值"。与之对应的英语单词为"evaluate"，而"evaluate"的词根为"value"，当加上前缀"e-"时，义为"引出"价值之意。从哲学上讲，"评价活动是主体与客体之间价值关系的反映活动，是人类意识活动不可缺少的重要方面；评价论是价值哲学的组成部分，也是认识论的组成部分，是体现在认识关系中的价值关系的认识论研究"①。因此，评价就是对所把握对象进行价值判断的一种活动。

基于对评价的理解，本文认为，教师专业发展评价是指依据教师专业标准，由评价者采用适切的技术与方法，对教师专业构成要素及其变化做出价值判断的活动。其目的是为教师的专业发展提供基于事实的信息描述，并借助信息反馈的过程，促进教师不断反思、完善和发展自我，促进教师持续性积淀、优化其专业素质结构，并在专业理念与师德、专业知识、专业能力等方面得到自然、和谐的发展。教师专业发展的具体内涵如下：

首先，评价是促进教师专业发展的活动。教师专业发展评价的目的，是为教师提供专业成长的信息反馈，让教师发现自己的长处与不足，协助教师根据事实依据进一步确定个人需求，并制定具有针对性的个人发展规划，从而促进教师专业素养的提升。

其次，评价是促进教师主体不断反思的历程。教师专业发展评价重点关注教师的自我评价与反思，通过评价引导教师进行自我剖析，并依据一定的标准，在主动获取外部反馈信息的基础上反思其专业活动，这是激励教师对照个人职业生涯规划，不断自我反思、自我调控和自我完善的历程。

再次，评价是尊重差异性的导向活动。在具体学校情境中，工作要求不同就有不同的工作分工，如班主任工作、教学工作或管理工作；教师有可能处在不同的专业发展阶段，如新手教师、骨干教师或特级教师等。这些都决定了每一位教师有着不同于他人的发展需求，教师专业发展评价基于不同教师专业基础而存在差异的事实，允许以不同发展方向、不同学科领域或不同工作任务，提出不同的评价要求，实施多样的评价标准。

评价是由多元主体参与的活动。对教师专业发展的评价，不仅仅是由学校领导掌

① 丁念金．课程论[M]．福州：福建教育出版社，2007：439.

控，而且教师本人也是主体，同时也强调重视和发挥学生、家长和同事的评价。因为学生、家长和同事都是教师工作的见证人，他们不但直接或间接参与了教师的专业活动，而且能够从不同侧面反映教师的工作表现，对教师业务水平的提升和改进会产生积极影响。

二、教师专业发展评价的意义

1. 有利于促进教师的现实表现与未来发展的融合

教师专业发展评价最直接的影响是体现在教师自身发展上。评价本身不是目的，而是通过评价促进专业发展。教师专业发展评价肯定会关注教师个人的工作表现，但更注重教师未来的专业发展。教师专业发展评价会形成以教师自评为主，行政管理者、教师同伴、学生及家长共同参与的评价方式，可以从多种渠道获得实际专业活动信息，通过评价教师的现实表现，以此帮助教师自我反思，克服缺点，改进工作，取得进步；借助所反馈的事实信息，引导教师更好地制订计划，进行更合理的职业生涯规划。不对教师的现实表现进行评价，教师未来的专业发展就会失去根基；而不对教师的未来发展加以关注，对教师现实表现的评价就失去了目标。

2. 有助于实现教师专业队伍科学化管理

在《中共中央 国务院关于全面深化新时代教师队伍建设改革的意见》中，明确提出要"造就党和人民满意的高素质专业化创新型教师队伍"。[①] 从中国教师队伍的整体规模看，我国 2168 万多教育工作者，中小学专任教师 1273 万多人。[②] 面对如此庞大的教师队伍，怎样加强建设师德高尚、业务精湛、结构合理、充满活力的高素质专业化教师队伍，则需要审慎与科学的思考。国家宏观长远的目标规划，肯定会具体到每一个学校执行。这就需要学校领导及管理层充分了解每位教师的情况，包括教师各方面的基本素质，他们从事教育教学的投入状态及实际效果等。只有这样，才能结合学校或地区实情，进行师资队伍建设，才能对教师实施因人指导和因人发展，以实现学校教师队伍的整体发展。而教师专业发展评价，恰恰能为学校提供客观而全面的数据资料，有助于学校实现科学化的管理。

3. 有利于形成指向学生学业成就的保障机制

教师专业发展评价除对教师个人层面的影响之外，还能够在学校组织及社会宏观层面产生影响，有利于学校持续性的变革发展，最终指向学生的学业成就目标（如图 10－1）。

---

① 中共中央 国务院. 关于全面深化新时代教师队伍建设改革的意见[EB/OL]. http://www.gov.cn/zhengce/2018-01/31/content_5262659.htm，2018-01-31.

② 数据根据中华人民共和国教育部 2019 年教育统计数据整理[EB/OL]. http://www.moe.gov.cn/s78/A03/moe_560/jytjsj_2019/qg/202006/t20200611_464804.html，2020-06-11.

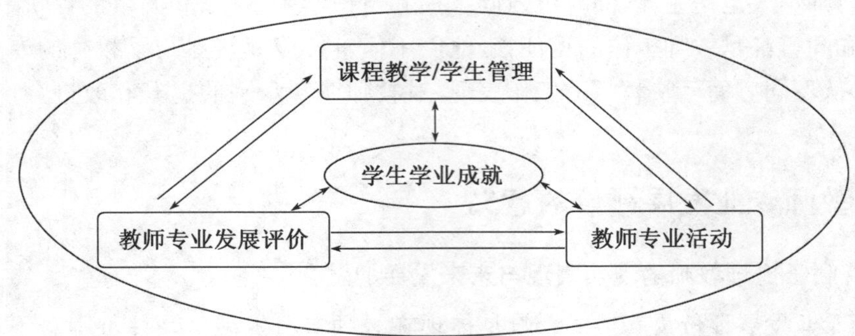

图 10－1　教师专业发展评价指向学生的学业成就

通常，教师专业发展评价的核心主要是围绕课程与教学，因为这是学校教育工作的中心任务，但需要引领教师的专业反思，以更进一步促进教师的专业发展；同时，通过教师专业发展评价来促进教师共同体的发展，以共同解决教育、教学问题，促进学校组织的发展，并提高学生的学业水平。为达成这个目标，学校层面上需要通过学校组织来建立评价标准及指标体系，并以学校行政管理所设计的评价指标体系作为指引，为教师提供对话、讨论及交流的平台，有助于学校组织、教师共同体成员构建独特的校园文化观与儿童观；社会层面上由于社会大众会对教师专业表现产生期待，学校借此对外界宣传教师专业发展评价的政策信息，学校的办学将会得到肯定；而政府层面还会从宏观上考虑如何建立教师专业发展评价的法制体系，以推动国家、地方政府层面的教师专业队伍建设。一旦这样的体系结构较为完善，其根本落脚点恰恰是指向了学生的学业成就。

三、教师专业发展评价原则

2020 年 10 月中共中央 国务院印发《深化新时代教育评价改革总体方案》中要求：“坚持科学有效，改进结果评价，强化过程评价，探索增值评价，健全综合评价，充分利用信息技术，提高教育评价的科学性、专业性、客观性。”[①]这是对包括教师专业发展评价在内的教育评价工作提出了总体原则要求。具体来看，对教师专业发展评价应该遵循如下原则。

1. 导向性原则

教师专业发展评价是以发展为根本目的，面向未来，面向教师共同体成员的一种导向性评价，它不仅关注教师的当前表现，还更注重教师的长期发展。因此，评价注重对学校发展规划和教师个人专业发展规划的导向作用，引导每一位教师按照职业生涯规划所设定的目标逐步发展，例如，从合格教师、入职教师、成熟教师、优秀教师到专家教师的发展。

---

① 中共中央 国务院. 深化新时代教育评价改革总体方案［EB/OL］. http://www. gov. cn/zhengce/2020－10/13/content_5551032. htm，2020－10－13.

2. 矫正性原则

教师专业发展评价对教师的专业现状起着监督和反馈作用，通过同伴交流、课堂观察、撰写教学反思等形式，可以发现被评教师存在的问题与不足，为矫正和完善提供客观依据；也可通过评价者与评价对象的共同讨论，形成具有针对性和发展性的矫正策略与建议。

3. 发展性原则

教师专业发展评价以促进不同层次的教师专业有序发展为目的，以检验各阶段发展目标的落实程度为指向。它更注重教师的原有状况和现有能力的内在联系和变化，更关注从事专业活动的理念贯彻与行为改变。

4. 自主性原则

教师专业发展评价充分尊重教师的主体意识，目的在于唤醒教师的主动意愿和创造性。在教师专业发展评价活动中，教师不是一个被动等待的“被评价者”，而是一个赋权增能的“行动者”，在身体力行积极参与专业发展评价的过程中，将会充分挖掘教师自身发展的潜能，更愿意认识与了解自己的专业困境，并从实际的专业活动中寻找解决困难的资源与方案，进而提升自己的专业水平。

5. 激励性原则

教师的工作是一个专业的工作，而作为一位专业人员的教师理应接受合理的评价。但教师专业发展评价不是一种只注重群体横向比较的评测方式，它还关注教师个体发展的纵向比较，鼓励处于不同阶段、不同基础的教师都能获取成功的体验，形成自我发展的动力。通过评价以正确引导教师自主发展的动机与意愿，以满足教师自身发展的需要，激励教师实现个人生涯目标，从而增强专业活动的满意度。

第二节　教师专业发展评价内容

想一想

高质量的教师需要怎样的标准呢？发达国家在这方面的尝试值得我们借鉴。1987年，美国成立国家专业教学标准委员会(National Board for Professional Teaching Standards)，作为一个独立的、非营利的非政府组织，联邦政府为其提供项目资助。该组织成立的目的是让教师了解自己的“应知”和“所能”，在此基础上建立严格的教师认证标准和教师评价指标体系，进而提升教师素质。目前美国有超10万名教师向该委员会提出申请，5万多名教师通过认证。研究结果显示，通过该委员会认证的教师，所教学生成绩进步幅度大于未认证教师。经过多年的发展，美国专业教学标准委员会所制定的教师评价标准将核心聚焦在五个方面，即① 教师对学生及其学习尽心尽责；② 教师通晓所教学科知识和教学方法；③ 教师有责任管理和监护学生学习；④ 教师能系统地反思,从经验中学习;⑤ 教师是学习型团队的成员。①

在阅读材料的基础上,请思考,未来某一天当你亲身参与教师专业发展评价时,你觉得人们会在哪些方面对你展开评价? 或者你会按照什么样的标准对别人做出评价?

课程思政

2020 年 10 月,中共中央 国务院印发了《深化新时代教育评价改革总体方案》,要求坚决克服重科研轻教学、重教书轻育人等现象,把师德表现作为教师资格定期注册、业绩考核、职称评聘、评优奖励的首要要求。把认真履行教育教学职责作为评价教师的基本要求。探索建立中小学教师教学述评制度,任课教师每学期须对每个学生进行学业述评,述评情况纳入教师考核内容。落实中小学教师家访制度,将家校联系情况纳入教师考核。请从教师专业发展角度,谈谈如何对中小学教师评价进一步细化。

一、教师专业发展评价的内容

教师专业发展评价的内容既要反映出教师工作的客观事实,如教师的工作情况、工作绩效、专业能力;也要反映教师的主观意识和个人品质,如职业道德、创新意识、人文精神等。因此,教师专业发展评价的内容就有较为整体的框架系统,也需要综合多方面的因素来考虑。

当前世界范围内对教师专业发展评价形成了趋于一致的认识,那就是基于标准的专业发展评价。如不同国家所颁布的“教师专业标准”,基本是紧扣教师的工作实际和具体需要展开的工作进行描述,建构了教师专业标准的内容范畴,可归纳为专业知识(应知)、专业技能/实践(会做)和专业品质(愿持)三大范畴②。这三大范畴的内容,基本涵盖了教师专业发展活动,进一步细化,还有更明确的工作要求,如:

(1) 专业知识:教师应知自己所授学科的基本概念、原则以及学科结构;应知本学科和其他学科的相互联系,知道如何有效地教授学科内容;能清楚地知道学生是如何学习的,知道怎样促进学生的学习;能了解学生的不同社会、文化背景,并且知道自己该如何影响学生的学习等。

(2) 专业技能:教师必须具备教学技能和教学策略;能制定合理的教学计划、有效地实施教学,并对学生的学习进行有效的评价;擅长组织管理学生行为和营造良好的学习环境等。

(3) 专业品质:教师需具有高尚的专业道德情操,能够尊重学生并重视学生的多样性;能与家长、同事和社区密切联系、共同努力、积极有效地合作;能够理解自身工作的复

① 孙河川,王婷.美国高质量教师啥标准[N].中国教育报,2008-09-09.

② 周文叶,崔允漷.何为教师之专业:教师专业标准比较的视角[J].全球教育展望,2012(4):31-37.

杂性和情境性；致力于自身的专业发展，能够合理地分析、评价并且提高自身的专业实践。

基于国际比较的视角，立足中国国情，中华人民共和国教育部于 2012 年 2 月颁布三个《教师专业标准》，即《幼儿园教师专业标准（试行）》《小学教师专业标准（试行）》和《中学教师专业标准（试行）》（参见教育部教师〔2012〕1 号文件）①。其中，以《中学教师专业标准（试行）》为例，教师专业标准的基本内容包括三个维度，即① 教师专业理念与师德；② 专业知识；③ 专业能力。细化这三个维度形成 14 个领域和 63 项基本要求（见表 10－1）。

由于上述三个"专业标准"是我国教育行政部门针对教师专业素质做出的全面规范，具有官方性、正式性和指导性，因而在衡量教师专业发展时，也是最具权威性和法定性的依据。教育部明确指出："《专业标准》是国家对幼儿园、小学和中学合格教师专业素质的基本要求，是教师实施教育教学行为的基本规范，是引领教师专业发展的基本准则，是教师培养、准入、培训、考核等工作的重要依据。"因此，教师专业理念与师德、专业知识、专业能力这三个维度就构成教师专业发展评价的内容。

表 10－1　中学教师专业标准基本内容

维度	领域	基本要求
专业理念与师德	（一）职业理解与认识	1. 贯彻党和国家教育方针政策，遵守教育法律法规。 2. 理解中学教育工作的意义，热爱中学教育事业，具有职业理想和敬业精神。 3. 认同中学教师的专业性和独特性，注重自身专业发展。 4. 具有良好职业道德修养，为人师表。 5. 具有团队合作精神，积极开展协作与交流。
	（二）对学生的态度与行为	6. 关爱中学生，重视中学生身心健康发展，保护中学生生命安全。 7. 尊重中学生独立人格，维护中学生合法权益，平等对待每一位中学生。不讽刺、挖苦、歧视中学生，不体罚或变相体罚中学生。 8. 尊重个体差异，主动了解和满足中学生的不同需要。 9. 信任中学生，积极创造条件，促进中学生的自主发展。
	（三）教育教学的态度与行为	10. 树立育人为本、德育为先的理念，将中学生的知识学习、能力发展与品德养成相结合，重视中学生的全面发展。 11. 尊重教育规律和中学生身心发展规律，为每一位中学生提供适合的教育。 12. 激发中学生的求知欲和好奇心，培养中学生学习兴趣和爱好，营造自由探索、勇于创新的氛围。 13. 引导中学生自主学习、自强自立，培养良好的思维习惯和适应社会的能力。 14. 尊重和发挥好共青团、少先队组织的教育引导作用。

① 中华人民共和国教育部. 教育部关于印发《幼儿园教师专业标准（试行）》《小学教师专业标准（试行）》和《中学教师专业标准（试行）》的通知[EB/OL]. http://www.moe.gov.cn/publicfiles/business/htmlfiles/moe/s6991/201212/xxgk_145603.html，2012－09－13/2013－10－16.

（续表）

维度	领域	基本要求
	（四）个人修养与行为	15. 富有爱心、责任心、耐心和细心。 16. 乐观向上、热情开朗、有亲和力。 17. 善于自我调节情绪，保持平和心态。 18. 勤于学习，不断进取。 19. 衣着整洁得体，语言规范健康，举止文明礼貌。
专业知识	（五）教育知识	20. 掌握中学教育的基本原理和主要方法。 21. 掌握班级、共青团、少先队建设与管理的原则与方法。 22. 掌握教育心理学的基本原理和方法，了解中学生身心发展的一般规律与特点。 23. 了解中学生世界观、人生观、价值观形成的过程及其教育方法。 24. 了解中学生思维能力、创新能力和实践能力发展的过程与特点。 25. 了解中学生群体文化特点与行为方式。
	（六）学科知识	26. 理解所教学科的知识体系、基本思想与方法。 27. 掌握所教学科内容的基本知识、基本原理与技能。 28. 了解所教学科与其他学科的联系。 29. 了解所教学科与社会实践及共青团、少先队活动的联系。
	（七）学科教学知识	30. 掌握所教学科课程标准。 31. 掌握所教学科课程资源开发与校本课程开发的主要方法与策略。 32. 了解中学生在学习具体学科内容时的认知特点。 33. 掌握针对具体学科内容进行教学和研究性学习的方法与策略。
	（八）通识性知识	34. 具有相应的自然科学和人文社会科学知识。 35. 了解中国教育基本情况。 36. 具有相应的艺术欣赏与表现知识。 37. 具有适应教育内容、教学手段和方法现代化的信息技术知识。
专业能力	（九）教学设计	38. 科学设计教学目标和教学计划。 39. 合理利用教学资源和方法设计教学过程。 40. 引导和帮助中学生设计个性化的学习计划。
	（十）教学实施	41. 营造良好的学习环境与氛围，激发与保护中学生的学习兴趣。 42. 通过启发式、探究式、讨论式、参与式等多种方式，有效实施教学。 43. 有效调控教学过程，合理处理课堂偶发事件。 44. 引发中学生独立思考和主动探究，发展学生创新能力。 45. 发挥好共青团、少先队组织生活、集体活动、信息传播等教育功能。 46. 将现代教育技术手段整合应用到教学中。
	（十一）班级管理与教育活动	47. 建立良好的师生关系，帮助中学生建立良好的同伴关系。 48. 注重结合学科教学进行育人活动。 49. 根据中学生世界观、人生观、价值观形成的特点，有针对性地组织开展德育活动。 50. 针对中学生青春期生理和心理发展特点，有针对性地组织开展有益身心健康发展的教育活动。 51. 指导学生理想、心理、学业等多方面发展。 52. 有效管理和开展班级、共青团、少先队活动。 53. 妥善应对突发事件。

（续表）

维度	领域	基本要求
	（十二）教育教学评价	54. 利用评价工具，掌握多元评价方法，多视角、全过程评价学生发展。 55. 引导学生进行自我评价。 56. 自我评价教育教学效果，及时调整和改进教育教学工作。
	（十三）沟通与合作	57. 了解中学生，平等地与中学生进行沟通交流。 58. 与同事合作交流，分享经验和资源，共同发展。 59. 与家长进行有效沟通合作，共同促进中学生发展。 60. 协助中学与社区建立合作互助的良好关系。
	（十四）反思与发展	61. 主动收集分析相关信息，不断进行反思，改进教育教学工作。 62. 针对教育教学工作中的现实需要与问题，进行探索和研究。 63. 制定专业发展规划，积极参加专业培训，不断提高自身专业素质。

二、教师专业发展评价的指标体系

依据《教师专业标准》，要进行具体的教师专业发展评价，三个范畴的内容还需进一步细化，以设计更为客观与精确的评价指标。通常，这些内容会细化成具有若干层级的指标体系，以方便评量与具体实施。例如，《教师专业标准》的内容范畴可以细化并形成一、二、三级评价指标体系。

其中，一级指标即《教师专业标准》的各个“维度”，共三项：专业理念与师德、专业知识、专业能力。

二级指标即《教师专业标准》的各个“领域”。针对基础教育不同阶段的教师，幼儿园教师、小学教师、中学教师的“领域”要求具有差异性，因而对应评价的二级指标也就有所不同：幼儿园 14 个，小学 13 个，中学 14 个。

三级指标可依据《教师专业标准》中与各“领域”对应的“基本要求”，可用作衡量评价对象与二级指标相适切的尺度。同理，处于基础教育不同阶段的教师，评价的三级指标也不尽相同：幼儿园 62 项，小学 60 项，中学 63 项。

如何将教师专业发展评价的内容设计成合理的指标体系，我国台湾地区在这方面的做法颇有特色。下面以台湾地区教师专业发展评价为例，介绍教师专业发展评价指标体系的建构策略：

教师专业发展评价内容有四个维度：① 课程设计与教学；② 班级经营与辅导；③ 研究发展与进修；④ 敬业精神与态度。[①] 根据这四个方面的评价内容，再细化成 12 项一级指标，以及其所属的二、三级指标体系。（见表 10－2、10－3、10－4、10－5）

① 潘慧玲，张素贞等. 高级中等以下学校教师专业发展评鉴手册[EB/OL]. http://www.shute.kh.edu.tw/~profession/a/data/handbook.pdf，2013－10－16.

表 10 - 2 “课程设计与教学”评价指标体系表

评价内容	一级指标	二级指标	三级指标
一、课程设计与教学	1 课程规划	1 - 1 了解学校课程计划的理念与架构	1-1-1 了解学校愿景与学校课程目标
			1-1-2 了解学校课程计划与内容
			1-1-3 了解领域之课程目标与分段能力指标
			1-1-4 了解学校课程的纵向衔接与横向联结
		1 - 2 参与学校课程的发展	1-2-1 了解学校课程发展组织与运作方式
			1-2-2 参与学校课程发展工作
	2 教学规划	2 - 1 研拟适切的教学计划	2-1-1 教学计划符合学校课程目标
			2-1-2 依分段能力指标研拟教学计划
			2-1-3 依学生先备条件研拟教学计划
			2-1-4 规划适切的教材来源
			2-1-5 规划适切的教学活动与进程
		2 - 2 规划适切的学习评量	2-2-1 了解学习评量的相关规定
			2-2-2 订定适切的学习评量标准
			2-2-3 编选有效的学习评量工具
	3 教材呈现	3 - 1 适切呈现教材内容	3-1-1 正确清楚呈现教材
			3-1-2 完整呈现教学内容
			3-1-3 由浅入深、逻辑性地呈现教材
		3 - 2 善用教科用书	3-2-1 依学生学习表现适切调整教学内容
			3-2-2 依学生学习表现提供必要的补充教材
		3 - 3 清楚讲解教学内容	3-3-1 音量足够、发音咬字清楚、清晰生动
			3-3-2 适当运用肢体语言表达教学内容
			3-3-3 适时归纳教学重点
	4 教学方法	4 - 1 运用有效的教学方法	4-1-1 教学进程允当适中
			4-1-2 善用问答技巧
			4-1-3 依教材性质选择适切的教学方法
			4-1-4 依学生学习特性选择适切的教学方法
		4 - 2 掌握学习原则进行教学	4-2-1 教学活动能引发学生的学习兴趣
			4-2-2 教学活动能结合学生的生活经验
			4-2-3 提供学生适切的练习
			4-2-4 依学生不同的需求实施补救或充实教学
		4 - 3 善用教学资源辅助教学	4-3-1 善用校内图书馆及软硬件教学设施
			4-3-2 善用各种网络及媒体教学资源
			4-3-3 善用家长及小区资源

（续表）

评价内容	一级指标	二级指标	三级指标
	5 学习评量	5－1 适切说明学习评量的实施	5-1-1 向学生与家长清楚说明学习评量的理念与实施方式
			5-1-2 适时提供学生与家长学习评量的信息
		5－2 适切实施学习评量	5-2-1 正确批改作业
			5-2-2 依实际需要选择适切的评量方式
			5-2-3 适切实施学习评量，发挥诊断性与安置性功能
			5-2-4 兼顾形成性与总结性的学习评量
			5-2-5 学习评量兼顾认知、情意与技能目标
			5-2-6 适时检视学生的学习情形
		5－3 善用学习评量结果	5-3-1 向学生与家长解释评量结果的意义
			5-3-2 对学生学习的表现提供适时的回馈建议
			5-3-3 依学习评量的结果改进教学

表 10－3 “班级经营与辅导”评价指标体系表

评价内容	一级指标	二级指标	三级指标
二、班级经营与辅导	6 班级经营	6－1 营造良好互动的班级气氛	6-1-1 建立任教班级共同的愿景与目标
			6-1-2 激发任教班级荣誉感与凝聚力
			6-1-3 建立任教班级良好的沟通方式
		6－2 营造安全且有助于学习的情境	6-2-1 布置适当的学习环境
			6-2-2 妥善处理任教班级偶发事件
			6-2-3 营造适当的学习情境
			6-2-4 保护学生隐私
			6-2-5 尊重学生感受与想法
			6-2-6 依学生不同学习条件给予学生期望
		6－3 建立有助于学生学习的班级常规	6-3-1 学生参与订定任教班级常规
			6-3-2 明订合理的任教班级自治公约，并公平执行
			6-3-3 有效辅导学生偏差行为
			6-3-4 适时养成学生基本礼貌与生活规范
	7 资源管理	7－1 有效管理个人时间	7-1-1 妥善安排课堂教学时间
			7-1-2 有效管理个人课程准备时间
			7-1-3 及时完成作业批阅

（续表）

评价内容	一级指标	二级指标	三级指标
			7-1-4　适切安排个人专业学习成长时间
			7-1-5　有效分配个人时间
		7－2　有效运用教学资源	7-2-1　了解任教班级学生兴趣与专长
			7-2-2　了解教师同伴兴趣与专长
			7-2-3　掌握家长及小区资源之资源
			7-2-4　善用网络、媒体及图书馆资源
		7－3　有效管理教学档案	7-3-1　系统建立教学档案
			7-3-2　利用信息科技管理教学档案

表 10－4　“研究发展与进修”评价指标体系表

评价内容	一级指标	二级指标	三级指标
三、研究发展与进修	8　课程评鉴	8－1　具备课程评鉴的基本概念	8-1-1　参与课程评鉴工作坊或研讨会等相关活动
			8-1-2　主动充实课程评鉴相关知能
			8-1-3　了解课程评鉴的目的与内容项目
		8－2　参与教科书的选用与评鉴	8-2-1　参与教科书选用与评鉴相关会议
			8-2-2　比较不同版本教科书内容的异同
			8-2-3　了解选用教科书内容的优缺点
			8-2-4　参与自编教材
		8－3　参与学校课程评鉴的规划与实施	8-3-1　提供课程评鉴所需信息
			8-3-2　提供课程评鉴的回馈意见
		8－4　运用学校课程评鉴结果改进课程质量	8-4-1　了解学校课程评鉴的结果与意义
			8-4-2　根据学校课程评鉴结果改进课程
	9　教学评鉴	9－1　具备教学评鉴的基本概念	9-1-1　参与教学评鉴工作坊或研讨会等相关活动
			9-1-2　主动充实教学评鉴相关知能
			9-1-3　了解教学评鉴的目的与内容项目
		9－2　参与学校教学评鉴的规划与实施	9-2-1　参与教学评鉴规划或实施
			9-2-2　提供教学评鉴的回馈意见
		9－3　进行教学自我评鉴	9-3-1　评估个人教学计划的实施成效
			9-3-2　发展个人教学档案进行反思
			9-3-3　评估个人教学能力的优势与弱势
			9-3-4　根据教学自我评鉴结果改进教学
		9－4　运用教学评鉴结果改进教学质量	9-4-1　了解教学评鉴的结果与意义
			9-4-2　根据教学评鉴结果改进教学

（续表）

评价内容	一级指标	二级指标	三级指标
	10　专业成长	10－1　追求专业成长	10-1-1　主动利用时间学习课程与教学新知
			10-1-2　根据教学需求，持续进行专业进修
			10-1-3　对重要教育相关问题进行搜集，改进现况
			10-1-4　适切应用专业成长成果于教育工作
		10－2　与同伴分享专业工作心得	10-2-1　把握正式或非正式的管道，与校内同事分享交换专业工作心得
			10-2-2　把握正式或非正式的管道，与校外同事分享交换专业工作心得
		10－3　因应教育变革	10-3-1　了解教育变革的理念及重点
			10-3-2　了解教育变革对教学与学习产生的影响
			10-3-3　因应教育变革，完成教学准备

表 10－5　“敬业精神与态度”评价指标体系表

评价内容	一级指标	二级指标	三级指标
四、敬业精神与态度	11　自我发展	11－1　维持成熟稳定的情绪	11-1-1　适当调整自己的情绪，不迁怒学生
			11-1-2　适当接纳他人的情绪，达成良好沟通
		11－2　反省与悦纳自我	11-2-1　经常自我反省，察纳雅言
			11-2-2　了解并肯定自我的长处
			11-2-3　欣赏他人长处，见贤思齐
		11－3　善于与他人沟通合作	11-3-1　与学生、同事及家长保持良好的互动
			11-3-2　与他人密切合作完成教育工作
	12　专业态度	12－1　愿意投入时间与精力	12-1-1　适当利用课余时间，进行与教学相关的学习、研究或准备
			12-1-2　了解教育专业，愿以工作完成为导向
			12-1-3　愿意花时间指导学生积极参加校内、外活动或竞赛
		12－2　信守教育专业伦理	12-2-1　了解并实践自己对学生的职责
			12-2-2　认同学校，为组织改进而努力
			12-2-3　积极参与“教师专业社群”
			12-2-4　遵守教育法令相关规定

课程思政

2021 年 4 月，教育部办公厅关于印发《中学教育专业师范生教师职业能力标准(试行)》等五个文件的通知，规定了中等教育、中等职业教育、小学教育、特殊教育和学前教育五个专业师范生的教师职业能力标准，实际上就是规定了中小学教师在职前教育阶段专业发展的评价标准。这五个专业的师范生教师职业能力标准与教育部于 2012 年颁布的三个《教师专业标准》，形成了教师从职前到职后教育的比较完整的专业发展评价指标体系。

第三节 教师专业发展评价过程与方式

想一想

如果您现在已经走上教师工作岗位，会不会担心：学校领导会不会来听我的课呢？在每个学期当你给学生写好评语时，你会不会想到：学校领导、同事会给我什么样的评语呢？进而需要思考的问题是：在你成为一名真正的教师以后，人们对你做出评价的过程究竟是怎样的呢？或者会通过什么样的方式来对你进行考核呢？这两个问题将在本节内容学习中获得解答。

一、教师专业发展评价过程

从时间序列来看，教师专业发展评价包括准备、计划、实施与反馈的完整阶段。

(一) 准备阶段

准备阶段主要是形成有利于评价的氛围或环境，然后筹组评价团队，之后共同讨论确定评价的目标，以此为依据规划后续评价工作。教师专业发展评价的有效实施，需要信任与开放的气氛，需要发挥教师的主体作用，因此准备阶段重在与教师商量和交流，在获得明确、清楚的目标认同之后，教师专业发展评价才能顺利开展。后续的评价结果也常常与准备阶段所确定的目标有关，比如，强调竞争与甄别的评价，会导致教师对自我利益的看重，学校易形成相互竞争的文化氛围；而关注教师共同体成长的评价，则容易形成互动、共享的文化氛围。

(二) 计划阶段

本阶段重点在于规划评价内容及方法，评价内容指标体系的制定，这也是专业发展的重点。如果教师专业发展评价内容及其范畴涵盖范围过于广泛，就无法进行细化或精确的评价，因此需要针对每一范畴内容，加以精确描述，并细化制定不同层级的指标体系。在计划阶段，诸如调查问卷、访谈提纲或评分表等评价工具也需要设计出来，为后续事实判断提供有效依据，以决定教师的专业表现。

案例链接

评价工具示例：教师自评表

一、个人信息

教师姓名：__________　任教学校：__________　任教年级：__________

任教学科：__________　教龄：__________

二、填表说明

（一）本自评表旨在协助教师对教学的反思，以促进自我改善。

（二）在阅读评价指标的基础上，以慎重的态度，勾选最能真实反映教学表现水平的字段，然后在后面的意见陈述中，具体补充说明整体表现情况以及自我改善的构想。

（三）自评分成四等级——优异、良好、尚可、待改进。

三、评价指标

评价内容	评价指标	参考检核重点	表现水准			
			优异	良好	尚可	待改进
教学方法	运用有效的教学方法	教学进程允当适中 善用问答技巧 依教材性质选择适切的教学方法 依学生学习特性选择适切的教学方法				
	掌握学习原则进行教学	教学活动能引发学生的学习兴趣 教学活动能结合学生的生活经验 提供学生适切的练习 依学生不同的需求实施补救或充实教学				
	善用教学资源辅助教学	善用校内图书馆及软硬件教学设施 善用各种网络及媒体教学资源 善用家长及小区资源				

四、个人反思

（一）优点和特色

（二）遇到的挑战或感觉有待改善的地方

（三）对于自己专业发展的设想

（三）实施阶段

实施阶段首先主要是通过观察、搜集及分析资料，以判断教师符合专业标准内容的程度；其次，评价人员要与被评价教师做好沟通；最后，还要协助教师扩展教学策略，关注学生学习问题，实现以评价促进教学改进。在实施阶段，还应考虑不同学校及不同教师之间的差异，例如，特别针对新手教师在教学能力上的评价，由于更强调新进教师教学基本功的娴熟，评价实施的次数可能会比一般教师要多；对于有经验的教师，应给予其自行规划专业发展的机会，让教师依据自我需求来设定目标，实现专业上的自我发展。

实施阶段要求对教师专业发展的评价做到科学、合理，做到定性与定量的结合，需要更关注过程性评价，充分关注教师专业发展中的优点，突出教师的自我反思，能够全面、客观、公正地分析教师的优势与不足，帮助教师明确努力的方向和改进的措施；要充分利用评价的激励原则，以评促反思、以评促成长，不能只以某一次评价的结果给教师下终结性的结论，而忽视通过评价来促进教师专业发展的根本目的。

根据实际需要，实施阶段可采用多种评价方法，比如：

1. 自我反思

依据教学表现指标，自我反思教学的优缺点，以作为改进的依据。自我反思能提高教师自我探索、自我觉察的能力，相比于外部评价，威胁性较小，在评价的客观性上虽有欠缺，却对教师的教学改进具有启示和引导作用，如能结合视频、音像数据，更能发挥改进教学的效果。

2. 教学观察

在各种收集教学表现资料的方法中，教学观察是一种最常用的方法。作为一种促进教师教学改进的有效方法，在教师观察的基础上，教师要借助观察后的交流与讨论，透过示范教学、共同讨论、同伴互评与反馈分享，引发教师新观念的诞生，进而提升教师自我反思的能力。有时，教学观察也可以运用摄录设备，以影音数据的方式记录课堂教学过程，之后将影音数据加以分析，说明相关的教学改进议题，促进教师学习新的教学方式或改进教学策略。

3. 成长档案袋

成长档案袋是教师在其职业生涯中，就自己的专业活动，进行有组织、有系统、有目标的收集数据和记录。作为一种专业表现记录，成长档案袋是教师自我选择和自我收集的，能反映教师的个性，比较接近教师自身的教学风格，而且能对教师的整体表现做完整的描述。教师在建立个人成长档案袋时，凡能够显示自己的专业知识、熟练的教学技能、可认定的专业态度的都可纳入个人档案。具体包括：教学计划、课程方案、独特教学设计、开发的教具或课程资源、多媒体制作、教学录像、学生辅导计划、学习单、平时测验卷、教学日志、教学小结、个案反思、调查报告、教育论文、学生表现档案、学生会谈记录、家长来信、专业组织会员证、专业成长计划、特殊荣誉和证书等。当然，教师专业成长档案袋的制作，需要平时点点滴滴的积累，才具有意义。

(四) 反馈阶段

教师专业发展评价之后需要及时反馈。反馈属于结果呈现的阶段，可以评价报告的方式呈现。评价报告在于提供相关教师了解评价过程与实际结果，内容涉及：背景历程描述、评价设计与程序、评价结果与结论和专业发展建议等。反馈阶段所呈现的评价结果，可作为教师的绩效考核、职称评审以及聘任的依据，也是教师年度考核、评先树优的重要依据。但最为根本的是，要通过反馈来促进教师和学生的发展，旨在激励、引导教师进行教育教学行为的改进，帮助教师了解自己的优缺点，从而依据评价结果拟订专业发展计划，并与教师专业实践活动相结合。

二、教师专业发展评价方式

(一) 自我评价

教师可以按照学校规划中的各阶段发展目标，对自己的专业发展过程进行质性评价与量化评价。质性评价包括：通过撰写阶段性工作总结等进行回顾性评价；在平时的教学过程中通过写教学反思、教学案例的形式进行即时性评价。而量化评价是教师根据学校提供的有关表格及相关评价内容进行专项自我评价。

(二) 学生和家长评价

一是利用家校互动，让家长、学生对教师的日常教学工作进行评价，使教师能及时获得对自己教育教学行为的反馈意见；二是每学期定期举行全校性家长开放日活动，将家长请进课堂，让家长通过自己的观察和实地了解，填写《教师专业发展反馈评价表》，直接对每位教师的专业表现进行评价；三是在学期末通过学生、家长问卷调查，引导学生和家长从发展的角度对教师进行学期初、学期中和学期末三个阶段的对比性评价，完成《学校学生、家长意见征询表》并提出书面意见和建议。学校收集、整理这些相关数据和资料，作为对教师进行考核评价的依据。

(三) 同伴评价

同伴评价体现出教师共同体的专业发展理念。其评价的目的在于发现评价对象的优点和不足，以便取长补短、互相学习、共同提高。例如，学校每学期在各教研组中开展的参与式听课、评课活动，教师同伴之间可借助课堂观察量表或相关评价标准，衡量评价对象的课堂教学，在共同体成员之间，彼此肯定优点，提出问题，分析成因，与评价对象交换意见，进而提出个人对未来课堂教学的建设性意见。

(四) 督导评价

督导评价主要是指学校管理者或教科研中心的教研员，对教师工作状况的督促和指导性评价。评价内容常会兼顾教师专业发展的各个层面，从教师个人发展规划的目标定位、实施计划、目标达成度，到教师的日常教学规划执行情况、教学成绩、专业素养等，都属于督导评价的内容。

案例链接

××市××区中学教师专业发展评价指导性意见

（一）建立以教师自评，学校领导、同事、学生共同参与的教师评价制度

1. 教师自评

教师可通过评价量表、成长记录、他人评价等途径，多渠道获取信息，准确反思自己的专业发展现状，基于自评完善规划。

2. 领导评价

学校领导可通过日常观察、常规检查记录以及面谈、座谈会、评课或教师述职等交流方式进行评价。学校领导评价时应坚持实事求是原则，注意营造和谐、民主、宽松的氛围，关注教师个体差异和工作特点，体现人文关怀，注重发现教师闪光点和进步，帮助教师树立自信及持续发展的理念。

3. 同事互评

同事间可通过成长记录展示、交流、互评量表等途径，结合日常相互了解进行评价。互评应持真诚态度，用发展的眼光看问题，形成团结合作的氛围，促进共同成长。

4. 学生评价

学生评价可通过发放问卷调查、个别征求意见等调查方式进行，也可以座谈会、校长接待日、校长信箱、师生对话等交流方式安排。学校要设计适合学生年龄特征的评价工具，并在评价前让学生了解评价目的、内容、程序、方法。要信任学生，鼓励学生讲真话、实话，适当顾及学生对班主任和任科教师的不同接纳程度，以大多数学生的意见为准。

（二）建立以校为本，切合本校实际的评价途径

1. 建立以校为本的日常性评价途径

可以教研组、年级组研讨的形式进行评价，引导教师对自己或同事的参训学习提高和日常教学行为进行分析、反思。

2. 建立以校为本的教师教学个案分析评价途径

学校要建立教师教学个案分析工作评价制度，对教师的教学情况进行全面、客观、公正的分析评价。

（三）评价结果实行等级呈现

综合评定等级应综合教师自评及学校领导、同事、学生的评价结果来确定。具体评判方法由各学校根据实际确定。

本章小结

教师专业能力的发展及专业地位的确立，是教育质量提升的关键。世界教师组织联合会在1990年代表大会中强调“教师在其专业执行期间，应不断精进，继续增加其知识与经验，不断发展其不可或缺的素质”。本章内容围绕教师专业发展评价的相关主题进行阐述，通过学习，将有助于同学们从评价的视角，来思考教师专业形象，提升教师专业能力。由此可知，如何塑造一个能支持全体教师不断地终生学习、精进发展的教育生态，以及如何建立一个激励教师不断追求自身专业成长的机制，将是当前我国教师教育改革的重要课题。如果教师能够理解专业发展评价的内涵与意义，并愿意主动参与评价，通过自评以及同伴互评等方式，明白教师专业发展评价的内容标准及其指向；也能够依据评价结果的信息反馈，对照分析个人成长的目标与需求，从而将会大大加快教师专业发展的步伐。

关键词：教师专业发展评价；教师专业发展评价内容；教师专业发展评价方式

思考训练

1. 教师专业发展评价与教师专业发展是什么关系？

2. 根据教师专业发展评价内容及指标体系，你觉得在职前师范教育阶段，还需要从哪些方面来完善自我？

3. 以评价者的身份，根据你对教师专业发展评价的学习思考，选择具体情境中的一位老师，设计制作评价表格并尝试对他(她)做出评价。

4. 阅读下面的案例，谈谈你的体会，并以此为线索，回答评课教师凯根先生提出的三个问题。

前不久，我去德国进修，其间参加了一堂体育课的评课活动，真令我感慨万千。

那天，一堂四年级的体育课在室内操场进行，执教的是艾默特女士。她身材修长，穿着一件健美服。优美的曲线加上鲜艳的服饰，在我这个东方人的眼里，总觉得酷得过分。10分钟的热身操后她开始了本堂课的主题教学：教学一个德国乡村婚礼上的集体舞。这个舞蹈共有四个动作：向左移三步；向右移三步；右手脱帽、弯腰行礼；将礼帽扔向空中并捡回。20分钟的教学真是“惨不忍睹”：四年级的学生左右不分，有的左手执帽，有的右手摘帽；有的先移左脚，有的先动右脚；伴着音乐有的弯腰，有的挺身。于是胳膊碰胳膊，屁股撞头，混乱不堪。只有一个动作是一致的，那就是将手中的帽子扔向空中，再满操场地奔跑着捡回来。那些金发碧眼的脸满是汗水和喜悦，我猜他们一定是其乐无穷。

评课活动开始了，评课教师凯根先向我们做了简单的介绍：艾默特已有15年教龄，是一位两个孩子的母亲。听到这里，我简直怀疑自己的眼睛，如此健美的体形，怎可能是一位母亲？而后凯根直奔主题，提出了三个问题：

1. 你认为上体育课有必要穿得如此专业化吗？

2. 你认为这堂体育课完成了教学目标吗?

3. 你认为这堂课有何不足?

——引自 2001 年 2 月 19 日《新民晚报》(作者:董蓓菲)

推荐阅读

1. [美]Thomas R. Guskey. 教师专业发展评价[M]. 方乐,张英,译. 北京:中国轻工业出版社,2005.

2. 崔允漷,王少非,夏雪梅. 基于标准的学生学业成就评价[M]. 上海:华东师范大学出版社,2008.

3. 王斌华. 教师评价:绩效管理与专业发展[M]. 上海:上海教育出版社,2005.

4. 叶澜,等. 教师角色与教师发展新探[M]. 北京:教育科学出版社,2001.

5. 美国国家专业教学标准委员会(http://www. nbpts. org/).

6. 台湾新北市教师专业发展评鉴网(http://tepd. ntpc. edu. tw/default. asp).

参考文献

1. 教育部师范教育司. 教师专业化的理论和实践[M]. 北京:人民教育出版社,2001.

2. 教育部师范教育司. 更新培训观念变革培训模式:中小学教师继续教育学习提要[M]. 长春:东北师范大学出版社,2001.

3. 余文森. 基础教育课程改革的四大支柱——教育思想·教育智慧·专业精神·专业人格[M]. 福州:福建教育出版社,2001.

4. 高志敏. 终身教育、终身学习与学习化社会[M]. 上海:华东师范大学出版社,2005.

5. 熊川武. 反思性教学[M]. 上海:华东师范大学出版社,1999.

6. 冯平. 评价论[M]. 北京:东方出版社,1995.

7. 沈玉顺. 现代教育评价[M]. 上海:华东师范大学出版社,2002.

8. 蔡敏. 美国中小学教师评价及典型案例[M]. 北京:北京大学出版社,2009.

9. 孙河川. 教师评价指标体系的国际比较研究[M]. 北京:商务印书馆,2011.

10. [美]詹姆斯·波帕姆. 教师课堂教学评价指南[M]. 王本陆,赵婧,译. 重庆:重庆大学出版社,2010.

11. 教育部办公厅关于印发《中学教育专业师范生教师职业能力标准(试行)》等五个文件的通知 http://www. moe. gov. cn/srcsite/A10/s6991/202104/t20210412_525943. html.

后　记①

教师专业发展是指教师作为专业人员的发展，包含了教师的专业情感、专业道德、专业知识和专业技能等方面的持续与健康发展。而作为一门课程，“教师专业发展”所要解决的问题涵盖了教师专业发展的维度、路径和专业（职业）生涯规划策略、评价等方面。

作为高校师范专业的一门基础课程，《教师专业发展》依据教育部印发的《幼儿园教师专业标准（试行）》《小学教师专业标准（试行）》和《中学教师专业标准（试行）》的基本精神和要求，综合近年来国内外教师专业理论研究的最新成果和教师专业发展实践探索的优秀经验，会同江苏省内举办教师教育的高等院校相关教师编写而成。编写中，参考了近几年国内出版的相关著作、教材、论文等文献资料，并融入了编写者本人对教师专业发展的理解和感悟。为便于理解、内化，教材编写中，力图跳出以往理论说教的窠臼，侧重代表性案例研究，进而凸显教材的鲜活度和可读性。

值得一提的是，本书不仅仅对接各类教师专业发展标准以适应教师职前教育的需要，同时还兼顾了教师资格证考试自修的需求。本书既可以作为高等院校师范教育各专业本专科层次的教学用书，也可以作为教育学本专科、硕士教学的教学用书，同样也可以作为教师在职培训和教师资格证考试的参考书。

参编者来自江苏大学、南通大学、江苏师范大学、江苏理工学院、淮阴师范学院、南京晓庄学院、常熟理工学院，皆为多年从事教师教育研究和教学实践工作的中青年教师。为提升教材的质量，编写过程中多次召开研讨会，数易其稿，整个编写过程持续了两年多。编写分工具体为：第一章，李晓波（江苏大学）；第二章和第七章，陆道坤（江苏大学）；第三章，杨钦芬（江苏师范大学）；第四章，石明兰（淮阴师范学院）；第五章，郑晓梅（江苏理工学院）；第六章，黄晓赟（江苏理工学院）；第八章，曹慧英、许红敏（南京晓庄

① 注：此“后记”为初版后记。

学院)；第九章，齐晓东(常熟理工学院)、李普华(江苏大学)；第十章，严奕峰(南通大学)。

本书的编写得到了江苏省教育厅师资处、江苏大学教务处领导的大力支持。编写过程中参阅、借鉴和引用了大量同行专家如余文森、连榕、赵昌木、饶从满、杨秀玉、邓涛、邵光华、胡惠闵等的相关教材和成果，得到了南京大学出版社高校教材中心蔡文彬主任与王抗战、钱梦菊编辑的悉心指导。在此表示衷心的感谢！

由于水平与能力有限，相关研究不够深入，书稿虽然即将付梓，但仍然存在着诸多不足与遗憾，恳请各位同行和读者批评指正！

编　者